Michagrouge

DU MÊME AUTEUR :

SOUVENIRS DE PREMIÈRE COMMUNION (CHEZ PALMÉ)

in-8°.. 1 fr.

CORBEILLE
HISTOIRES ET LÉGENDES

PAR

UN AUMONIER DE COMMUNAUTÉ

TROISIÈME ÉDITION

Chez LECOFFRE

in-8°.. 5 fr.

DEUXIÈME CORBEILLE

DEUXIÈME ÉDITION

Chez LECOFFRE

in-8°.. 5 fr.

TROISIÈME CORBEILLE

DEUXIÈME ÉDITION

Chez HATON

in-8°.. 5 fr.

LA GUERRE DE 1870-1871

CHARLES BARTHÉLEMY

ERREURS ET MENSONGES HISTORIQUES. 16 vol. in-12... 32 fr.
Chaque volume se vend séparément.................. 2 fr.

1re Série.
La Papesse Jeanne. — L'Inquisition. — Galilée, martyr de l'Inquisition. — Les Rois fainéants. — La Saint-Barthélemy — L'Homme au masque de fer. — Le Père Loriquet, etc. — 1 vol. in-12 .... 2 »

2e Série.
Courbe la tête, fier Sicambre ! — Paris vaut bien une messe. — Les lettres et le tombeau d'Héloïse et d'Abélard. — La Révocation de l'édit de Nantes. — Philippe-Auguste à Bouvines, etc. 1 vol. in-12 .... 2 »

3e Série.
Calvin jugé par les siens. — Tuez-les tous ! — Les Crimes des Borgia. — Marie la Sanglante. — Louis XVIII et les fourgons de l'étranger. — La Poule au pot. — Les Béquilles de Sixte-Quint. — L'Arquebuse de Charles X, etc. 1 vol. in-12. 2 »

4e Série.
Les Quatorze armées de Carnot. — La Déposition de Louis le Débonnaire. — Le Grand inquisiteur Torquemada. — Mme de Maintenon et la Révocation de l'Édit de Nantes. — Le Vaisseau *le Vengeur*, etc. 1 v. in-12. 2 »

5e Série.
Erreurs et Mensonges historiques relatifs à la Papauté. — Le Repas des Gardes du corps. — Mon siège est fait. — Qu'est-ce que Tartufe ? — Le Dernier Repas des Girondins. — Les Crimes de sainte Clotilde, etc. 1 vol. in-12 .... 2 »

6e Série.
De la Supériorité et de la Prospérité des nations protestantes. — La Religion de Buffon. — Savonarole fut-il un hérétique et un révolutionnaire ? — L'Instruction primaire avant 1789, etc. 1 vol. in-12 .... 2 »

7e Série.
L'Ancienne Royauté fut-elle l'absolutisme ? — Le Bon roi Dagobert. — Louvois est-il mort empoisonné ? — Monsieur de la Palisse. — Monsieur de Malbrough. — Marie de Médicis est-elle morte de misère ? — De la culpabilité de Fouquet, etc. 1 v. in-12. 2 »

8e Série.
Les Droits de l'homme au moyen âge. — La Banqueroute de Law. — Jeanne d'Albret est-elle morte empoisonnée ? — Le Procès de Marie Stuart. — Charlemagne savait-il écrire ? — La Conspiration de Cinq-Mars, etc. 1 vol. in-12 .... 2 »

9e Série.
Les Mystères de Venise. — La Paix et la Trêve de Dieu. — A propos des Vandales et du vandalisme. — Nous n'irons pas à Canossa. — Les Guerres de religion. — Latude. — La Religion de La Fontaine, etc. 1 v. in-12. 2 »

10e Série.
Le Roman de Christophe Colomb. — La Mort du Corrège. — Dante fut-il un hérétique et un révolutionnaire ? — La Sainte-Hermandad. — Étienne Marcel. — Cervantès, libre-penseur, etc. 1 vol. in-12 .... '... 2 »

11e Série.
L'État, c'est moi ! — Froissard est-il un historien impartial ? — La Vérité sur Urbain Grandier. — Omar a-t-il fait brûler la bibliothèque d'Alexandrie ? — Voltaire historien. — Les Vêpres siciliennes, etc. 1 vol. in-12. 2 »

12e Série.
Les Erreurs et Mensonges historiques devant la Chambre des Députés. — La Légende d'or. — Les Imaginations de Varillas. — Les Vainqueurs de la Bastille. — La Conversion de Turenne. etc. 1 vol. in-12. 2 »

13e Série.
De la prétendue ignorance de la noblesse française au moyen âge. — Le Dossier de Nonotte. — Les Mœurs du cardinal de Richelieu. — Les Impatiences de Louis XIV. — De l'antiquité du titre de très chrétien. — Les Mensonges de Saint-Simon, etc. 1 v. in-12. 2 »

14e Série.
Voltaire capucin. — Le Pape Honorius fut-il hérétique ? — Notes sur Patouillet. — Le chevalier de la Barre. — Les Terreurs de l'an 1000. — Fénelon libre-penseur, etc. 1 v. in-12. 2 »

15e Série.
Une République cléricale. — La Question des congrégations il y a cent ans. — L'Excommunication au moyen âge. — La Caricature de Santeuil. — Un Artiste français calomnié. — L'Instruction primaire en France pendant la Révolution, etc. 1 v. in-12. 2 »

16e Série.
Les Abus de l'ancien régime. — Ce qu'étaient les Albigeois. — La Vérité sur le Pape Clément V. — Le Procès des Templiers. — Les Crimes des Girondins, etc. 1 vol. in-12. 2 »

LA
GUERRE DE 1870-1871

PAR

CH. BARTHÉLEMY

MEMBRE DE L'ACADÉMIE DE LA RELIGION CATHOLIQUE DE ROME

AUTEUR DES

ERREURS ET MENSONGES HISTORIQUES

> Il n'y a qu'un moyen de comprimer le fléau de la guerre, c'est de comprimer les désordres qui amènent cette terrible purification.
> J. DE MAISTRE. — *Considérations sur la France.*

PARIS
BLÉRIOT ET GAUTIER, LIBRAIRES-ÉDITEURS
55, QUAI DES GRANDS-AUGUSTINS, 55
—
1884

PRÉFACE

On a beaucoup écrit sur la guerre de 1870-1871; jamais sujet ne fut plus fertile, ce semble, à cause des vicissitudes et des revers mêlés de victoires de cette campagne trop mémorable. En dehors de quelques ouvrages spéciaux, plus ou moins volumineux, presque tous empreints d'un esprit de parti assez prononcé, les deux tiers des publications relatives à cet épisode de notre histoire contemporaine consistent en monographies de tel ou tel corps d'armée, en apologies de la conduite de tel ou tel général dans les circonstances difficiles où il a été appelé à prendre le commandement, mais pas un de ces écrits — que nous le sachions, — n'indique la véritable origine de cette guerre terrible, encore moins les causes qui en ont paralysé presque toutes les opérations. De sorte que la source du mal étant inconnue ou n'ayant pas été indiquée, on en est encore — après douze ans écoulés depuis ces événements, — à chercher une explication qui, sans doute, ne ferait rien au passé, mais pourrait fournir des lumières pour l'avenir.

C'est là ce que nous avons essayé de faire dans ce livre d'une facile lecture où, dans quelques centaine de pages, nous racontons à la jeune génération de notre pays, (celle qui dès à présent forme les cadres de l'armée,) les faits essentiels, d'après nos souvenirs et nos impressions. Nos lecteurs d'aujourd'hui, il y a douze ans étaient encore des enfants, sans doute, mais leur mémoire a dû retenir l'esquisse des principaux épisodes de cette guerre désastreuse. Aussi ne donnons-nous qu'un rapide tableau des diverses et nombreuses batailles de la campagne de 1870-1871, nous attachant surtout à tirer de l'étude de l'esprit public à cette époque, si étrangement faussé par l'Empire à son déclin sombre et la République à son aurore sanglante, la philosophie et les leçons que renferment tant de faits douloureux.

Et d'abord pour quels motifs cette guerre a-t-elle été entreprise, alors qu'en dépit des affirmations du gouvernement impérial on n'était prêt à rien et en rien? Né de la Révolution dont il fut une des évolutions d'autant plus redoutables qu'il se couvrait du masque de l'ordre, le deuxième Empire reprenait, en la développant patiemment, la tradition socialiste de 1848 et désarmait ainsi peu à peu la nation vis-à-vis d'elle-même d'abord et encore plus en face de l'Europe. D'ailleurs, le gouvernement impérial fut, pendant dix-huit ans, une constante déclaration de guerre à l'Europe ; en Crimée, au Mexique, en Chine, en Italie, partout il ne cessa de menacer ses voisins. Une pente fatale semblait le pousser à cette fièvre sans laquelle il ne pouvait vivre et qui

— après l'avoir ruiné ainsi que la France, — les précipita l'un et l'autre dans une défaite d'autant plus terrible qu'elle s'aggrava et se doubla d'une révolution dont les fruits amers se multiplient depuis plus de douze ans et empoisonnent lentement l'existence de notre malheureux pays.

Il semble — tant c'est rationnel, à la distance où nous sommes maintenant, — il semble qu'après le 4 septembre, à la chute de Sedan et de l'Empire, il n'y avait rien d'aussi simple à faire que de traiter de la paix : on aurait ainsi épargné une prolongation de lutte insensée, on aurait eu probablement une rançon moins forte à payer, et notre territoire n'eût peut-être pas été aussi entamé. Mais, les hommes qui avaient escaladé le pouvoir ne trouvaient pas leur compte dans une telle mesure et ils poursuivirent pendant six mois, par un hiver exceptionnel, une guerre dont peu leur importait l'issue pourvu que la République y survécut et s'implanta dans le vieux sol monarchique français.

Cette tactique des révolutionnaires, se disant républicains, n'est pas nouvelle dans notre pays déjà une première fois soumis aux cruelles expériences de leurs devanciers. Nous demandons la permission d'insister sur ce point de vue qui est le vrai, le seul vrai auquel il faille se placer pour bien juger de l'opportunité de cette guerre, étant donnés l'ambition et les projets liberticides des héritiers de 1793, et notamment des Girondins. Eh bien ! quel motif excitait Brissot et ses complices à désirer la guerre que repoussaient de toutes leurs forces Robespierre, Marat et Camille Desmoulins ? Le voici :

« Les Girondins — dit M. de Biré (1), — voulaient la guerre, *parce qu'ils espéraient que la France serait vaincue*. Vaincue, la nation se croirait trahie, elle prononcerait la déchéance de Louis XVI ; et les Girondins ramasseraient le pouvoir, but suprême de leur ambition, et qui ne leur paraissait pas acheté trop cher, au prix du sang et des défaites de la France. »

Certes, une telle idée est monstrueuse, et la prêter à des Français semble une abominable calomnie ; eh bien ! ce sont les Girondins eux-mêmes qui l'avouent, la proclament hautement et s'en font une gloire et une joie qui tiennent du délire. Qu'on en juge plutôt. Brissot, dans sa lettre *à tous les républicains de France sur la Société des Jacobins de Paris*, s'exprime ainsi : « Ils m'accusent d'avoir provoqué la guerre ! — Ils craignaient la guerre faite par un roi !... Politiques à vue étroite ! c'est précisément parce que ce roi parjure devait diriger la guerre, parce qu'il ne pouvait la diriger qu'en traître, parce que cette trahison seule le menait à sa perte : c'est pour cela seul qu'il fallait vouloir la guerre du roi... C'était l'abolition de la royauté que j'avais en vue en faisant déclarer la guerre... Les hommes éclairés m'entendirent, le 30 décembre 1791, quand, répondant à Robespierre, qui me parlait toujours de trahisons à craindre, je lui disais : « *Je n'ai qu'une crainte, c'est que nous ne soyons point trahis. Nous avons besoin de trahisons ; notre salut est là...* »

Un des complices de Brissot, dans sa campagne en faveur de la guerre, Louvet, a écrit, à son tour, dans le

---

1. *La légende des Girondins*, un vol. in-18. 1881, p. 267.

même sens que son chef de file : « La guerre seule, une « guerre prompte pouvait nous donner la république. » Et ailleurs il se montre encore plus explicite : « Nous « voulions la guerre, nous autres Jacobins, parce qu'à « coup sûr *la paix tuait la république* (1). »

On croit être sous l'empire d'un mauvais rêve en lisant cela ; c'est l'inauguration du système de folie furieuse qui, en 1870-1871, a accumulé pendant six mois tant d'irréparables ruines en France.

Et qu'on ne dise pas que nous calomnions les hommes du gouvernement de la Défense nationale, en leur prêtant les mêmes sentiments qui animèrent leurs devanciers et leurs modèles. Est-ce qu'il n'y a pas un écho de Brissot et de ses complices dans la plupart des proclamations de Gambetta pendant la guerre de 1870-1871 et surtout dans cette phrase d'un manifeste du gouvernement, affiché à Paris, le 28 janvier 1871, à l'heure même où la grande ville était écrasée par le bombardement et en proie à la faim ?

« *Paris a beaucoup souffert ; mais la République profitera de ses longues souffrances...* »

Ce rapprochement — que nous ne faisons qu'indiquer ici, — il nous sera facile de le développer, au cours de notre récit, avec de nombreuses preuves à l'appui...

On a beaucoup parlé de *trahison* pendant cette période à jamais néfaste ; sans doute, il y a eu des défaillances, des découragements, des lenteurs profondé-

---

1. A Maximilien Robespierre et à ses royalistes, par J.-B. Louvet, etc. Novembre 1792.

ment regrettables, mais cela tenait au manque d'organisation et de direction des forces militaires; et sans un plan bien conçu et surtout bien suivi, on ne peut espérer de résultat satisfaisant. L'empire une fois tombé, on n'avait pas eu le temps, sous le feu incessant de l'ennemi, de reformer l'armée ; le soldat était brave, mais la discipline lui manqua souvent et, d'ailleurs, la tactique avait changé depuis vingt ans sans qu'en France on eût songé à se mettre au niveau de l'outillage moderne que les Prussiens, eux, n'avaient cessé de perfectionner et qui leur assurait, en quelque sorte d'avance, l'avantage sur les Français.

Nul doute que si nos généraux avaient été formés à l'école d'un stratège tel que de Moltke, ils n'eussent été les dignes émules de nos voisins et ne les eussent même surpassés, étant donnés l'élan et la bravoure qui sont le fond même du caractère du soldat français. Mais ce qui paralysa plus d'une fois les opérations, ce fut la direction *civile*, aussi despotique qu'ignare de Gambetta, à laquelle dûrent se soumettre nos chefs militaires, sans compter l'adjonction à leurs troupes réglées de recrues levées à la hâte et qui savaient à peine tenir un fusil.

On a beaucoup écrit sur la façon barbare dont les Prussiens faisaient la guerre, sur leurs cruautés, leurs réquisitions principalement ; mais, comme le dit très-bien un historien impartial de ce temps-ci : « Il n'y a qu'en France où l'on croit qu'on fait vivre des armées nombreuses avec des convois réguliers et amenés de très-loin. Pendant la première République et le premier Empire, l'armée vivait sur le pays. L'armée prussienne a conservé cet usage, brutal à coup sûr ; mais la guerre ne peut être que brutale dans toutes ses parties : *il faut que la guerre vive de la guerre.*

« Arrivés sur un point, les Prussiens y cantonnent leurs troupes et obligent l'habitant à les nourrir. Le cantonnement s'opère par les soins des généraux, qui assignent à leurs divisions tels villages, dont ils se sont donné la peine de connaître la population et les ressources de tout genre, et la répartition des hommes chez l'habitant se fait par les soins de sous-officiers, fort habiles à remplir leurs fonctions. Quand les troupes sont en trop grand nombre sur un point, on bivouaque, et l'administration fait des distributions qu'elle tire des *colonnes de vivres* que chaque division conduit avec elle, qui en font partie intégrante et qui sont aux ordres du général.

« L'Afrique nous a été funeste sur ce point comme sur tant d'autres. Nous nous sommes habitués en Algérie à vivre exclusivement sur nos convois et par les soins de l'intendance. Il le fallait bien, puisque le cantonnement y est impossible. D'ailleurs, le système de vivre sur ses convois est praticable en Afrique, parce qu'il ne faut nourrir que des colonnes peu nombreuses. Mais nos généraux ont pris en Algérie l'habitude de ne pas s'inquiéter de la question des subsistances, de s'occuper exclusivement d'eux, de se loger, se coucher et se nourrir le mieux possible, et l'habitude prise en Afrique a été conservée en Europe, au milieu des grandes armées. Le système était mauvais ; on l'avait jugé tel en Crimée et en Italie, mais on ne le changea pas et il existait encore en 1870 (1). »

On trouvera, sans doute, que Paris tient une bien large place dans notre livre, mais il faut se rappeler que, par suite du système de centralisation à outrance inauguré par le deuxième Empire, Paris absorbait toute l'attention, les sympathies et se voyait assigner un budget royal; à force d'entendre répéter sur tous les tons que Paris c'était la France, la France avait fini par le croire; il en résulta que Paris, dans son immense infatuation, s'imagina que le sort du pays tout entier était attaché au sien et voulut essayer une résistance impossible à laquelle elle convoqua la France qui, de son côté, croyait fermement que la capitale la sauverait. Cependant, sur quels éléments de défense pouvait compter la grande ville? Elle avait contre elle son système même de fortifications et, de plus, ses pires ennemis étaient dans ses murs.

Les forts de Paris, construits en 1840, à une époque où l'artillerie ne portait pas à plus de 1600 mètres, ne pouvaient plus, en 1870, défendre la ville contre un bombardement. La véritable ligne de défense de Paris se trouve, de nos jours, sur les hauteurs d'Orgemont, au nord; sur les plateaux de la Jonchère, de la Bergerie, de Garches et de Saint-Cucufa, à l'ouest; sur les hauteurs de Châtillon, de Fontenay-aux-Roses, de l'Hay, de Chevilly et de Thiais, au sud, et sur celles de Cœuilly et d'Avron, à l'ouest, et de Montmorency, au nord-est. Aujourd'hui ces hauteurs sont fortifiées, mais

---

1. L. Dussieux, *Histoire générale de la guerre de 1878-1871*, 3ᵉ édition, (1881), tome I, p. 71 et 72.

ce sont les Prussiens qui nous en ont révélé l'importance ; ils occupèrent toutes ces positions dès le premier jour, avec une connaissance des localités qui atteste de longues études antérieures.

Maintenant, outre que l'homme chargé de diriger la défense de Paris, le général Trochu, n'avait aucune suite dans les idées, il était en butte à une population mécontente, à juste raison, de ses nombreuses hésitations et de son manque de plan.

« Les partis révolutionnaires résolurent de profiter du mécontentement général pour renverser le gouvernement du 4 septembre et donner le pouvoir à leurs chefs. Tout puissants dans les clubs, dans plusieurs mairies, dans les faubourgs, et maîtres d'une partie de la garde nationale, les rouges dominaient le gouvernement, entravaient son action, perpétuaient l'anarchie, paralysaient la défense et étaient ouvertement en relations quotidiennes avec l'ennemi. Cependant le gouvernement de la Défense nationale tolérait ou subissait ces rébellions et ces trahisons manifestes, parce que, porté au pouvoir, le 4 septembre, en partie par ces gens-là, il dépendait d'eux et n'avait pas l'énergie de s'affranchir de ce joug honteux.

« Les chefs des partis révolutionnaires avaient facilement recruté leur personnel parmi ces masses de déclassés et de bandits, de gredins (1) et de repris de justice (2), qui fourmillaient dans le Paris impérial,

---

1. Le mot est du général Trochu lui-même. — Voyez sa réponse à M. Nefftzer, dans le n° du journal *le Temps*, du 20 août 1870.
2. Le général Trochu a avoué, à la tribune, que les maires avaient distribué des fusils à 25,000 repris de justice.

devenu ville de luxe et de misère, et le foyer de toutes les corruptions ; ils trouvaient aussi de larges contingents chez les ouvriers, les petits bourgeois et les employés de toutes sortes, pervertis par la presse et les clubs.... La guerre à outrance et les sorties demandées à grands cris n'étaient que des prétextes pour se préparer à la guerre sociale, la seule que la canaille voulût faire, parce que celle-là seule devait lui rapporter profit. La guerre contre l'ennemi n'était qu'un moyen pour armer et organiser en bataillons les bandes de la prochaine insurrection...

« Cet État, qui se créait dans l'État, avait donc son armée, forte d'au moins 100,000 hommes, soldés par la Ville (3), son administration, ses comités secrets, ses journaux, ses clubs et disposait de la moitié de Paris... Vers la fin du siège, les clubs se tinrent à huis-clos et devinrent de véritables sociétés secrètes dans lesquelles on acheva de préparer la guerre sociale, que les Rouges annonçaient hautement de voir suivre immédiatement la guerre contre les Prussiens, à laquelle, *on ne saurait trop le redire*, ils refusaient de prendre part.

« Les clubs, en effet, défendent à leur public de s'inscrire dans les compagnies de volontaires ou dans les compagnies de marche, formées dans la garde nationale ; ceux qui en feront partie sont déclarés traîtres et vendus à la réaction. Pour expliquer une pareille défense, faite sous le feu de l'ennemi, *on disait que le général Trochu voulait conduire les patriotes à*

---

1. Les gardes nationaux touchaient 1 fr. 50 c. par jour ; s'ils avaient femme, 2 fr. 25 c.

l'abattoir. Les faits répondent aux doctrines. Les bataillons de faubouriens refusent de marcher à l'ennemi ou se sauvent aux premiers coups de fusil; d'autres arrivent au rempart ou à la tranchée tellement ivres, qu'il faut les renvoyer à Paris ; le 201ᵉ bataillon, en pleine ivresse, pille l'église d'Issy et y commet les plus révoltants sacrilèges...

« Beaucoup servaient d'espions aux Prussiens, et, sous prétexte d'aller à la maraude, communiquaient chaque jour et ostensiblement avec l'ennemi aux avant-postes ; ils lui apportaient les journaux de Paris... et lui faisaient connaître le mot d'ordre. Le général Trochu avait ordonné que les portes de Paris restâssent ouvertes : maraudeurs, espions entraient dans la place et en sortaient librement... (1) »

Une guerre entreprise et poursuivie dans de pareilles conditions ne pouvait aboutir qu'au plus effroyable des dénouements. D'une part, les opérations paralysées, dès le principe, par l'incurie du gouvernement, puis par l'infériorité et plus souvent par la jalousie des chefs à l'égard les uns des autres ; d'un autre côté, l'absence d'idée religieuse et la complète méconnaissance des origines et de la mission de la guerre, — mission sanglante, terrible, mais indéniable. Et c'est sur ce point que nous voulons essayer d'arrêter — en terminant ces lignes, — l'attention et la méditation des futurs défenseurs de notre pays. On ne fait bien que ce que l'on a raisonné à fond et ici, pas plus qu'ailleurs, il ne s'agit de se payer de déclamations spécieuses, à l'égal des ré-

---

1. L. Dussieux. *Op. sup. cit.*, p. 196-200.

volutionnaires dont l'horreur hypocrite pour la guerre cache mal leur haine du genre humain tout entier. La guerre — ainsi que l'ont envisagée les grands penseurs chrétiens, — est, à la fois, une épreuve et une expiation.

« L'histoire — dit J. de Maistre, — prouve malheureusement que la guerre est l'état habituel du genre humain dans un certain sens ; c'est-à-dire, que le sang humain doit couler sans interruption sur le globe, ici ou là, et que la paix, pour chaque nation, n'est qu'un répit.

« Ce n'est point assez de considérer un point du temps et un point du globe ; il faut porter un coup d'œil rapide sur cette longue suite de massacres qui souille toutes les pages de l'histoire. On verra sévir la guerre sans interruption, comme une fièvre continue marquée par d'effroyables redoublements.

« Qu'on remonte jusqu'au berceau des nations ; qu'on descende jusqu'à nos jours ; qu'on examine les peuples dans toutes les positions possibles, depuis l'état de barbarie jusqu'à celui de civilisation la plus raffinée ; toujours on trouvera la guerre. Par cette cause, qui est la principale, et par toutes celles qui s'y joignent, l'effusion du sang humain n'est jamais suspendue dans l'univers. Tantôt elle est moins forte sur une plus grande surface, et tantôt plus abondante sur une surface moins étendue ; en sorte qu'elle est à peu près constante. Mais de temps en temps il arrive des événements extraordinaires qui l'augmentent prodigieusement.

« Si l'on avait des tables de massacres comme on a des tables météorologiques, qui sait si l'on n'en découvrirait point la loi au bout de quelques siècles d'observation? Buffon a fort bien prouvé qu'une grande partie des animaux est destinée à mourir de mort violente. Il aurait pu, suivant les apparences, étendre sa démonstration à l'homme; mais on peut s'en rapporter aux faits.

« Il y a lieu de douter, au reste, que cette destruction violente soit, en général, un aussi grand mal qu'on le croit : du moins, c'est un de ces maux qui entrent dans un ordre de choses où tout est violent et contre nature, et qui produisent des compensations. D'abord lorsque l'âme humaine a perdu son ressort par la mollesse, l'incrédulité et les vices gangréneux qui suivent l'excès de la civilisation, elle ne peut être retrempée que dans le sang. Il n'est pas aisé, à beaucoup près, d'expliquer pourquoi la guerre produit des effets différents, suivant les différentes circonstances.... *Les lieux communs sur la guerre ne signifient rien* : il ne faut pas être fort habile pour savoir que plus on tue d'hommes, moins il en reste; mais ce sont les suites de l'opération qu'il faut considérer... Or, les véritables fruits de la nature humaine, les arts, les sciences, les grandes entreprises, les hautes conceptions, les vertus mâles tiennent surtout à l'état de guerre. On sait que les nations ne parviennent jamais au plus haut point de grandeur dont elles sont susceptibles qu'après de longues et sanglantes guerres. Ainsi le point rayonnant pour les Grecs fut l'époque terrible de la guerre du Péloponèse; le siècle d'Auguste suivit immédiatement la guerre civile et les proscriptions; le génie français fut dégrossi par la Ligue et poli par la Fronde... En un mot, on dirait que le sang est l'engrais de cette plante qu'on appelle *génie*.

« Je ne sais si l'on se comprend bien, lorsqu'on dit que *les arts sont amis de la paix*. Il faudrait au moins s'expliquer et circonscrire la proposition ; car je ne vois rien de moins pacifique que les siècles d'Alexandre et de Périclès, d'Auguste, de Léon X et de François Ier, de Louis XIV et de la reine Anne.

« Il n'y a qu'un moyen de comprimer le fléau de la guerre, c'est de comprimer les désordres qui amènent cette terrible purification (1). »

« Ceux — dit M. de Bonald, — qui ont voulu établir un tribunal pour juger les querelles des nations et établir ainsi une paix perpétuelle ont proposé une chose contre nature ; car, un tribunal suppose une force supérieure à celle des parties, qui puisse les soumettre au jugement prononcé contre elles, et ce tribunal composé de nations n'aurait aucune force contre les nations.... Les philosophes modernes ont beaucoup déclamé contre la guerre, jusqu'au moment où elle s'est faite pour leur compte et pour étendre leurs opinions (2). »

A toutes les époques, mais surtout aux époques de dissolution générale et de décadence, la guerre est le seul élément rénovateur et vraiment civilisateur qu'on puisse imaginer. Sait-on quels immenses résultats sortiront de la dernière guerre ? Peut-être ne les appréciera-t-on que dans quelques années, et ce sera beaucoup de progrès de la part de l'opinion publique, qui n'a reconnu qu'en ces derniers temps l'immense portée

---

1. J. De Maistre *Considérations sur la France* (1796.)
2. De Bonald, *Législation primitive*, etc., note b, du chapitre XIV.

civilisatrice des croisades, encore méconnues, il y a moins d'un demi-siècle.

Il est donc vrai — aujourd'hui plus que jamais, — que si nous marchons à la barbarie par les idées, nous marchons peut-être à la civilisation par les armes.

Ch. Barthélemy.

LA GUERRE DE 1870-1871

CHAPITRE PREMIER

La philosophie et le roman de l'Histoire. — Notre but. — Les guerres du deuxième Empire. — L'Europe méfiante. — Mort de Morny. — L'Empire est perdu! — Le carnaval des rois, en 1867. — Candidatures de Gambetta et de Rochefort. — Aveu de M. Pietri. — Opinion de Walewski. — L'ex-républicain M. Rouher. — Hier et aujourd'hui, 1848 et 1863. — Le couronnement de l'édifice. — Emile Olivier. — Le libéralisme du deuxième Empire. — Une pensée de Gambetta. — César ou Marat. — Un mot de M. Thiers. — Le cadavre de Victor Noir. — La grève du Creuzot. — Le cercle fatal du césarisme. — Assi et M. Schneider. — L'heure du plébiscite. — Jules Ferry, avocat de la liberté. — Le plan de Gustave Flourens. — La nécessité du régicide. — L'enthousiasme de la peur. — Le rêve de la paix universelle. — Liberté, licence. — Propagande révolutionnaire dans l'armée. — Un trait de lumière pour la Prusse. — Des mots, des mots, des mots ! — Le programme de la dernière heure. — Tout promettre pour ne rien donner. — Ce qu'il faut penser du vote des paysans. — Le salut par la guerre. — Comment Gambetta appréciait le plébiscite. — Un programme qui n'est pas neuf. — La pétition des princes d'Orléans. — La candidature d'un Hohenzollern au trône d'Espagne. — La main de Bismarck. — La revanche de Tolbiac et d'Iéna.

De même qu'un malheur ne vient jamais seul, ainsi le désastre d'une nation est toujours le résultat de causes qu'il importe d'étudier, sous peine de se méprendre étrangement sur le sens et la portée des événements accomplis et de n'en pas tirer l'enseignement fécond dont l'histoire doit être l'organe. C'est ainsi que se dégage et s'exhale, pour ainsi parler, des faits la véritable *philosophie de l'histoire ;* suivre une autre méthode, toute de fantaisie, c'est vouloir se tromper soi-même et ne rechercher que *le roman de l'histoire.* La loyauté veut que l'on ne s'évertue pas plus à s'aveugler soi-même qu'à aveugler les autres. La vérité, toute la vérité, rien que la vérité, telle doit être la règle constante et inflexible de l'historien, et alors même qu'il ne fait autre chose que de consigner par écrit ses souvenirs et ses impressions — comme nous l'essayons ici, à propos de la guerre de 1870-71, — il se doit à lui-même ainsi qu'à ses lecteurs d'être sincère et impartial, tout en restant patriote. L'affection pour notre pays doit être pour nous un flambeau et non pas un voile ; on ne connaît bien que ce que l'on aime et l'on n'aime véritablement que ce que l'on connaît bien.

L'immense désastre qui pesa sur la France, il y a douze ans, de 1870 à 1871, et pendant six mois transforma notre pays en un vaste champ de bataille avait sa source et ses causes dans les évolutions des dernières années du deuxième Empire. Ce n'est pas remonter trop haut que de rapporter à l'année 1863 les premiers symptômes du mal auquel la France se trouva en proie et dont la crise, couvant sourdement, se déclara et éclata si terrible en 1870.

De nombreuses guerres, plus ou moins glorieuses mais toutes stériles, depuis celle de Crimée jusqu'à l'expédition d'Italie, en passant par la Chine et le Mexique, avaient signalé — de Sébastopol à Solférino, — les annales d'un règne qui dura trop longtemps pour la France. A côté de ces faits d'armes, les idées révolutionnaires marchaient à grands pas vers une catastrophe d'où devaient sortir la guerre de 1870-1871 et la troisième République qui en fut le couronnement fatal, en continuant et en aggravant le désarroi déjà si grand où Napoléon III avait plongé notre malheureux pays.

Des expéditions précitées rien de bon ne sortit pour nous ; la Russie, l'Autriche, l'Angleterre, l'Allemagne nous voyaient avec méfiance, et l'Italie elle-même, cette grande ingrate, ne nous savait aucun gré du sang de nos soldats versé à flots pour son indépendance et son unité plus que douteuses : nous n'avions réussi, en fin de compte, qu'à faire une ingrate et quatre mécontentes. Dans l'avenir comme dès le présent Sébastopol nous aliénait la Russie, le Mexique et Solférino, l'Autriche, la Chine, l'Angleterre, et Sadowa—que nous avions laissé faire, — l'Allemagne. Sans compter que la Belgique nous soupçonnait, avec raison, d'en vouloir à son indépendance à laquelle nous avions cependant donné une si puissante aide en 1830.

En faisant du socialisme à petites doses, le deuxième Empire n'avait pas tardé à attiser la flamme révolutionnaire dans les esprits ; plus il accordait et plus on lui demandait, plus on se montrait exigeant.

La mort de M. de Morny, en 1863, fut vraiment l'affaissement du régime inauguré par le deux décembre 1851 ; car, Napoléon III n'était quelque chose que par l'initiative de celui que la rumeur publique désignait comme son frère et qui, à l'époque du trop fameux coup d'État, fut la tête et le bras de celui que M. de Bismarck caractérisait, plus tard, en ces termes : « Une grande incapacité méconnue. »

Par une de ces divinations qui font de la voix du peuple un écho de celle de Dieu,—à la mort de Morny, le cri général fut celui-ci : « L'empire est perdu ! » Peu après, l'expédition du Mexique, profondément antipathique à la nation, n'eut d'autre résultat que la fin tragique de Maximilien d'Autriche fusillé par ceux que nos armes lui avaient donnés pour sujets.

« Qui dira — s'écrie un historien, — ce que cette expédition a coûté à la France d'hommes et d'argent, de sang et de richesses ? Ajoutez qu'elle habitua les troupes à la guerre de piraterie et de pillage et qu'elle contribua à désorganiser une armée qui ne connaissait déjà plus qu'à demi la discipline et la patrie. » (1)

A partir de 1867 notamment, ce qui pouvait encore rester de prestige à Napoléon III s'évanouit sensiblement ; parmi

---

1. J. Claretie, *Histoire de la Révolution de 1870-1871*, tome I, p. 4, col. 2.

les souverains venus, cette année-là, à l'Exposition universelle, le czar et le roi de Prusse emportèrent de la France un sentiment de mépris envieux et de colère humiliée. Le journal *Der Bund*, du 15 juin 1867, disait : « Le roi de Prusse et M. de Bismarck ont quitté Paris, convaincus que la guerre est inévitable et que le *carnaval* des rois aura un triste mercredi des Cendres. »

Un an après, la mort de l'illustre avocat Berryer laissait vacante une place au Corps législatif; ce fut au défenseur de Delescluze, à Gambetta que les électeurs démocrates de Marseille l'offrirent. Près de lui se dressa bientôt Rochefort avec sa *Lanterne*, dont l'éclat eût une intensité que l'on s'explique assez peu aujourd'hui et qui n'eût guère que le mérite que lui prêtait une opposition acharnée et se faisant des armes de tout. Dès la fin de 1869, il y avait un souffle de Révolution dans l'air : ce que l'on voulait, on ne le savait guère : renverser d'abord ce qui existait, puis on verrait, on n'allait pas plus loin dans l'avenir, l'horizon était des plus bornés. Plus la tempête se rapprochait et plus il semblait aussi qu'elle n'eût d'autre résultat que d'engourdir Napoléon III dans son affaissement moral et matériel ; ainsi finissait ce rêveur doublé d'un malade. Il ne manquait pas d'hommes dans son entourage à lui signaler les symptômes alarmants qu'il était déjà trop tard pour combattre et que lui, le chef du pouvoir, avait déchaînés. « Une coalition formi-
« dable — écrivait M. Piétri, le 28 novembre 1869, — s'or-
« ganise contre l'Empire entre les haines politiques et les
« haines économiques. » Et le dernier avertissement de Walewski mourant avait été celui-ci : « Aujourd'hui les
« demi-mesures ne sont plus possibles ; les hésitations
« seraient désastreuses après les insuccès des dernières
« années. Il faut réussir, il faut atteindre le but coûte que coûte. »

Successeur de M. Billault, au ministère (1863), M. Rouher fut pendant ces années de luttes, l'infatigable défenseur d'un régime qui allait chaque jour s'effondrant. Chose qui peut étonner au premier abord, M. Rouher, ce zélé champion de l'Empire était le même homme qui, en 1848, réclamait la révolution sociale et la liberté intégrale. Le 26 mars 1848, s'adressant aux électeurs du Puy-de-Dôme, il reconnaissait — disait-il, — que le principe de la souveraineté du peuple était *l'édifice destiné à devenir l'arche sainte des générations futures*; et il ajoutait : « Le gouvernement républicain est franchement accepté. *La France est désaffectionnée de la monarchie.* » Au club républicain d'Issoire, le 11 avril, M. Rouher « s'écriait : « *Les idées nouvelles peuvent seules faire le bonheur* « *de mon pays.* Les clubs doivent être les organes de la volonté « du peuple. »

En se mettant, par la suite, au service de Napoléon III, M. Rouher ne changeait pas, au fond; il reconnaissait seulement la révolution couronnée et incarnée dans la personne du neveu de Napoléon Ier.

Pour achever de mettre le comble à ses fautes, l'Empire — voulant *couronner l'édifice* (hélas !), — crut avoir trouvé dans M. Emile Olivier l'homme qu'il lui fallait ; car, c'était un homme nouveau, à ce que l'on disait du moins, et quand on se noie on se cramponne au moindre brin d'herbe.

Pour devenir ou s'afficher libéral, le régime impérial n'en continuait pas moins à être autoritaire et despotique, et le pays entrait dans une crise dont il était encore loin de soupçonner le terrible dénouement.

Gambetta a bien jugé et condamné alors le système nouveau d'aspect mais ancien d'essence que l'on essayait de ressusciter ou plutôt de galvaniser: « Les démagogues, ils « sont de deux sortes, s'appellent César ou Marat. Que ce « soit aux mains d'un seul ou aux mains d'une faction, c'est « par la force qu'ils veulent satisfaire, les uns et les autres, « leurs ambitions ou leurs appétits.

« Ces deux démagogies, je les trouve également haïssables « et funestes (1). »

Le ministère nouveau était condamné dans son essence

---

1. Circulaire aux électeurs des Bouches du Rhône.

même. Composé d'hommes dont les opinions avaient souvent varié et qui se réconciliaient sous l'étreinte de la nécessité, il n'inspirait qu'une médiocre confiance aux esprits réfléchis, aux âmes loyales qui peuvent pardonner bien des choses mais non les désertions et encore moins les apostasies. En vain, un poète moderne a-t-il dit que :

L'homme absurde est celui qui ne change jamais.

Les girouettes politiques n'auront jamais le suffrage des honnêtes gens, en France.

L'année 1870 venait de s'ouvrir par une sorte de profession de foi politique de M. E. Olivier devant le Corps législatif, mais aussitôt il s'était vu percer à jour par deux rudes antagonistes, Gambetta et J. Favre. L'attitude d'un prince de la famille impériale, Pierre Bonaparte, acheva de combler la mesure de l'indignation publique contre un régime qui — selon le mot de M. Thiers, — n'avait plus de fautes à commettre. On se rappelle l'épisode tragique de la mort de Victor Noir qui devint, entre les mains de l'opposition, une arme si puissante contre le second empire.

Ainsi qu'en 1848 on exploita le cadavre du jeune homme, presqu'un enfant ; le jour de l'enterrement, on put craindre une émeute dont les suites auraient été terribles. Rochefort parvint à contenir la multitude furieuse et empêcha un immense malheur, mais ce ne fut pas sans lutte ; G. Flourens, dans sa folie accoutumée, voulait braver le déploiement de la force armée. Flourens écarté, restait à Rochefort un implacable ennemi dans E. Olivier qui essaya vainement d'obtenir du Corps législatif des poursuites contre le rédacteur de *la Lanterne* devenu celui de *la Marseillaise*. La division qui se mit entre Rochefort et G. Flourens à propos de l'épisode de V. Noir sembla prolonger quelque peu les jours de l'Empire, mais il était condamné et ce n'était plus qu'une question de temps, une courte acalmie qui lui était ainsi accordée par le bénéfice des événements.

Sans nous attarder à raconter, même si succinctement que possible, le procès de la haute cour de Tours relativement à l'épisode de V. Noir, venons non moins rapidement à celui de la grève du Creuzot qui — pour n'avoir pas autant passionné l'opinion publique, — porta cependant un coup terrible à l'Empire.

« L'Empire, en donnant aux travailleurs le droit de coalition et de grève, leur avait en réalité tendu un piège. Dans ses velléités de socialisme, il essayait de s'attacher, d'attirer à lui les travailleurs, dont quelques-uns déclaraient tout haut qu'ils s'inquiétaient peu de la forme politique du gouvernement, pourvu qu'ils obtinssent les réformes sociales. L'Empire entrouvrait donc une porte, mais pour en repousser bientôt les battants. Ennemi de la liberté politique, le césarisme, définitivement brouillé avec la classe pensante, voulait tenter de s'appuyer sur les classes laborieuses, et, c'était de ce côté que se portaient son attention et ses préoccupations quotidiennes. On l'a bien vu par l'amas de travaux, de recherches, de mémoires faits sur ce sujet pour le compte de l'empereur. Mais, condamné par la fatalité même de son caractère despotique à rassurer les intérêts qui formaient en somme les assises, la base de son pouvoir, l'empire après avoir fait ainsi quelques avances aux partisans des réformes économiques, s'empressait de donner des gages aux amis de l'ordre. « *L'ordre, j'en réponds,* » devait-il dire. Il en répondait en le garantissant par des chassepots. Ce n'était pas ce qu'on lui demandait...

« Quant à la grève, c'est un moyen funeste. La grève est une guerre véritable qui entraîne après elle, comme toutes les guerres, des misères et des ruines... » (1)

Il y a beaucoup de vrai dans ce tableau dont nous n'acceptons pas cependant tous les traits pour exacts, mais le système de balancier ou plutôt de bascule entre les deux éléments de la société a été bien saisi et mis au jour par le publiciste que nous venons de citer.

La position du mécanicien Assi, représentant et chargé des intérêts de la grève du Creuzot, était pleine de difficultés pour

---

1. J. Claretie, tome I, p. 51, col. 2, et p. 52, col. 1.

lui ; placé entre la conciliation et la lutte, il eût bien voulu se tirer d'embarras en voyant se terminer le conflit et reprendre sa place à l'atelier. Les ouvriers, eux, en opposition avec M. Schneider et compagnie voulaient conserver l'administration de la caisse de secours qu'on leur déniait; on fit donc appel au vote et le résultat fut 1943 *non* contre les patrons, en regard, de 536 *oui* en leur faveur. Ce vote piqua au vif M. Schneider qui congédia Assi, comme ayant été le chef de l'opposition. Ce fut le commencement de la grève, tout l'atelier ayant suivi Assi. Peu après, des troupes arrivaient d'Autun et les arrestations commençaient autour des puits.

M. Schneider, comme président du Corps législatif, subit alors de la part de l'opinion publique surexcitée le fardeau de l'impopularité toujours croissante de l'Empire.

L'heure du plébiscite allait sonner, heure fatale et décisive pour l'empire qui y trouvait sa condamnation et sa ruine, en y cherchant son salut ou du moins une prolongation d'existence. Les séances du Corps législatif, à la veille de ce coup d'État d'un genre nouveau, furent des plus orageuses ; Gambetta n'eut pas de peine à saper les hommes du pouvoir se réfugiant dans l'arbitraire, et ce fut alors que M. Jules Ferry, qui se posait en ami de la liberté, s'écriait : « N'est-il pas « vrai que notre pays est le dernier qui soit sous le soleil en « ce qui concerne les garanties de la liberté individuelle. ? » Ce à quoi M. E. Olivier ripostait que le gouvernement devait se défendre contre les complots incessants qui menaçaient son existence. Or, ces complots dont on a souvent nié la réalité et que l'on attribua longtemps à la police avaient, on le sait aujourd'hui, pour organisateur naïf G. Flourens, qui lui-même n'a pas fait difficulté de l'avouer. — (1)

Le grand, le principal complot pour G. Flourens consistait en ceci : « S'emparer des Tuileries en une nuit, grâce à quelques intelligences au dedans et en y terrassant les bonapartistes, s'ils essayaient de résister, au moyen des formidables

---

1. Paris livré.

engins de destruction mis par le science au service des peuples opprimés; paralyser à force d'audace tous les souteneurs, si terriblement armés, du tyran et, avec quelques hommes d'une immense énergie, affranchir de ses chaînes un grand peuple énervé: tel était — dit G. Flourens,— le complot qui devait séduire alors tout cœur généreux et brave. »

C'était ce même Flourens qui, six ans auparavant, du haut de la chaire du Collège de France, où il était professeur, déclarait hautement l'inutilité du régicide, à propos du meurtre de César. « Les républicains le tuèrent. Crime et sottise. « Est-ce que le sort des nations dépend de l'existence d'un « homme? N'ont-elles pas toujours le gouvernement dont « elles sont dignes par leur conduite? Améliorez les hommes « en les instruisant, ils n'auront plus besoin de maîtres. »

Aujourd'hui, il proclamait *la nécessité du régicide* et croyant trouver dans un sergent déserteur un émule des sergents de la Rochelle, il confiait naïvement à Beaury le secret de son terrible et absurde plan contre Napoléon III. Beaury livra le secret. On comprend quelle force immense apportait un tel fait, bien réel, à la veille du plébiscite et de la demande de la part du gouvernement d'un vote absolu de confiance. La police impériale, si elle avait eu à inventer une conspiration, n'y eût pas si bien réussi. « Que pouvait, en effet, avoir à gagner le parti républicain dans un complot qui devait fatalement effrayer la plus grande partie de la nation? Au moment où l'Empire se liquéfiait, pour ainsi dire, on lui refaisait une solidité soudaine en le menaçant de bombes et de moyens fournis par la science! La France avide de paix, de repos, de calme,... ne devait plus considérer tout à coup qu'une chose : c'est qu'on la menaçait en menaçant l'Empire. Ces fanatiques rendaient à la république les mauvais services que les ministres trop zélés rendaient au régime impérial. Ce zèle farouche devait assurer des millions de *oui* au plébiscite futur et il se déployait si maladroitement et dans une circonstance si étonnante qu'on était en droit d'attribuer le complot aux machinations de la police. Il faut les affirmations nettes de Flourens pour nous convaincre que Tibaldi, récemment revenu de Cayenne, et Bradlaugh en faisaient partie. » (1)

« En ce moment plus que jamais, la France était affamée — on peut le dire, — de paix et de liberté. La paix surtout, la paix universelle était le rêve de tous les esprits ; pas un publiciste qui ne demanda l'abolition des armées permanentes qu'on regardait comme la cause directe des conflits dans le monde. La paix, avant tout ; la liberté suivait, sans doute, mais d'un peu plus loin, mal définie ; synonyme de licence pour le plus grand nombre, elle était pour la minorité de la nation l'ensemble des garanties de l'ordre, du travail et de la fortune publique.

Les débats auxquels donna lieu l'approche du vote plébiscitaire furent envenimés par la propagande radicale qui s'évertua à travailler l'armée au profit de la révolution, en prêchant aux soldats l'indiscipline. « Vous êtes citoyens avant d'être soldats, — leur disait, le 1er mai 1870, une circulaire spéciale. Votre cœur bat comme le nôtre aux idées de patrie et de liberté. Écoutez donc notre voix fraternelle. Nous avons à vous parler de vos intérêts les plus chers que nous ne séparons pas des nôtres.

« Si vous voulez reconquérir votre place au foyer, vos droits à la vie sociale, — tout en restant à la disposition de la patrie, dans le cas où sa sécurité ou son honneur serait menacés, et alors toute la démocratie serait à vos côtés, — si si vous croyez que la liberté est le premier des biens ; si vous êtes las de servir de rempart et d'instrument à une politique que vous combattrez vous-mêmes dès que vous ne serez plus soldats ; si vous ne voulez plus de guerres impies ou stériles qui vous coûtent le plus pur de votre sang ; si vous voulez vivre en hommes libres, dans une patrie libre, votez hardiment *non*. »

Ces excitations produisirent bientôt leurs fruits ; le dimanche 8 mai 1870, eut lieu par toute la France le vote plébisci-

---

1. J. Claretie, tome I, p. 56, col. 2.

taire, et l'armée donna un assez fort appoint aux *non* de la démocratie radicale (1), il n'y eut pas jusqu'aux Cent gardes qui fournirent leur part à l'opposition : grave symptôme ! En somme le vote général des 89 départements donnait à l'Empire 7 millions de *oui* contre un million 400,000 de *non*. C'était encore un beau résultat pour Napoléon III, mais il ne devait pas savoir en profiter, l'heure de sa chute s'avançait rapidement. La Prusse, elle, ne s'arrêtant qu'au nombre des votes militaires qui lui livrait le chiffre exact de l'armée française, se rassurait sur l'issue probable d'une guerre avec notre pays. Ce fut un triomple anticipé pour M. de Bismarck que cette révélation à peu près inattendue et surtout inespérée.

Le 20 mai, dans la grande salle du Louvre, M. Schneider apportant, à la tête du Corps législatif, à Napoléon III la déclaration officielle des votes du 8 mai, disait au souverain que la France remettait à sa dynastie une force et une autorité nouvelles. Et il ajoutait : « Sire, la France est avec vous. »

S'enivrant ou plutôt s'engourdissant de ce succès douteux et si chèrement acheté, l'empereur prononça ce discours typique, — le dernier de son règne :

« En recevant de vos mains le recensement des votes émis le 8 mai, ma première pensée est d'exprimer ma reconnaissance à la nation, qui, pour la quatrième fois depuis vingt-deux ans, vient de me donner un éclatant témoignage de sa confiance.

« Le suffrage universel, dont les éléments se renouvellent sans cesse, conserve néanmoins, dans sa mobilité, une volonté

---

1. « La presse révolutionnaire, pour enlever à l'Empereur l'appui de l'armée, ne cessait de jeter parmi les soldats les idées d'indiscipline, de désordre et de désertion ; elle préparait ainsi les défaites de 1870, en détruisant dans la troupe le respect, l'obéissance et jusqu'au patriotisme. » — L. Dussieux, tome I, p. 17. M. Dussieux cite, à l'appui de ce qu'il avance, une lettre d'un soldat en garnison à Rodez et faisant partie de la *Charbonnerie française*, société secrète et internationale ; ce soldat écrivait à un de ses affidés de Marseille, le 2 avril 1870, en pleine guerre la lettre suivante, dont voici quelques passages des plus significatifs : « Nous avons bu à l'indépendance des peuples, à Marat, à Robespierre, *à nos frères les Prussiens*...

persévérante. Il a pour le guider sa tradition, la sûreté de ses instincts et la fidélité de ses sympathies.

« Le plébiscite n'avait pour objet que la ratification par le peuple d'une réforme constitutionnelle ; mais, au milieu du conflit des opinions et dans l'entraînement de la lutte, le débat a été porté plus haut. Ne le regrettons pas.

« Les adversaires de nos institutions ont posé la question entre la révolution et l'Empire. Le pays l'a tranchée en faveur du système qui garantit l'ordre et la liberté.

« Aujourd'hui, l'Empire se trouve affermi sur sa base. Il montrera sa force par sa modération. Mon gouvernement fera exécuter les lois sans partialité comme sans faiblesse. Il ne déviera pas de la ligne libérale qu'il s'est tracée. Déférent pour tous les droits, il protégera tous les intérêts sans se souvenir des votes dissidents et des manœuvres hostiles. Mais aussi il saura faire respecter la volonté nationale, si énergiquement manifestée et la maintenir désormais au dessus de toute controverse.

« Débarrassés des questions constitutionnelles qui divisent les meilleurs esprits, nous ne devons plus avoir qu'un but : rallier autour de la Constitution que le pays vient de sanctionner les honnêtes gens de tous les partis ; assurer la sécurité ; amener l'apaisement des passions ; préserver les intérêts sociaux de la contagion des fausses doctrines ; rechercher, avec l'aide de toutes les intelligences, les moyens d'augmenter la grandeur et la prospérité de la France.

« Répandre partout l'instruction ; simplifier les rouages administratifs, porter l'activité, du centre où elle surabonde, aux extrémités qu'elle déserte ; introduire dans nos codes, qui sont des monuments, les améliorations justifiées par le temps, multiplier les agents généraux de la production et de

---

Presque tout le régiment est de notre côté. Les caporaux et bien des sergents aussi... S'il faut partir, je partirai ; mais je crois que *je ne tuerai guère de Prussiens...* » — (Extrait du compte rendu du procès de plusieurs membres de la Charbonnerie française, à Die, en 1873. Voir la *Gazette des Tribunaux* d'avril 1873.)

la richesse; favoriser l'agriculture et le développement des travaux publics; consacrer enfin notre labeur à ce problème toujours résolu et toujours renaissant, la meilleure répartition des charges qui pèsent sur les contribuables : tel est notre programme. C'est en le réalisant que notre nation, par la libre expansion de ses forces, portera toujours plus haut les progrès de la civilisation.

« Je vous remercie du concours que vous m'avez prêté dans cette circonstance solennelle. Les votes affirmatifs qui ratifient ceux de 1848, de 1851 et de 1852, affermissent aussi vos pouvoirs et vous donnent comme à moi une nouvelle force pour travailler au bien public.

« Nous devons plus que jamais aujourd'hui envisager l'avenir sans crainte. Qui pourrait, en effet, s'opposer à la marche progressive d'un régime qu'un grand peuple a fondé au milieu des tourmentes politiques et qu'il fortifie au sein de la paix et de la liberté ?

Napoléon. »

En somme, rien de nouveau dans ce discours qui avait la prétention d'être un programme fécond. Toujours des mots ronflants, d'idées point, un vague désespérant mais plus ou moins habilement calculé, pesant sur les masses comme une *malaria* morale, l'art de parler pour ne rien dire porté à son comble, tout promettre, bien décidé à ne rien tenir, — ainsi peut se résumer l'allocution impériale du 20 mai 1870.

Qu'importait d'ailleurs aux classes rurales dont l'empereur s'était déclaré le flatteur ? Pourvu que le paysan pût vendre le plus cher possible ses produits, il s'embarrassait peu du reste. C'était là ce que Napoléon III visait, en parlant de *la sûreté des instincts* et de *la fidélité des sympathies* du suffrage universel, dont la *volonté persévérante* est de faire fortune par tous les moyens. Aussi, a-t-on vu ce suffrage tourner rapidement à la république qui lui laisse toute liberté de vendre ses produits au prix qu'il lui plaît et d'exploiter ainsi le consommateur.

Cependant, malgré cet air d'assurance qui cachait à peine son dépit et son inquiétude, le gouvernement impérial éprouvait le besoin de faire une puissante diversion aux sentiments hostiles qui venaient de se manifester contre lui jusque dans le sein de l'armée. Il fallait donc frapper un grand coup décisif sur tout. Mais, où et à quel moment ? La guerre était résolue en principe dès le lendemain du vote plébiscitaire ; on ne voyait pas, dans les régions gouvernementales, d'autre moyen pour sortir de l'impasse où venait de s'engager de gaîté de cœur un régime définitivement jugé et condamné par lui-même ; en déclarant la guerre, l'Empire jouait sa dernière carte, ou plutôt il signait son arrêt de mort.

Gambetta caractérisait assez bien la portée du vote plébiscitaire du 8 mai et le regain de force qu'il semblait donner à l'Empire, quand il disait, à Belleville :

« Que sont pour l'empire ses sept millions de voix ? Ce sont autant de créanciers. On l'accepte, soit, mais on lui dit: « Nous voulons être gouvernés et non pas exploités. » Nous, députés, revêtus par le suffrage universel d'un mandat aussi vigoureux, aussi valable que l'Empire, nous serons là pour réclamer, au nom des sept millions de créanciers, les réformes principales qui sont leurs droits primordiaux. J'en cite deux : l'instruction gratuite et obligatoire et le droit d'association. »

On sait comment, à plus de douze ans de distance, la troisième république française a résolu ces deux problèmes, surtout celui de l'instruction *gratuite* (ruineuse pour les contribuables) et *obligatoire* (tyrannique au suprême degré).

Qui pouvait cependant penser que la guerre sortirait si rapidement, si brutalement de la situation nouvelle faite à l'Empire ? Mais tout contribuait à créer des embarras de plus en plus inextricables à ce pouvoir fourvoyé dans ses propres habiletés. Pour ne citer qu'un fait, entre beaucoup d'autres, — la pétition des princes d'Orléans demandant à rester en France causa à la Chambre une émotion assez vive et au gouvernement impérial une inquiétude profonde.

A la date du 19 juin, les princes écrivaient, en ces termes, au président du Corps législatif :

« Ce n'est pas une grâce que nous réclamons, c'est notre droit, le droit qui appartient à tous les Français, et dont nous sommes seuls dépouillés.

« C'est notre pays que nous redemandons, notre pays que nous aimons, que notre famille a toujours loyalement servi ; notre pays dont aucune de nos traditions ne nous sépare et dont le seul nom fait toujours battre nos cœurs ; car, pour les exilés, rien ne remplace la patrie absente. »

La demande des princes fut repoussée par le gouvernement impérial. Le danger n'était cependant pas de ce côté, il venait plutôt de l'Espagne où Prim voulait porter au trône un souverain sous le nom duquel il put régner et surtout gouverner; alors fut posée la candidature d'un prince de Hohenzollern, et cette ingérence dans les affaires de nos voisins fut attribuée non sans raison à M. de Bismarck. Depuis 1866, à partir de Sadowa, la France et la Prusse se regardaient avec défiance et colère. L'empereur Napoléon III ne pardonnait pas à l'homme d'Etat prussien la façon dont il l'avait joué à Biarritz. Ce qu'il y a de certain, c'est que l'Allemagne haïssait la France; elle avait conservé depuis Iéna une sourde colère contre notre pays et, remontant même plus haut encore que 1806, elle croyait avoir à prendre la revanche de Tolbiac.

CHAPITRE II

Haine de l'Allemagne contre la France. — Le poète Arndt. — Fureur et chauvinisme d'outre-Rhin. — Avertissements inutiles. — La guerre prévue dès 1868. — L'ombre de Sadowa. — Déclaration d'E. Olivier, au Corps législatif. — Trop de zèle ! — M. Thiers et la vérité. — Son discours, fureurs qu'il soulève. — A Berlin ! — Encore et toujours les courtisans. — Napoléon III ment à la France. — Exagération du *Journal officiel*. — Fantaisie trop brillante sur l'armée française. — L'empereur réfuté par lui-même. — *Go a head !* — Tactique du deuxième Empire. — Les soldats d'Iéna et *la Marseillaise* — L'ennemi héréditaire. — Une manœuvre de M. de Bismarck.—Protestations inutiles.— Ivresse de la population parisienne. — Dispositions réelles de l'armée. Proclamation emphatique de Napoléon III. — Toujours le mensonge ! — La garde nationale et son passé. — Triste prophétie. — Il est trop tard ! — Effectif réel de l'armée française. — L'escarmouche de Niederbronn.—La frontière allemande franchie. — Victoire ! victoire ! — La cruelle réalité. — Wissembourg et Forbach.

La haine de l'Allemagne contre la France n'avait laissé échapper aucune occasion de s'exhaler en une brutale fureur ; c'est ainsi que, lors de la guerre d'Italie, les habitants de Kehl promenaient dans leurs rues un porc habillé en soldat français et le brûlaient en plein air, dansant et répétant leur chant national. Lorsqu'en 1859, au lendemain de Magenta et de Solférino, la France était victorieuse de l'Autriche, l'Allemagne sentit se rallumer son courroux héréditaire. Le poète Arndt poussa ce cri farouche, appel aux armes contre nous :

« L'orage de la guerre a retenti, les Français veulent l'avoir encore, notre Rhin. Allons, mon Allemagne, lève-toi comme un seul homme. De toutes les montagnes et de toutes les vallées répands la crainte et la terreur, dons sanglants, et que ce cri retentisse partout : « Au Rhin ! au Rhin ! Que l'Allemagne tout entière déborde sur la France. »

« Ils le veulent. Secoue-toi, patience allemande. Eveille-toi des rives du Belt à celles du Rhin. Nous avons à réclamer de vieilles dettes. Allons, Français, debout ! Nous voulons, dans le jeu des épées et des lances, danser avec toi la danse sauvage et sanglante. Le cri retentit : « Au Rhin ! au Rhin ! Que l'Allemagne tout entière déborde sur la France ! »

« Ah ! mon Allemagne libre, unie, en avant ! nous voulons leur chanter une petite chanson et leur reprendre ce que leur maligne fraude nous a enlevé : Metz, Strasbourg et la Lorraine. Oui ! vous rendrez gorge. Commençons donc le combat, au dernier sang. Le cri retentit : « Au Rhin, au Rhin ! Que l'Allemagne tout entière déborde sur la France... »

Quel chauvinisme poussé à son comble ! Voilà où en étaient les Prussiens en 1859. Au lendemain de Sadowa et jusqu'en 1870, ce fut pis encore. « Aujourd hui, — écrivait en 1868 le baron Stoffel, attaché militaire à Berlin, — aujourd'hui, la France, loin d'exciter aucune sympathie en Prusse, y est au contraire un objet de haine pour les uns et d'envie pour le autres, de méfiance et d'inquiétude pour tous.

« J'insisterai principalement sur ce sentiment général d'inquiétude et de maladie, qui nous aliène toute la Prusse, et qui est la conséquence fatale des événements de 1866. Le malaise y est peut-être plus profond qu'en France : chacun sent, d'une façon plus ou moins vague, que l'état de choses actuel n'est que provisoire, le doute et la crainte sont dans tous les esprits ; les affaires languissent, le marasme est partout. Le sentiment général qui en résulte se traduit par des mots comme ceux ci : « Tout cela changerait si la France « voulait ne pas se mêler de nos affaires. » Et alors on accumule cent accusations contre la France ; on lui reproche le rôle qu'elle a joué pendant l'armistice de 1866, en empêchant la Prusse de dicter la paix dans Vienne, sa jalousie excitée par les succès de l'armée prussienne, ses susceptibilités non fondées, ses prétendus armements, sa prétention à se mêler des pays étrangers, etc. Cette situation n'a rien qui doive étonner, car elle est la conséquence forcée des événements et de la rivalité des deux peuples Mais, j'ai tenu à en préciser le caractère pour mieux *montrer qu'elle amènera infailliblement la guerre.* » (1)

L'Empire resta sourd à ces avertissements qu'il trouva plus commode de traiter d'exagération, et cependant, — concluait avec raison M. Stoffel, — la guerre est inévitable, *elle est à la merci d'un incident.* Cet incident, dont profita la Prusse, sans le faire naître, fut soulevé par le gouvernement français. Mais, si la guerre était inévitable — ce qu'on a voulu en vain nier, — ce n'était pas quatre ans après Sadowa qu'il fallait la déclarer. Ce qu'il importait, avant tout, c'était d'empêcher l'écrasement du Sleswig-Holstein et du Danemark ou même (on y était encore à temps) de conjurer Sadowa. Napoléon III ne sut jamais prendre un parti énergique. « Hâtez-vous — lui disait M. de Beust, — plus tard il sera trop tard. » Et la reine de Hollande écrivait à M. d'André, le 18 juillet 1866 : « Laisser égorger l'Autriche, c'est plus qu'un crime, c'est une faute... La dynastie en subira les suites. » Peines perdues !...

Certes, les avertissements ne manquèrent pas à Napoléon III — rapports du colonel Stoffel, lettres du général Ducrot, allées et venues de M. de Moltke sur notre frontière Lorraine, etc. Napoléon III attendit jusqu'en juillet 1870, quatre ans, pour relever la tête, à la nouvelle de la candidature d'un prince prussien au trône d'Espagne.

Le 5 juillet, sur une interpellation de M. Cochery, député du Loiret, relativement à cette question grosse de menaces, M. E. Olivier répliquait : « Le gouvernement désire la paix, il la désire avec passion, mais avec honneur... Si nous croyons un jour la guerre inévitable, nous ne l'engagerons qu'après avoir demandé et obtenu le concours de la Chambre. » Dès le

---

1. Rapports militaires écrits de Berlin, 1866-1870.

jour même, M. E. Olivier télégraphiait à l'empereur : « Le mouvement, au premier moment, a dépassé le but. On eût dit que c'était une déclaration de guerre. » (1)

C'en était une, en effet, mais le gouvernement voulait paraître avoir la main forcée par l'autorité de la Chambre. Dès le 6, la guerre était regardée comme assurée. Les journaux du ministère dépassaient, par leur ardeur belliqueuse, les espérances mêmes du gouvernement.

Cependant la guerre n'était pas officiellement déclarée. Elle le fut, le 15 juillet, au Sénat, par M. de Grammont; au Corps législatif, par M. E. Olivier.

Que s'était-il donc passé et comment cette funeste résolution avait-elle été prise, sous l'empire de quels sentiments? Un passage de la séance du 15 juillet, au Corps législatif, va nous l'apprendre :

M. THIERS. — S'il y a eu un jour, une heure, où l'on puisse dire, sans exagération, que l'histoire nous regarde, c'est cette heure et cette journée, et il me semble que tout le monde devrait y penser sérieusement.

« Quand la guerre sera déclarée, il n'y aura personne de plus zélé, de plus empressé que moi à donner au gouvernement les moyens dont il aura besoin pour la rendre victorieuse.

« Ce n'est donc pas assaut de patriotisme que nous faisons ici.

« Je soutiens que mon patriotisme est non pas supérieur, mais égal à celui de tous ceux qui sont ici.

« De quoi s'agit-il ? De donner ou de refuser au gouvernement les moyens qu'il demande ? Non, je proteste contre cette pensée.

« De quoi s'agit-il ? D'une déclaration de guerre faite à cette tribune par le ministère, et je m'exprime constitutionnellement, on le reconnaîtra. Eh bien ! est-ce au ministère, à lui seul, de déclarer la guerre ? Ne devons-nous pas, nous

1. Dépêches trouvées à Saint-Cloud.

aussi, avoir la parole ? Et avant de la prendre, ne nous faut-il pas un instant de réflexion ?...

M. J. FAVRE. — Avant de mettre l'Europe en feu, on ne réfléchit pas ; nous l'avons bien vu.

M. THIERS. — Je vous ai dit que l'histoire nous regardait, j'ajoute que la France aussi et le monde nous regardent. On ne peut pas exagérer la gravité des circonstances ; sachez que de la décision que vous allez émettre peut résulter la mort de milliers d'hommes.... Et si je vous demande un instant de réflexion, c'est qu'en ce moment un souvenir assiège mon esprit... Avant de prendre une résolution aussi grave, une résolution de laquelle dépendra, je le répète, le sort du pays et de l'Europe, Messieurs, rappelez-vous le 6 mai 1866. Vous m'avez refusé la parole alors que je vous signalai les dangers qui se préparaient.

« Quand je vous montrais ce qui se préparait, vous m'avez écouté un jour ; le lendemain, au jour décisif, vous avez refusé de m'écouter. Il me semble que ce souvenir seul, ce souvenir devrait vous arrêter un moment et vous inspirer le désir de m'écouter une minute, sans m'interrompre.

« Laissez-moi vous dire une chose : vous allez vous récrier ; mais je suis fort décidé à écouter vos murmures et, s'il le faut, à les braver.

« Vous êtes comme vous étiez en 1866... Eh bien ! vous ne m'avez pas écouté alors, et rappelez-vous ce qu'il en a coûté à la France.... Mais aujourd'hui la demande principale qu'on adressait à la Prusse, celle qui devait être la principale et que le ministère nous a assuré être la seule, cette demande a reçu une réponse favorable. (*Dénégations sur un grand nombre de bancs.*) Vous ne me lasserez pas. J'ai le sentiment que je représente ici non par les emportements du pays mais ses intérêts réfléchis. J'ai la certitude, la conscience au fond de moi-même de remplir un devoir difficile : celui de résister à des passions patriotiques, si l'on veut, mais imprudentes.

« Soyez convaincus que, quand on a vécu quarante ans au milieu des agitations et des vicissitudes politiques et qu'on remplit son devoir et qu'on a la certitude de le remplir, rien ne peut vous ébranler, pas même les outrages.

« Il me semble que, sur un sujet si grave, n'y eut-il qu'un seul individu, le dernier dans le pays, s'il avait un doute, vous devriez l'écouter ; oui, n'y en eût-il qu'un ; mais je ne suis pas seul. Je serais seul, que, pour la gravité du sujet, vous devriez m'entendre.

« Eh bien ! Messieurs, est-il vrai, oui ou non, que sur le fond, c'est-à-dire sur la candidature du prince de Hohenzollern, votre réclamation a été écoutée et qu'il y ait été fait droit ? est-il vrai que vous rompez sur une question de susceptibilité très-honorable, je le veux bien ? mais vous rompez sur une question de susceptibilité.

« Eh bien ! Messieurs, voulez-vous qu'on dise, voulez-vous que l'Europe tout entière dise que le fond était accordé et que, pour une question de forme, vous vous êtes décidés à verser des torrents de sang ? Prenez-en la responsabilité.

« Ici, Messieurs, chacun de nous doit prendre la responsabilité qu'il croit pouvoir porter. Quant à moi, soucieux de ma mémoire, je ne voudrais pas qu'on puisse dire que j'ai pris la responsabilité d'une guerre fondée sur de tels motifs. Le fond était accordé et c'est pour un détail de forme que vous rompez !

« Je demande donc, à la face du pays, qu'on nous donne connaissance des dépêches d'après lesquelles on a pris la résolution qui vient de nous être annoncée ; car, il ne faut pas nous le dissimuler, c'est une déclaration de guerre.

« Messieurs, je connais ce dont les hommes sont capables, sous l'empire de vives émotions. Pour moi, si j'avais eu l'honneur de diriger, dans cette circonstance, les destinées de mon pays... j'aurais voulu lui ménager quelques instants de réflexion avant de prendre pour lui une résolution aussi grave.

« Quant à moi, laissez moi vous dire en deux mots, pour vous expliquer et ma conduite et mon langage, laissez moi vous dire que je regarde cette guerre comme souverainement imprudente. Cette déclaration vous blesse, mais, j'ai bien le droit d'avoir une opinion sur une question pareille. J'aime mon pays ; j'ai été affecté plus douloureusement que personne des événements de 1866, plus que personne, j'en désire la réparation ; dans ma profonde conviction et, si j'ose le dire, dans mon expérience, l'occasion est mal choisie. Plus que personne, je le répète, je désire la réparation des événements de 1866 ; mais je trouve l'occasion détestablement choisie.

« Sans aucun doute, la Prusse s'est mise gravement dans son tort, très gravement. Depuis longtemps, en effet, elle nous disait qu'elle ne s'occupait que des affaires d'Allemagne, de la destinée de la patrie allemande, et nous l'avons trouvée tout à coup, sur les Pyrénées, préparant une candidature que la France devait ou pouvait regarder comme une offense à sa dignité et une entreprise contre ses intérêts.

« Vous vous êtes adressés à l'Europe, et l'Europe, avec un empressement qui l'honore elle-même, a voulu qu'il nous fut fait droit sur le point essentiel ; sur ce point, en effet, vous avez eu satisfaction : la candidature du prince de Hohenzollern a été retirée....

« Cette urgence de laquelle vous êtes si pressés d'user, elle est à vous, elle est votée, vous allez en jouir ; vous allez avoir la faculté de vous livrer à toute l'ardeur de vos sentiments ; laissez moi vous exprimer les miens, tout douloureux qu'ils sont ; et si vous ne comprenez pas que, dans ce moment, je remplis un devoir, et le plus pénible de ma vie, je vous plains.

« Oui, quant à moi, je suis tranquille pour ma mémoire ; je suis sûr de ce qui lui est réservé pour l'acte auquel je me livre en ce moment ; mais pour vous, je suis certain qu'il y aura des jours où vous regretterez votre précipitation. (*Allons donc ! allons donc !*)

« Eh bien ! quant à moi....

M. DE PIRÉ, *avec violence*. — Vous êtes la trompette antipatriotique du désastre. Allez à Coblentz.

M. Thiers. — Offensez moi... Insultez-moi... Je suis prêt à tout subir pour défendre le sang de mes concitoyens que vous êtes prêts à verser si imprudemment.

M. le garde des sceaux. — Non ! non !

M. Thiers. — Je souffre, croyez-moi, d'avoir à parler ainsi.

M. de Piré. — C'est nous qui souffrons de vous entendre.

M. Thiers. — Dans ma conviction, je vous le répète en deux mots, car si je voulais vous le démontrer, vous ne m'écouteriez pas, vous choisissez mal l'occasion de la réparation que vous désirez et que je désire comme vous.

« Plein de ce sentiment, lorsque je vois que, cédant à vos passions, vous ne voulez pas prendre un instant de réflexion, que vous ne voulez pas demander connaissance des dépêches sur lesquelles votre jugement pourrait s'appuyer, je dis, Messieurs, permettez-moi cette expression, que vous ne remplissez pas dans toute leur étendue les devoirs qui vous sont imposés.

Le baron Jérôme David. — Gardez vos leçons, nous les récusons.

M. Thiers. — Dites ce que vous voudrez, mais, il est bien imprudent à vous de laisser soupçonner que c'est une résolution de parti que vous prenez aujourd'hui. *(Vives et nombreuses réclamations.)*

« Je suis prêt à voter au gouvernement tous les moyens nécessaires quand la guerre sera définitivement déclarée ; mais je désire connaître les dépêches sur lesquelles on fonde cette déclaration de guerre. La Chambre fera ce qu'elle voudra ; je m'attends à ce qu'elle va faire, mais je décline, quant à moi, la responsabilité d'une guerre aussi peu justifiée. »

Tous les serviteurs trop zélés de l'Empire poussaient avec enthousiasme à la guerre, ils pressaient l'entrée en campagne et, pour les exciter encore davantage, s'il était possible, le maréchal le Bœuf, ministre de la guerre, déclarait qu'on était prêt et qu'il n'y avait plus qu'à marcher : aller à Berlin devait être l'objet d'une simple promenade militaire, l'arme au bras.

Le lendemain de la séance du 15 juillet, M. Rouher, en présentant à l'empereur l'adresse du Sénat qui venait de voter la guerre lui adressait l'allocution suivante, pleine de flagornerie présomptueuse.

« *La dignité de la France est méconnue*. Votre Majesté tire l'épée ; la patrie est avec vous, frémissante d'indignation et de fierté. Les écarts d'une ambition surexcitée par un jour de grande fortune devaient tôt ou tard se produire. Se refusant à des impatiences hâtives, animé de cette calme persévérance qui est la vraie force, l'empereur a su attendre ; mais, depuis quatre années, il a porté à sa plus haute perfection l'armement de nos soldats, élevé à toute sa puissance l'organisation de nos forces militaires.

« *Grâce à vos soins, la France est prête*, Sire, et, par son enthousiasme, elle prouve que comme vous, elle était résolue à ne tolérer aucune entreprise téméraire. Si l'heure des périls est venue, l'heure de la victoire est proche. Bientôt la patrie reconnaissante décernera à ses enfants les honneurs du triomphe. Bientôt, l'Allemagne affranchie de la domination qui l'opprime, la paix rendue à l'Europe par la gloire de nos armes, Votre Majesté qui, il y a deux mois, recevait pour elle et sa dynastie une nouvelle force de la volonté nationale, Votre Majesté se dévouera de nouveau à ce grand œuvre d'amélioration et de réformes dont la réalisation, la France le sait et le génie de l'empereur le lui garantit, ne subira d'autre retard que celui que vous emploierez à vaincre. »

Dix-sept mois auparavant, le 18 janvier 1869, l'empereur s'adressant aux grands corps de l'État, leur avait dit :

« La loi militaire et les subsides accordés par votre patriotisme ont contribué à affermir la confiance du pays, et dans le juste sentiment de sa fierté, il a éprouvé une réelle satisfaction, le jour où il a su qu'il était en mesure de faire face à toutes les éventualités.

« Les armées de terre et de mer, fortement constituées, sont sur le pied de paix ; l'effectif maintenu sous les drapeaux n'excède pas celui des régimes antérieurs ; mais notre armement perfectionné, nos arsenaux et nos magasins remplis, nos réserves exercées, la garde nationale en voie d'organisation, notre flotte transformée, nos places fortes en bon état donnent à notre puissance un développement indispensable.

« Le but constant de mes efforts est atteint : les ressources militaires de la France sont désormais à la hauteur de ses destinées dans le monde. »

Le *Journal officiel*, dans son numéro des 16-17 août de la même année, avait publié l'article qui suit :

« L'histoire dira avec quelle activité, quelle persévérance, quelle force de volonté, quelle merveilleuse fécondité de ressources le maréchal Niel, entrant profondément dans la pensée de l'empereur, est parvenu à résoudre ce problème jusqu'alors réputé insoluble, de doubler les forces militaires de la France, non seulement sans augmenter ses charges en temps de paix, mais en les allégeant pour les familles et en diminuant les dépenses du Trésor.

« Rappelons ici ce qui a été fait ; le tableau est assez grand pour se passer de commentaires :

« Une armée de ligne de 750,000 hommes disponibles pour la guerre ; près de 600,000 hommes de garde nationale mobile ; l'instruction dans toutes les branches poussée à un degré inconnu jusqu'ici ; nos réglements militaires remaniés et mis en rapport avec les exigences nouvelles ; les conditions de l'existence du soldat et de l'officier largement améliorées ; l'avenir des sous-officiers qui ne veulent pas poursuivre leur carrière militaire, assuré par leur admission aux emplois civils ; 1,200,000 fusils fabriqués en moins de dix-huit mois, les places mises en état et armées, les arsenaux remplis, un matériel immense prêt à suffire à toutes les éventualités quelles qu'elles soient, et, en face d'une telle situation, la France confiante dans sa force, garantie solide de la paix.

« Tous ces grands résultats obtenus en deux années ! »

Mieux que personne cependant, l'empereur savait que toutes ces assertions étaient absolument inexactes ; car, en mai 1870, il avait fait imprimer une brochure destinée à prouver aux Chambres, qui demandaient sans cesse la réduction des effectifs, la nécessité d'augmenter nos forces militaires dont il montrait l'insuffisance, en constatant que la Prusse et l'Allemagne pouvaient mettre 900,000 hommes en ligne.

Dans la séance du 15 juillet, M. Buffet, revenant sur les objections de M. Thiers, demandait la communication de la dépêche qui notifiait aux cours étrangères le refus du roi de Prusse de recevoir notre ambassadeur. La proposition de M. Buffet était repoussée par 164 voix contre 83, sur 247 votants. Il n'y a pas de pire aveugle que celui qui refuse de se servir de ses yeux, et s'il est triste de voir un gouvernement tomber, il est encore plus navrant de le contempler se suicidant ainsi de gaité de cœur.

Enfin, pour compléter le fatal événement et accabler, en quelque sorte, le pouvoir sous les votes de confiance, la loi accordant au ministère de la guerre un crédit de 50 millions était adoptée par 246 voix contre 10.

Le sort en était jeté. Il n'y avait plus qu'à aller de l'avant. *Go a head !*

« L'empire savait bien ce qu'il faisait en parlant de la prétendue injure faite à l'honneur national d'un peuple si prompt à s'exalter et à bondir sous l'injure réelle ou imaginaire. Il avait déchaîné tous les instincts endormis, la fièvre belliqueuse, toujours prête à faire bouillir le sang du Français, l'ignorant dédain de l'étranger et — disons-nous nos vérités en face, — l'infatuation de soi-même, défaut tout français et pernicieux défaut. » — (J. Claretie.)

Nul — grâce aux emphatiques tirades des journaux impérialistes, — nul ne doutait que la France ne fut préparée à cette décisive aventure. « Les soldats d'Iéna — disait *le Constitutionnel*, — sont prêts. »

Et le chant de *la Marseillaise*, — déchainée par le gouvernement et devenu obligatoire, — exhalait ses accents incendiaires.

En dépit des espérances ou plutôt des illusions de Napoléon III, qui comptait sur les divisions et par conséquent sur l'affaiblissement de l'Allemagne, au moment de la déclaration de guerre faite par la France, tous les peuples d'au delà du Rhin, armés contre *l'ennemi héréditaire*, c'est-à-dire la France, s'avançaient la tête haute, et, de plus, M. de Bismarck nous aliénait les sympathies de l'Europe, en faisant publier dans le *Times* un projet de traité présenté par M. Benedetti à la signature du roi de Prusse et où il s'agissait d'annexer la Belgique à la France. Nos ministres nièrent d'abord l'existence de ce document, le chancelier de la Confédération du Nord s'offrit à en montrer à tout le monde l'autographe, à Berlin. L'Angleterre, la Belgique et la Suisse ressentirent vivement l'insulte de cette politique de la force ainsi menée sourdement par Napoléon III.

Elle allait donc s'engager cette terrible et longue guerre, sans que la France put compter sur un seul alllié ; ce n'est qu'à force d'infortunes qu'elle conquit depuis des sympathies comme nation et qu'on lui pardonna ses erreurs encore plus grandes que ses fautes, « Car c'est être innocent que d'être malheureux, » ainsi que l'a dit un poète plaidant pour un illustre coupable.

On le voit, la guerre entre la France et la Prusse — pour ne pas dire avec l'Allemagne tout entière, — s'annonçait dans les conditions les moins faites pour rassurer sur son dénouement plus ou moins prochain. En vain des protestations s'élevèrent-elles contre un acte insensé, il était trop tard pour que la voix de la raison put se faire entendre, la France et Paris principalement étaient en proie au délire d'un patriotisme fourvoyé et — comme l'a dit un poète profondément philosophe:

Quand tout le monde a tort, tout le monde a raison.

Le gouvernement impérial, eût-il été assez prudent, à la dernière heure, pour reculer dans la voie éminemment dangereuse où il s'était engagé que l'opinion publique surexcitée par lui l'aurait entraîné en dépit de ses efforts à l'abîme des aventures. Le sort en était donc jeté et le Rubicon venait d'être franchi avec autant de précipitation que d'imprudence.

Tous les moyens furent mis en usage pour griser la nation qui ne demandait pas mieux d'ailleurs, il faut le dire, blasée qu'elle était par dix-huit ans d'essais révolutionnaires ; la *Marseillaise* et autres chants, soi disant patriotiques, s'élevaient de toutes parts, de la place publique, des rues, des cafés-concerts, des plus infimes cabarets, et les bravades du chauvinisme le plus ridicule ne connaissaient pas de bornes.

A la veille du jour où la France allait perdre l'Alsace, on entendait chanter partout le *Rhin allemand*, d'A. de Musset :

> Nous l'avons eu, votre Rhin allemand...

Folle et stupide provocation que celle-là, entre tant d'autres!..

On peut le dire aujourd'hui, sans qu'il y ait là le moindre reproche à l'adresse de nos soldats, l'armée française partit pour la frontière, sans enthousiasme ; elle était décidée à faire vaillamment son devoir, mais l'espérance n'animait pas les cœurs, un pressentiment indéfinissable semblait l'oppresser. L'attitude de l'empereur n'était d'ailleurs pas faite pour l'encourager ; sous l'emphase de la proclamation adressée par le souverain au peuple français on ne sentait que trop le manque d'énergie et l'absence d'un plan bien défini, ce n'était qu'une série de lieux communs mal reliés entre eux et offrant une série de dissonances, sans résolution catégorique. Que l'on en juge plutôt par quelques citations :

« Il y a dans la vie des peuples des moments solennels où l'honneur national, violemment excité, s'impose comme une force irrésistible, domine tous les intérêts et prend seul en main la direction des destinées de la patrie. Une de ces heures décisives vient de sonner pour la France.

« La Prusse, à qui nous avons témoigné pendant et depuis la guerre de 1866 les dispositions les plus conciliantes, n'a tenu aucun compte de notre bon vouloir et de notre longanimité.....

« Un dernier incident est revenu révéler l'instabilité des rapports internationaux et montrer toute la gravité de la situation. En présence des nouvelles prétentions de la Prusse, nos réclamations se sont fait entendre. Elles ont été éludées et suivies de procédés dédaigneux. Notre pays en a ressenti une profonde irritation, et aussitôt un cri de guerre a retenti d'un bout de la France à l'autre. Il ne nous reste plus qu'à confier nos destinées au sort des armes......

« Le glorieux drapeaux que nous déployons encore une fois devant ceux qui nous provoquent est le même qui porta à travers l'Europe les idées civilisatrices de notre grande Révolution. Il représente les mêmes principes ; il inspirera les mêmes dévouements.... »

Rien de vague et de brumeux comme le début de cette proclamation qui voudrait faire passer pour du *bon vouloir* et de la *longanimité* une coupable complicité dans l'affaire de Sadova dont un agrandissement de territoire pour la France devait, dit-on, être le salaire. L'incident indiqué est la prétention de la Prusse à placer un Hohenzollern sur le trône d'Espagne. Quant à l'assertion du patriotisme public poussant l'Empire à la guerre, en de telles circonstances, rien de moins vrai ; rien non plus d'aussi déclamatoire que la phrase sur le drapeau révolutionnaire et liberticide de la première Révolution.

Le comble de l'aveuglement de Napoléon III ce fut de compter sur le dévouement de la garde nationale, née de l'anarchie et qui n'a cessé de jouer un rôle si fatal dans les diverses évolutions du mouvement de 1789, 1830, 1848 et 1871 sont là pour éclairer de leurs sinistres souvenirs les annales de cette institution qui, née de la Révolution, y retourne sans cesse et n'a pas d'autre inspiratrice de ses actes insurrectionnels.

Enfin, en arrivant à Metz, au moment où la guerre ne pouvait plus être évitée, Napoléon III — soupçonnant ou déclarant trop tard la vérité de la situation, — écrivait cette phrase qui passa alors à peu près inaperçue : « La guerre sera longue et pénible, hérissée d'obstacles et de forteresses. » A la distance de plus de douze ans, ces mots sonnent à nos oreilles comme un glas funèbre.

Voilà donc l'aventure terrible, épouvantable irrémédiable dans laquelle avec la plus grande incurie on venait de lancer notre pauvre pays ! On se croyait, on se disait prêt, on ne l'était pas. Nulle organisation, aucun plan, aucunes ressources. Le désordre partout, partout le gaspillage, l'incurie ; la désorganisation semblait avoir atteint les dernières limites. D'ailleurs, nos forces étaient trop peu considérables pour lutter contre les armées que nous opposait non pas seulement la Prusse mais l'Allemagne entière. La France, au début de la guerre de 1870 n'avait que 250,000 soldats au plus à opposer à un million d'hommes et au-delà, dont 600,000 au moins pouvaient sur le champ entrer en campagne, précédés et soutenus d'une artillerie forte de 1,500 bouches à feu.

Tout d'abord, pourtant, le succès sembla sourire aux armes de la France.

Le 26 juillet 1870, la campagne s'ouvrit par l'escarmouche de Niederbronn. Un officier d'état-major wurtembergeois, le comte von Zoppelin, suivi de trois officiers de dragons badois et de quelques cavaliers, s'étant avancés jusqu'au-delà de Soultz, par Leuterbourg, furent surpris par un gros de chasseurs français et tués ou faits prisonniers, à l'exception de M. de Zoppelin qui nous échappait, emportant des renseignements sur les positions de nos troupes. Quelques jours après, les avant-postes français établis entre Forbach et Sarrebrück se rapprochaient de cette dernière ville et le 2, au matin, la frontière allemande était franchie.

Sarrebrück était occupée par un bataillon du 40ᵉ régiment d'infanterie prussienne et trois escadrons de cavalerie, avec quelques pièces d'artillerie. Les Prussiens, qui s'attendait à être attaqués, s'étaient rangés en bataille sur la rive droite de la Sarre pendant que les Français prenaient position sur les hauteurs de la rive gauche. L'avantage ne tarda pas à se déclarer pour nous et l'ennemi dut battre en retraite ; ce petit combat, outre qu'il animait l'ardeur du soldat français, nous livrait des hauteurs qui pouvaient former, dans le cas d'une prochaine affaire, des positions superbes. On dépassa le but que l'on se proposait d'atteindre, en grossissant démesurément ce premier résultat en une victoire de la plus haute importance. En voulant frapper trop fort, on manquait l'effet que l'on s'était promis d'obtenir quand même.

Wissembourg et Forbach se chargèrent bientôt de répondre cruellement à ces exagérations profondément regrettables.

CHAPITRE III

La défaite de Wissembourg. — Témoignage d'un de nos combattants. — Mort du général Douay. — Commencement de la campagne de France. — Reischoffen. — Héroïsme de Mac-Mahon. — Dévouement sublime des cuirassiers français. — La frontière de l'Est en feu. — Triste cause de nos défaites. — L'Alsace et la Moselle perdues en un jour. — Le mouvement révolutionnaire. — Les Athéniens de Paris — Une fausse nouvelle. — Terrible désillusion. — Mœurs théâtrales de Paris. — Une maladresse gouvernementale. — Les dépêches de Napoléon III. — Paris est mis en état de siège. — Rhétorique et chauvinisme. — Le peuple frémissant. — Jules Favre propose d'armer tout le monde. — Un mot de Granier de Cassagnac. — Encore et toujours *la Marseillaise !* — Inconscience des masses. — Dilemne prévu. — Le camp de Châlons. — Aveux d'un ennemi. — Coup d'œil du camp de Châlons. — Le chic, quand même. — Espoir de revanche. — Progrès de l'invasion allemande. — Discours du roi Guillaume. — Sa proclamation aux Français. — Hypocrisie suprême. — Une distinction subtile. — Caractère de Guillaume. — Ses motifs de vengeance contre la France. — Le gouvernement impérial continue à mentir.

Le 3 août, la division Abel Douay, composée du 1er tirailleurs indigènes (turcos), du 74e de ligne, d'un bataillon du 50e et de deux régiments de chasseurs à cheval, était arrivée, le soir du même jour, à Wissembourg, et elle avait campé, sur un terrain boueux, où les soldats séchaient autour de quelques feux leurs uniformes traversés par la pluie. L'affaire ne tarda pas à s'engager, plus tôt qu'on ne le croyait, et les forces françaises consistant en 8,000 hommes d'infanterie et en 9,000 cavaliers se trouvèrent en présence de l'armée du Prince royal tout entière ; — 183,000 hommes ! C'était la proportion d'un Français contre huit Allemands ; lutte démesurée, on le voit.

Le général Douay improvisa, sous le feu de l'ennemi, un plan de bataille ; les Français s'étaient élancés au pas de course sous les obus ennemis et, passant la Lauter, s'étaient avancés, sans brûler une cartouche, jusqu'au pied des hauteurs où se tenait embusqué l'ennemi. Laissons parler un de nos combattants : « On nous arrête un instant pour reformer les lignes. C'est comme un signal pour l'ennemi resté jusque là invisible : une horrible fusillade éclate à la fois sur tout notre front de bataille. Les vignes sont littéralement couvertes de tirailleurs embusqués là depuis le matin, peut-être depuis la veille. Ils tirent à genoux cachés dans les feuilles, et, si je ne me trompe, abrités derrière de petits monticules de terre qu'ils ont eu le temps d'amasser.... Ils ont, par leur position, un très grand avantage sur nous, qui restons sur la route en plein découvert, sans rien pour nous défiler que des arbres gros comme le bras et de rares tas de pierres (1). »

Le combat se poursuivit pourtant avec fureur, et l'ennemi huit fois supérieur en nombre à nos soldats ne parvenait pas à faire reculer cette division qu'il décimait si cruellement. Le général Douay tombait bientôt, frappé à mort, et devant l'imminence d'une défaite incontestable il fallait se décider à battre en retraite. Alors les alliés allemands passaient, à leur tour, la Lauter et s'installaient à Wissembourg ; *la campagne du Rhin* — comme l'avait emphatiquement proclamé Napoléon III, — devenait *la campagne de France*, et cette guerre de 1870 allait s'appeler d'un nom sinistre et terrible, *l'invasion !*...

La victoire sanglante de Wissembourg livrait aux Allemands la clef de l'Alsace. Deux jours après cette lamentable journée, Mac-Mahon essayait, il est vrai, de leur disputer le passage ; mais, cette fois encore, nos troupes devaient succomber sous le nombre. C'est à Woerth qu'eut lieu la ren-

---

1. A Duruy, *Souvenirs de campagne*, etc.

contre nouvelle que les Français ont appelé la bataille de Reischoffen et qui devrait s'appeler Froeschwiller. C'est là, en effet, que la résistance de nos soldats fut la plus acharnée et la plus terrible (6 août 1870.).

Après des prodiges de sang-froid et de bravoure, Mac-Mahon jugeant enfin la bataille tout à fait perdue, voyant sa droite débordée et le flot des Allemands grossissant toujours, donna l'ordre à la division de cuirassiers du général Bonnemain, aux turcos et au 3e zouaves de couvrir la retraite, de contenir l'ennemi, de le forcer à reculer peut-être pour permettre à l'armée vaincue de traverser la Sauer et de battre en retraite.

« L'histoire n'oubliera pas ces cuirassiers épiques... C'était le 8e et le 9e cuirassiers, de ces hommes de fer, grands et forts, pareils à des géants sur leurs chevaux solides. Il leur fallait traverser le village de Morsbronn, descendre dans le vallon, se reformer et recharger encore. Dans le village, les Allemands embusqués tirent à bout portant sur la trombe humaine qui passe. Des officiers allemands brûlent des cervelles en étendant du haut des fenêtres leurs bras armés de revolvers qu'ils déchargent sans danger sur ces cavaliers emportés. Au de-là de Morsbronn, les batteries ennemies couvrent le vallon d'une pluie de fer. Les cuirassiers ont à traverser des houblonnières où leurs casques et leurs sabres s'enchevêtrent, où les obus des Allemands les écrasent. Qu'importe ! On les voit descendre sur cette terre qui frémit sous les pieds des chevaux. Ils s'engouffrent dans Morsbronn, ils atteignent le vallon, ils se reforment, ils chargent. Décimés, foudroyés, ils s'élancent encore et, tandis que l'armée s'éloigne, ils donnent, en se faisant tuer, le temps aux vaincus d'éviter la mort.

« La légende, formée sur l'heure, de la charge des cuirassiers de Froeschwiller, est dépassée par la grandeur sublime de la réalité. Jamais l'attachement au devoir, le mépris de la mort, la rage de la défaite, l'amour frémissant du drapeau n'engendrèrent sacrifice plus héroïque et plus digne d'effacer sous le rayonnement de son stoïcisme la douleur sans honte de la défaite (1) ».

Mac-Mahon, qui avait tout fait pour ne point survivre à cet épouvantable désastre, désignait à ses soldats si cruellement décimés Saverne pour point de ralliement. Huit lieues encore à faire après une telle journée, en laissant derrière soi ses blessés, ses bagages, 6,000 prisonniers, trente-cinq canons, six mitrailleuses, deux drapeaux et 4,000 hommes hors de combat ! C'était l'anéantissement du corps le plus vigoureux de l'armée. Dans cette journée du 6 août 1870, notre frontière de l'est fut tout en feu.

On peut le dire et on ne doit pas craindre de le déclarer, si humiliant que cela puisse être, — soit par rivalité, soit par incapacité (les deux peut-être ensemble) les chefs de corps qui eussent dû secourir les troupes engagées manquèrent à leur devoir. D'ailleurs et avant tout, le défaut de plan, l'indécision, l'ignorance des chefs supérieurs de l'armée française n'apparaissaient que trop évidemment. Le patriotisme fit défaut à plus d'un de ces hommes qui tenaient dans leurs mains le sort d'une armée, les destinées d'une nation tout entière.

Avec Froeschwiller, on perdait l'Alsace, avec Forbach la Moselle, et cela en même temps, en un jour, presque en quelques heures.

Pendant ce temps-là, au début de la guerre, le mouvement révolutionnaire, résultat d'une opposition systématique, semblait avoir pris à tâche de discréditer les mesures dont le gouvernement pouvait et devait user à l'effet d'assurer le résultat d'une lutte que tout faisait présager devoir être terrible parce qu'elle était inégale. L'ennemi était prêt depuis longtemps, tandis que nous en étions à peine aux essais de défense, encore moins d'attaque. D'un autre côté, la curiosité des habitants de Paris, auxquels il faut quand même du nouveau et surtout des satisfactions d'amour-propre, si puériles soient-

---

1. J. Claretie, tome I, p. 132, col. 2 et p. 134, col. 1.

elles, se repaissait avidement des bruits les plus extravagants que lui jetait en proie la presse quotidienne.

La prise fantastique de Sarrebrück fut la courte préface de l'échec trop réel de Wissembourg ; il y eut à Paris, à la nouvelle d'une prétendue victoire remportée par Mac-Mahon sur le prince royal de Prusse, une explosion d'enthousiasme qui tenait du délire. La dépêche avait été lue et affichée à la Bourse ; elle était donc certaine, sans être pourtant officielle ; tel était le raisonnement de la foule. Tout Paris se pavoisait soudain de drapeaux et retentissait de cris de triomphe. Les boulevards, les rues, les places se remplissaient de monde et partout retentissait le chant de *la Marseillaise* si longtemps restée muette. « On arrêta des acteurs, de ténors en renom, et, en plein air, on leur fit entonner *la Marseillaise*. Des gens du monde, leur chapeau à la main, faisaient une quête pour les blessés... Ainsi, même dans sa joie, ce Paris habitué à des mœurs théâtrales, se faisait d'une victoire nationale un spectacle, et sa joie patriotique se traduisait, non par la joie sévère et grave d'un triomphe sanglant, mais par le plaisir qu'on éprouve en écoutant les virtuoses à la mode (1). »

Le réveil fut terrible après une illusion aussi pompeuse que folle et toute de parti pris, on peut le dire. Quelques heures s'étaient, en effet, à peine écoulées, que le cri : « A bas les drapeaux ! » retentissait : la foule passa, sur le champ, d'une allégresse sans nom à une sorte de pressentiment lugubre. Le charme avait cessé. On allait désormais devenir sceptique, incrédule même, allant ainsi d'un excès à l'autre avec cette déplorable versatilité qui est le fond du caractère national, aux époques de révolution.

Le soir même du 6 août, la population parisienne profondément irritée attribua la mensongère dépêche à une manœuvre de Bourse ; pour essayer de calmer l'effervescence publique, le préfet de police, Piétri, fit afficher que l'auteur de ce guet à pens *était arrêté*. Mais nul ne pouvait dire son

---

1. J. Claretie, tome I, p. 142, col. 2.

nom. D'ailleurs, le ministère ignorait encore tout, à cette heure ; à Forbach comme à Woerth, nos revers venaient à peine de se confirmer.

Faute de mieux et pour gagner du temps, le ministère lança la proclamation suivante, aussi malhabile que vague et peu rassurante, en somme : « Vous avez été justement émus par une odieuse manœuvre. Le coupable a été saisi, la justice informe... Au nom de la patrie, au nom de notre armée héroïque, nous vous demandons d'être calmes, patients et de maintenir l'ordre. *Le désordre à Paris, ce serait une victoire pour les Prussiens....* »

Rien de plus maladroit que cette dernière phrase qui devait inspirer bientôt à la Commune son plan de conduite et servir sa connivence avec l'étranger. Remède pire que le mal, l'affiche du ministère eut de plus le désavantage de mécontenter et d'irriter la population si fiévreuse, si surexcitée de Paris.

Le lendemain, 7 août, des télégrammes de plus en plus lugubres couvraient les murs de la grande ville et parcouraient aussitôt la France entière : « Le maréchal de Mac-Mahon a perdu une bataille.... Tout peut encore se rétablir... L'épreuve est sérieuse, mais elle n'est pas au-dessus des efforts de patriotisme de la nation.... »

A cette phraséologie, signée Napoléon, on reconnaît le carbonaro rêveur qui pendant dix-huit années avait présidé aux destinées de la France et l'avait conduite à l'abîme où elle commençait à s'effondrer.

La triste vérité fut enfin connue tout entière et Paris — encore une fois fidèle à ses souvenirs légendaires de la première Révolution, — voulut tenter l'aventure de la levée en masse, des volontaires, des quatorze armées de Carnot (1),

---

1. Nous croyons avoir fait justice de *La fable des volontaires* et de celle des *quatorze armées de Carnot*, dans nos *Erreurs et mensonges historiques*, 3ᵉ série, p. 242-267 et 4ᵉ série, p. 1-25. Cf. dans la même publication, (12ᵉ série), l'article intitulé : *Les Erreurs et mensonges hist. devant la Chambre des Députés*, (séance du 26 juin 1879, où, en réponse aux récrimi-

en un mot organiser la victoire sur toute la ligne. Et pour parvenir à ce but chimérique, sait-on ce que fit le gouvernement affolé de l'Empire? Il commença par mettre Paris en état de siège, puis il incorpora dans la garde nationale tous les citoyens valides de trente à quarante ans. Toujours la garde nationale! Et voici avec quelle rhétorique creuse et sonore on essayait de galvaniser ces étranges forces militaires : « Que le peuple entier se lève, *frémissant*, dévoué, pour soutenir le grand combat! Quelques-uns de nos régiments ont succombé sous le nombre : *notre armée n'a pas été vaincue...* Replions-nous sur nous-mêmes, et que nos envahisseurs se heurtent contre *un rempart invincible de poitrines humaines!* Comme en 1792, que nos revers ne soient que *l'école de nos victoires!...* »

Ainsi, au lieu de marcher à la frontière, on attendait l'ennemi sous les murs ou plutôt derrière les remparts de Paris, tandis qu'on envoyait les habitants du Centre, du Nord et du Midi au secours de l'Est. Ce qu'il y avait de plus *frémissant* dans tout cela, c'était la main qui, dans un désordre extrême, avait jeté sur le papier ces lignes incohérentes, dues à la plume d'Émile Olivier, de sinistre mémoire.

Dans la séance du 9 août, au Corps législatif, en présence de M. Émile Olivier qui avait complétement perdu la tête et ne savait plus ce qu'il disait, les futurs membres de la prétendue Défense nationale préludaient à leur tactique qui devait aboutir fatalement à la Commune de 1871. M. J. Favre proposait l'organisation de la garde nationale. « Ce serait — disait-il, — un crime de refuser à chaque habitant de Paris le fusil qu'il réclame pour défendre ses foyers... La population entière doit être armée, il faut organiser la garde nationale en lui donnant le droit de nommer des officiers. »

Comme le dit très judicieusement alors M. Granier de Cassagnac, répondant à M. J. Favre : « Cet acte est un commen-

nations de MM. J. Ferry, Paul Bert et autres partisans des deux fables précitées, nous avons corroboré de nouvelles preuves nos deux thèses historiques. — Voyez 12° série, p. 7 et 8, 10-21.)

cement de révolution tendant la main à un commencement d'invasion. Les Prussiens vous attendaient, » ajouta-t-il avec une énergie qui fit rugir la gauche. Le lendemain de cette séance très orageuse, la Chambre votait la proposition J. Favre. Le sort en était jeté, sort à jamais fatal à la France qui oubliait ainsi les défections — pour ne pas dire — les crimes de la garde nationale en 1789, en 1830 et en 1848.

Les hommes qui avaient tant crié à l'incurie et à l'incapacité des chefs militaires placés à la tête de l'armée française ne se montrèrent cependant ni plus habiles, ni plus empressés qu'eux à organiser leurs nouvelles troupes ; ni armes, ni munitions, ni habillements ne furent donnés aux soldats levés au nom de la patrie en danger. Les Allemands avançaient cependant toujours de plus en plus, tandis que la populace de Paris s'essayait à l'émeute et que l'exécution d'espions prussiens semblait suffire à satisfaire le patriotisme *frémissant* des habitants de la grande ville. Ces Athéniens du xixe siècle, bien vite remis de leurs premières alarmes, attendaient un dénouement qui leur semblait prévu et qui ne pouvait être qu'une victoire. Ils l'attendaient dans les cafés concerts, où l'on chantait des hymnes patriotiques, et aux théâtres, où l'on mettait en scène *la Marseillaise*, défigurée dans la bouche d'une hurleuse à la mode. Et cependant l'ennemi arrivait à grands pas. L'inconscience des masses en face d'un tel danger ne s'explique que trop par le système de corruption employé pendant dix-huit années pour ôter aux âmes le ressort de l'honneur et du véritable patriotisme.

Qu'y avait-il cependant à faire alors et au début d'une guerre qui, vu le désordre de notre organisation militaire, s'annonçait comme une série plus ou moins longue de revers irrémédiables ? Si tout était compromis par deux combats, si toutes les forces du pays avaient été perdues en un jour, l'Empire n'avait plus qu'à traiter et à demander la paix au vainqueur. Mais, avec une nation telle que la France, nul n'oserait s'avouer vaincu dès la première rencontre. Il fallait donc combattre. Cependant on ne prenait aucune mesure efficace. Bien plus, on laissait au dépourvu des villes comme Verdun et des départements entiers. Strasbourg était près d'être investi, les Vosges n'étaient pas défendues. Ce qui résulte de plus tristement clair de tout cela, c'est que, d'un côté, l'Empire craignait l'esprit d'insurrection qu'eût déchaîné une victoire, tandis que de l'autre les républicains redoutaient que cette même victoire ne consolidât l'Empire : dans les deux camps, même absence de patriotisme, égal abandon systématique et cruel du pays à l'invasion.

Tout manquait à la fois ; ni argent, ni armes, ni vivres, ni équipements, ni artillerie, et la France était décidément envahie ; un million d'Allemands s'y précipitaient et y débordaient.

Le 20 août, les débris du corps d'armée de Mac-Mahon et de celui de Failly étaient réunis à Châlons. Mais, dans quel état et après quelles journées de marche ! Jamais une armée française n'avait présenté un tel aspect de désordre et d'indiscipline. Ces fiers soldats, étonnés de la défaite, marchant sous la pluie, dans la boue, presque sans vivres, n'avaient plus que de l'amertume au cœur et des injures aux lèvres.

Tout n'était pas cependant perdu si l'incurie et la démoralisation de Napoléon III n'eussent pas influencé l'armée française. Un écrivain allemand, très instruit et témoin de la guerre de 1870-71, M. J. de Wickede l'écrivait naguère dans la *Gazette de Cologne:* « Le motif pour lequel, dès le 10 août, l'empereur Napoléon n'ordonna pas à l'armée de Metz de se mettre à son tour en retraite pour faire sa jonction avec celle de Mac Mahon reste encore une énigme. Le 10 août, il se trouvait à Metz au moins 180,000 hommes de bonnes troupes, très-aptes à se battre vigoureusement, en particulier toute la garde impériale, sans contredit l'élite de l'armée française. Metz était trop faiblement approvisionné pour une si colossale garnison, et la faim devait forcément, dans ces conditions, amener sa capitulation. Mais la place était suffisamment ravitaillée pour de longs mois avec une garnison de 50,000 hommes et serait ainsi restée imprenable. »

Ce furent donc l'inaction, l'effarement, l'inhabileté de Napoléon III qui perdirent tout à Metz, au commencement d'août, comme dans les Ardennes, à la fin d'août, comme à Sedan, au 1ᵉʳ septembre.

Vers le 18 août, l'empereur arrivait en fugitif au camp de Châlons, mais déjà tout son prestige était perdu, les soldats ne le saluaient plus.

Le camp de Châlons était alors occupé par la mobile de la Seine, ce corps tapageur qui, au début de son installation, avait donné quelque inquiétude au maréchal Canrobert. Assez impressionnés tout d'abord par la vue de l'armée en déroute qui s'abattait près d'eux, les mobiles s'étaient cependant bientôt remis de leur émotion. Ils étaient à Mourmelon, et le camp de l'armée nouvelle de Mac-Mahon s'étendait de la Meuse à Bouy. Beaucoup de soldats encore campaient autour de la ville même de Châlons, encombrée d'équipages de trains d'artillerie, de cavaliers et de fantassins.

« A côté du campement de la troupe, — dit un écrivain humoriste, — le camp des mobiles représentait ce côté fantaisiste qui a été un moment la force et qui, par son exagération, par son développement excessif, est devenu la faiblesse du caractère français. Nous n'avons jamais su faire sérieusement les choses sérieuses. C'est quelquefois charmant cette verve de jeunesse et de gaité qui semble devoir emporter allègrement les obstacles ; mais c'est un défaut aussi souvent et qui constitue un danger. Il y a un mot de la langue courante qui peint exactement les tendances funestes de cette nation qui est la nôtre. Et pourquoi ne pas l'écrire ce mot ? C'est le *chic*. Ainsi et de cette façon on a fait la guerre et on a défendu la patrie, mais sans cette fièvre redoutable et cette émotion sacrée qui fait courir sur la peau un frisson enthousiaste, communique aux veines et aux muscles comme une force inusitée et comme un sang nouveau »

Cependant ces jeunes gens qui n'ont pu vaincre ont su mourir.

Presque tous les soldats, vaincus à Froeschwiller, songeaient à la revanche et la croyaient prochaine. Rien toutefois n'était fait ni organisé pour fonder une pareille espérance, illusion de cœurs enfiévrés de colère. L'armée française était abandonnée tout à fait à elle-même. Tout étant prévu, disait-on pour une campagne d'Allemagne, rien n'était organisé pour une campagne de France.

Cependant, les armées allemandes envahissaient savamment — on peut le dire, — notre malheureuse patrie, trouvant tout réglé d'avance par leurs fourriers et tout fouillé par leurs uhlans. Les réquisitions pleuvaient, le pillage commençait. Ce n'était pourtant pas ce qu'avait dit le roi Guillaume en appelant son peuple à la défense du sol de l'Allemagne. Le 14 juillet 1870, il s'exprimait ainsi, au Reichstag, en des termes qui méritent d'être rapportés : « Si l'Allemagne, dans le siècle passé, a supporté des violations de son droit et de son honneur, elle l'a fait, parcequ'elle n'a pas su combien elle est forte et parce qu'elle était trop déchirée.

« Aujourd'hui que le lien moral et légal a été attaché depuis le début de la guerre d'émancipation (1815) et qu'il unit les tribus allemandes de plus en plus intimement, aujourd'hui que l'armement de l'Allemagne n'offre à l'ennemi aucune ouverture, l'Allemagne porte en elle-même le pouvoir et le vouloir de repousser la nouvelle violence française.

« Ce n'est pas l'arrogance qui me met ces paroles dans la bouche, les gouvernements fédérés (amis) comme moi aussi agissent dans leur pleine conscience, sachant que la victoire et la défaite reposent dans la main du Conducteur des batailles.

« Nous avons mesuré avec un regard clair la responsabilité qui frappe celui qui, devant la justice de Dieu et de l'homme, pousse deux grandes nations, amies de la paix, à des guerres dévorantes au centre de l'Europe.

« Le peuple allemand, comme le peuple français, désirant et jouissant l'un et l'autre de la bénédiction et de la moralité chrétienne et d'une aisance augmentante, sont appelés à une lutte plus saine que de se combattre avec des armes sanglantes. Mais les hommes qui tiennent le pouvoir en France ont su exploiter l'amour propre qu'elle a le droit d'avoir, mais qui est bien excitable. Ils ont su exploiter ce grand peuple voisin pour leur intérêt personnel et pour leur propre passion. »

Un mois après, en août, le roi Guillaume, entrant en France, adressait la proclamation suivante aux habitants du pays envahi :

« L'empereur Napoléon ayant attaqué par terre et par mer la nation allemande qui désirait et désire encore vivre en paix avec le peuple français, j'ai pris le commandement des armées allemandes pour repousser cette agression, et j'ai été amené par les événements militaires à passer les frontières de la France.

« *Je fais la guerre aux soldats et non aux citoyens français.* Ceux-ci continueront par conséquent à jouir de toute sécurité pour leurs personnes et pour leurs biens; aussi longtemps qu'ils ne me priveront pas eux-mêmes, par des entreprises hostiles contre les troupes allemandes, du droit de leur accorder ma protection (1).

« Les généraux commandant les différents corps détermineront par des dispositions spéciales, qui seront portées à la connaissance du public, les mesures à prendre envers les communes ou les personnes qui se mettraient en contradiction avec les droits de la guerre.

« Ils règleront de la même manière tout ce qui se rapporte aux réquisitions qui seront jugées nécessaires pour les besoins des troupes, et ils fixeront la différence du cours entre les valeurs allemandes et françaises, afin de faciliter les transactions individuelles entre les troupes et les habitants. »

Ces déclarations empreintes d'une grossière hypocrisie furent bientôt démenties par la conduite des Allemands en

---

1. "Il ne s'agit pas d'isoler comme on l'a dit, l'Empereur et les Bonaparte de la nation, mais de séparer la nation de l'armée ; pour réussir, le roi de Prusse faisait appel à l'égoïsme et à l'intérêt personnel." — L. Dussieux, tome I, p. 116.

France. D'ailleurs, proclamer que l'on faisait la guerre aux *soldats* et non aux *citoyens* français, c'était une distinction subtile qui n'aurait dû tromper personne; car, du moment que l'on armait tous les hommes, de trente à quarante ans, ces *citoyens* devenaient, par le fait même, des *soldats*. Ce fut donc une vaine récrimination de la part des organisateurs de la défense dite *nationale* que de s'irriter de la rigueur avec laquelle les Allemands traitaient les mobiles, les francs-tireurs et les autres auxiliaires de l'armée française. Mobiles et francs-tireurs étaient bel et bien des soldats, quoiqu'on ait voulu dire.

Quant au roi Guillaume, que penser du caractère et surtout de la franchise de cet homme à la fois despote et révolutionnaire, faux mystique et faux croyant, qui présidait les loges maçonniques prussiennes et alliait ce rôle avec celui d'instrument divin qu'il s'était arrogé de son autorité privée et qui parlait de la Providence, alors qu'il n'était que le docile serviteur de M. de Bismarck? Le roi de Prusse avait cependant déjà donné la mesure de son hypocrisie, d'une façon assez grossière, lorsqu'après Sadowa il s'écriait avec l'accent de Tartuffe : « Les événements de 1866 ont été visiblement providentiels, au point que même un incrédule doit devenir croyant. Il m'a fallu *me résigner à contre cœur à la guerre*, qui serait restée un duel, si la plus grande partie de l'Allemagne n'avait été frappée d'aveuglement et n'avait pas fait de ce duel une guerre fratricide. Un grand nombre a profondément expié cet aveuglement. Je dois convenir moi-même que les circonstances ont été plus puissantes que moi, plus puissantes que mon cœur et mon caractère ne le désiraient. Mais quand la Providence se mêle si puissamment des affaires et parle si haut, toute autre considération doit se taire : *que ma tâche de faire mûrir la récolte sanglante soit, comme l'œuvre accomplie par l'épée, bénie par Dieu!* »

Le pauvre homme !....

Après avoir tracé — avec le crayon même du roi Guillaume, — le portrait de ce prince, il faut — pour rester fidèle à l'impartialité de l'histoire, — dire quels terribles motifs de vengeance pouvaient pousser cet homme contre la France gouvernée si longtemps par le neveu de Napoléon Ier.

« Il y a soixante-quatre ans, — dit M. Claretie dans une page émue d'indignation, — le talon de Napoléon vainqueur s'appesantit durement sur la Prusse, si durement que la haine entra farouche dans les âmes allemandes et que, cette haine, la victoire de Waterloo ne l'éteignit point.. Tout se paie en ce monde et la violence amène la violence. Après Iéna et Auerstaedt, la Prusse ne respira, ne survécut que par la pitié de Napoléon Ier. Il y eut un préfet français durant des années à Berlin... Par le traité de Tilsitt, Napoléon découpait littéralement la Prusse, lui enlevait la moitié de ses États, lui prenait cinq millions d'habitants sur neuf millions et demi et formait des provinces situées entre l'Elbe et le Rhin, en les réunissant au grand duché de Hesse, ce royaume de Westphalie qu'il donnait à son frère Jérôme.

« Qu'on s'étonne ensuite que ces troupes prussiennes, entraînées par Napoléon en Russie, à la suite de la grande armée, aient conclu la convention de Touragen par laquelle leur général York et le général russe Diébitch s'engageaient à combattre ensemble les Français ! Qu'on s'étonne que la fameuse *Union de la vertu*, le *tugendbund* travaillât si activement au renversement du premier Empire ! Qu'on s'étonne que l'Allemagne entière se soit ruée sur nous, en 1814 et 1815 !...

« Et ce roi de Prusse, Guillaume, n'avait-il pas, lui aussi, ses souvenirs de deuil, ses souvenirs de Napoléon Ier ? Après Iéna, il y avait en Prusse une femme, une reine, celle que les Allemands appelaient *la mère de la patrie*. Lorsque Napoléon la vit, à Tilsitt, il la traita comme un conquérant de l'antiquité traitait les esclaves. Il fut brusque, violent, grossier. Il ne pardonnait pas à cette femme d'avoir défendu sa patrie...... (1) ».

Donc, comme tout vrai Prussien, Guillaume devait garder,

1. J. Claretie, tome I, p. 171, col. 1 et 2.

au fond du cœur, une rancune violente à la France et l'on sait si la tenacité des sentiments est vigoureuse chez nos voisins. Si nous oublions trop vite, l'Allemand, lui, se souvient trop longtemps.

Quoiqu'il en soit, tandis que Strasbourg était déjà, depuis le 10, assiégée et presque investie, à Paris on s'abandonnait à la confiance et on formait l'armée de Châlons. Si quelques députés sollicitaient du gouvernement impérial des explications sur la marche des événements militaires, on leur servait tonjours la même réponse sous diverses formes : « Il y avait eu non pas bataille, mais des engagements partiels qui, sans être un grand échec pour les Prussiens, n'étaient pas une victoire pour nous. » Puis venaient : « les détails dans lesquels on ne pouvait entrer, » les dépêches qui « sans être officielles, venaient d'une source ordinairement sûre, — la gendarmerie *(sic)* ».

CHAPITRE IV

Batailles autour de Metz. — Première apparition du général Trochu. — Sa proclamation aux Parisiens. — Lettres échangées entre le journal *le Temps* et le général. — Une explication demandée et donnée. — La doctrine de *la force morale*. — Trop de proclamations ! — Encore une. — Affinités entre Trochu et Napoléon III.—Situation des esprits à Paris. — L'ennemi s'approche. — Nouveaux aveux des Allemands. — Coup d'œil sur les opérations militaires. — Curieuses confidences d'un officier. — Ce qu'aurait dû faire Bazaine. — Possibilité de faire lever le siége de Strasbourg. — Metz négligé. — Mot imprudent d'un général. — Engouement du public pour Bazaine. — Ce qu'était son armée. — Napoléon III, à Metz. — Pertes considérables des Prussiens, à Borny. — Fatale négligence. — On bat en retraite. — Le roman des carrières de Jaumont. — L'invasion allemande s'étend de plus en plus. — Résistance héroïque de Phalsbourg et de Toul. — Un rapprochement historique. — Un plan manqué.

Les sanglantes batailles qui se livraient autour de Metz, et dont le résultat faisait l'objet des préoccupations générales, étaient annoncées à la nation, en quelques mots vagues. Pour rassurer les esprits, on ne trouvait pas d'autre conclusion que celle-ci : « Nous nous occupons sans relâche de la mise en état de défense de Paris... » Quel plus éloquent aveu, plus positif et plus navrant surtout des rapides progrès de l'invasion !

A ce moment apparaît le général Trochu sur lequel l'esprit public avait jeté les yeux et qu'il avait pris en rapide faveur, tant à cause de ses sentiments bien connus d'opposition anti-impériale qu'en souvenir d'un livre assez remarquable où étaient signalés les vices de l'organisation militaire de la France. Ce livre, publié en 1867, avait tout le piquant d'un pamphlet ; il obtint un vif succès. Mais, le général Trochu, en somme, en dépit de sa bravoure, était moins un homme d'action qu'un observateur subtil, plus analyste que pratique, sachant signaler le mal mais peu capable d'en indiquer et d'y apporter le remède.

Sa proclamation aux habitants de Paris — c'était alors l'époque de ces morceaux de littérature, — fit sensation. Mais, en la relisant à plus de douze ans de distance, comme cette faconde sonne creux et fait mal !

« Dans le péril où est le pays, je suis nommé gouverneur de Paris et commandant en chef des forces chargées de défendre la capitale en état de siège. *Paris se saisit du rôle qui lui appartient* et il veut être le centre des grands efforts, des grands sacrifices et des grands exemples.....

« *J'ai la foi la plus entière dans le succès de notre glorieuse entreprise...* Je le demanderai à votre patriotisme, je l'obtiendrai de votre confiance, en montrant moi-même à la population de Paris *une confiance sans limites*......

« Paris, 18 août 1870. »

A la suite de cette proclamation du général Trochu, M. Nefftzer, rédacteur en chef du *Temps* publia dans ce journal l'article suivant :

« La nomination de M. le général Trochu et la proclamation qu'on vient de lire nous paraissent deux faits importants et significatifs.

« Dès le début de la guerre, la confiance publique désignait le général Trochu pour un commandement important. Il y a huit jours, au moment de la rentrée de la Chambre, le centre gauche eût voulu le voir placé à la tête du gouvernement. Mais les influences dirigeantes n'étaient pas d'accord avec l'opinion publique, et le général Trochu n'avait obtenu que tout récemment le commandement d'un corps d'armée en formation à Châlons.

« Il est aujourd'hui nommé gouverneur de Paris, et la manière dont il prend possession semble indiquer que les circonstances ont fait de ce poste le premier de l'État. Il déclare n'appartenir à d'autre parti qu'à celui du pays ; il parle au nom d'*une grande nation qui prend en main, avec une ferme résolution, la direction de ses destinées.*

« Ce langage, nous le répétons, est grave et significatif. Il nous paraît approprié aux circonstances, et le Corps législatif voudra, nous n'en doutons pas, achever de le préciser et de lui donner toute sa valeur en s'y associant. Ce qui importe aujourd'hui, c'est que la nation n'ait à s'occuper que d'elle-même.

« Nous honorons trop le caractère du général Trochu pour ne pas lui faire remarquer, en toute franchise, qu'un passage de son manifeste pourrait donner lieu à des conséquences abusives et périlleuse. Nous ne lui ferons pas l'injure de douter de ses intentions ; mais les appels à la justice spontanée du peuple sont toujours dangereux et le sont surtout dans les circonstances présentes et dans l'état des esprits. Celui que contient le manifeste du nouveau gouverneur de Paris a besoin d'être expliqué et précisé.

A. NEFFTZER.

En réponse à cet article, le général Trochu adressa à M. Nefftzer la lettre suivante, qui fut publiée dans le numéro du 20 août 1870 du journal *le Temps*.

« Paris, 19 août.

« Jugeant avec une bienveillance dont je dois vous remercier l'acte par lequel, dans la nuit de mon retour de l'armée, je me suis mis en communication avec la population de Paris, vous paraissez souhaiter des explications au sujet du passage suivant de ma proclamation :

« Je fais appel à tous les hommes de tous les partis, n'ap-
« partenant moi-même, on le sait dans l'armée, à aucun
« parti qu'à celui du pays.

« Je fais appel à leur dévouement ; je leur demande de
« contenir par l'autorité morale les ardents, qui ne sauraient
« pas se contenir eux-mêmes et de faire justice par leurs
« propres mains de ces hommes qui ne sont d'aucun parti et
« qui n'aperçoivent dans les malheurs publics que l'occasion
« de satisfaire des appétits détestables. »

« Toute ma vie, j'ai été un homme de vive discussion, et aux explications que vous désirez je vais ajouter toute ma profession de foi.

« L'erreur de tous les gouvernements que j'ai connus a été de considérer la force comme l'*ultima ratio* du pouvoir. Tous, à des degrés divers, ont relégué au second plan la vraie force, la seule qui soit efficace dans tous les temps, la seule qui soit décisive quand il s'agit de résoudre les difficiles problèmes qui agitent la civilisation : *la force morale.*

« Tous, à des degrés divers, ont été personnels, n'apercevant pas que le pouvoir impersonnel qui ne se considère que comme une délégation de la nation, qui ne conçoit et qui n'agit que dans l'intérêt de la nation, jamais dans le sien propre ; qui se soumet à tous les contrôles qu'il plaît à la nation de lui appliquer, et qui les tient pour sa sauvegarde, qui est loyal, sincère, ardent pour le bien public et professeur d'honnêteté publique, est seul en possession de cette force morale dont j'ai défini la puissance.

« C'est dans cet esprit que j'ai parlé à la population de Paris ; c'est dans cet esprit que j'ai vécu et que, dans la mesure de mes forces et de ma position, j'ai combattu les erreurs qui ont mis le pays dans le deuil où il est.

« J'ai demandé leur concours aux hommes de tous les partis, leur offrant le mien gratuitement, sans réserve et, comme je l'ai dit, ne pouvant dire plus, avec tout mon cœur. — Et voici comment j'ai entendu ce concours tout moral.

« L'idée de maintenir l'ordre par la force de la baïonnette et du sabre, dans Paris livré aux plus légitimes angoisses et aux agitations qui en sont les suites, me remplit d'horreur et de dégoût.

« L'idée d'y maintenir l'ordre, par l'ascendant du patriotisme s'exprimant librement, de l'honneur et du sentiment des périls évidents du pays, me remplit d'espérance et de sérénité. Mais le problème est ardu : je ne puis le résoudre seul. Je puis le résoudre avec l'appui de tous ceux qui ont les croyances et la foi que j'exprime ici.

« C'est ce que j'ai appelé *le concours moral.*

« Mais il peut arriver un moment où Paris, menacé sur toute l'étendue de son périmètre et aux prises avec les épreuves d'un siège, sera pour ainsi dire livré à cette classe spéciale de gredins « qui n'aperçoivent dans les malheurs publics que l'occasion de satisfaire des appétits détestables ».

« Ceux là, on le sait, errent dans la ville effarée, criant : « On nous trahit ! » pénètrent dans la maison et la pillent. Ceux là, j'ai voulu recommander aux honnêtes gens de leur mettre la main au collet, en l'absence de la force publique, qui sera aux remparts, et voilà tout...... »

« Général Trochu. »

On nous pardonnera, on nous saura peut-être gré même d'insister sur cette révélation du véritable caractère d'un galant homme, mais qui n'avait rien de ce qu'il fallait dans le poste difficile auquel il venait d'être élevé, dont il prévoyait les périls qu'il ne sut pas conjurer. Plus théoricien qu'homme pratique, le général Trochu — avec l'étoffe d'un publiciste, — n'avait rien de ce qui constitue le chef militaire; c'était et il resta jusqu'à la fin un pur *idéologue,* pour nous servir d'une expression dédaigneuse et vraie de Napoléon Ier.

Et puis, le général Trochu aimait trop les proclamations; c'est ce qui l'a perdu.

Que l'on nous permette de transcrire encore celle qu'il adressait, le 19 août, à la garde nationale de Paris, à la garde nationale mobile, aux troupes de terre et de mer de l'armée de Paris et à tous les défenseurs de la capitale en état de siége.

« Au milieu d'événements de la plus haute gravité, j'ai été nommé gouverneur de Paris et commandant en chef des forces réunies pour sa défense.

« L'honneur est grand ; le péril pour moi l'est aussi, mais je me fie à vous du soin de relever par d'énergiques efforts de patriotisme la fortune de nos armées si Paris venait à subir les épreuves d'un siège.

« Jamais plus magnifique occasion ne s'offrit à vous de montrer au monde qu'une longue suite de prospérités et de jouissances n'a pu amollir les mœurs publiques et la virilité du pays.

« Vous avez sous les yeux le glorieux exemple de l'armée du Rhin. Ils ont combattu un contre trois dans des luttes héroïques qui font l'admiration du pays et le pénètrent de gratitude.

« Il porte devant vous le deuil de ceux qui sont morts.

« Soldats de l'armée de Paris,

« Ma vie entière s'est écoulée au milieu de vous dans une étroite solidarité où je puise aujourd'hui mon espoir et ma force. Je n'en appelle pas à votre courage et à votre constance qui me sont bien connus. Mais montrez, par l'obéissance, par une vigoureuse discipline, par la dignité de votre conduite et de votre attitude devant la population que vous avez le sentiment profond des responsabilités qui pèsent sur vous.

« Soyez l'exemple et soyez l'encouragement de tous. »

Tout cela est dit en termes pompeux, trop pompeux peut-être ; les hommes d'action ne soignent pas tant la phrase, et tel général célèbre — Hoche, par exemple, — dont la devise antique était *Res, non verba*, ne s'attardait pas à ces explosions de rhétorique dont on ne saurait se montrer trop économe. D'ordinaire, on est porté à se défier de ces tonnerres qui ne laissent jamais s'échapper de leur sein la foudre qui écrase.

Encore un mot, la nomination du général Trochu par Napoléon III semble offrir un rapprochement imprévu mais non moins curieux à noter cependant entre le rêveur couronné et l'homme de guerre idéaliste qui allait prendre en main les destinées de la capitale de la France.

Voyons maintenant quelle était la situation des esprits dans la grande ville.

Plein d'illusions et s'abandonnant à une sécurité fatale, Paris regardait armer les remparts, et c'était pour la population comme un spectacle qui ne devait, semblait-il, avoir jamais d'utilité. Tout à coup, une nouvelle affiche du général Trochu apprenait aux masses que l'ennemi n'était plus qu'à trois jours de marche de la capitale ; cependant cette révélation ne découragea nullement les Parisiens intimement persuadés, dans leur folle confiance, que l'armée du Prince royal (car c'était elle), n'arriverait jamais jusque sous les murs de Paris.

Malgré l'avis contraire de Mac-Mahon, la volonté impériale avait prévalu et, au lieu de se masser dans l'amphithéâtre de Châlons, on faisait marcher l'armée vers Metz, ce qui était une faute immense, comme l'ont d'ailleurs hautement proclamé nos ennemis. Ils avouent que les plaines champenoises pouvaient voir une fois encore l'invasion du Nord écrasée. L'opération vers les Ardennes fut — non seulement dans ses résultats, mais en principe, — la plus désastreuse de la campagne. « Si Mac-Mahon — écrit M. Wickedd déjà cité, — ne voulait pas ou ne devait pas se réunir à l'armée de Bazaine (ce qui, après la défaite de Wissembourg, de Woerth et de Spicheren, aurait été le meilleur plan,) pourquoi du moins n'est-il pas resté à Châlons pour défendre le passage de la Marne et offrir sur ce terrain une bataille aux armées des deux princes royaux de Saxe et de Prusse ? Il pouvait y concentrer encore 200,000 hommes de bonnes troupes, dans les journées du 24 au 30 août. Cette armée, dans des positions favorables le long de la Marne, aurait été un adversaire très dangereux pour les troupes allemandes et pouvait empêcher la continuation de leur marche sur Paris. Si les Français étaient battus, il leur restait une ligne de retraite sûre jusque derrière les forts de Paris ; si les Allemands étaient battus, la situation devenait presque désespérée pour eux. »

Il est pénible de s'entendre dire la vérité par un ennemi, mais on peut constater, en même temps, qu'une grande partie des succès des armées allemandes ont été dus autant et peut-être plus à l'impéritie de nos chefs militaires qu'à l'organisation si complète de nos envahisseurs.

Qu'il nous soit permis d'insister sur le plan ou plutôt le manque de plan des généraux français depuis le commencement de la guerre et principalement à l'heure décisive où les choses étaient arrivées.

Tandis que Mac-Mahon se dirigeait sur Metz en se rapprochant de la frontière de Belgique, Bazaine s'était retiré sous Metz. Ces divers corps d'armée, à l'exception de celui de Frossard, étaient tous intacts, mais déjà troublés par une démoralisation profonde et contagieuse que nous révèle — entre autres documents, — une lettre intime d'un général, à la date du 6 août : « Je ne sais ce que nous faisons. Nous sommes actuellement en état de marcher en avant, et nous ne faisons que des déplacements de flanc, allant tantôt à droite, tantôt à gauche. Je ne sais, en vérité, si nous sommes commandés. Je pourrais même affirmer que nous ne le sommes pas, depuis l'expérience que j'en ai faite cette nuit. J'étais de garde, et j'ai dû recevoir plus de huit dépêches de l'empereur et de son état-major général adressées à notre commandant de corps, dépêches se contrecarrant successivement et témoignant de bien tristes hésitations. En attendant, le léger avantage que nous avons remporté à Sarrebruck a été suivi d'engagements moins heureux, à Wissembourg, et hier même, à quelques lieues de nous... Nos troupiers, si braves à certains moments, montrent à tout instant un abattement et une absence d'aplomb qui nous inquiètent. Nous avons besoin d'une action décisive et heureuse qui remonte notre moral. »

Ce souhait ne devait guère se réaliser; la campagne avait été engagée sous de trop désastreuses inspirations pour qu'il y eût encore quelque lueur d'espérance et encore moins de succès à concevoir.

Laissons la parole à M. de Wickede, dont le témoignage est si douloureusement précieux à recueillir, car il offre, en même temps que la preuve de la possibilité de la défaite des Allemands, celle de la nullité de nos chefs. « Si le maréchal Bazaine, après avoir laissé seulement 50,000 hommes dans Metz, eût fait sa jonction avec Mac-Mahon et opéré en toute hâte la concentration des troupes qui se trouvaient encore à Châlons, à Paris et dans le nord de la France, — et les Français avaient pour cela à leur service un très bon réseau de chemins de fer, — l'empereur Napoléon aurait pu réunir de nouveau, dans les jours qui se sont écoulés, du 12 au 18 août, une armée de 320,000 à 350,000 hommes de bonnes troupes dans une excellente position, entre Metz et Verdun, et offrir là à l'armée allemande la bataille décisive de la guerre.

« *Il aurait été difficile, à cette date, au général de Moltke de conduire au combat une armée de force numériquement égale.* Les 50,000 hommes de Metz auraient exigé la dislocation de 80,000 hommes pour bloquer la place, et des détachements considérables étaient, d'autre part, immobilisés par la nécessité de cerner les forteresses de Strasbourg, Schelestadt, Brisach, Phalsbourg et de Toul, afin d'empêcher des sorties de leurs garnisons : on n'aurait donc jamais pû, dans la seconde moitié du mois d'août, concentrer 350,000 à 400,000 Allemands entre Metz et Verdun, n'y eût-il eu d'autre impossibilité que celle des approvisionnements nécessaires. Si, en même temps, les troupes qui se trouvaient encore à Besançon et à Lyon ainsi qu'à Marseille, Toulon et Grenoble, avaient reçu l'ordre d'une rapide concentration et avaient été dirigées immédiatement vers Belfort, un corps de 30,000 à 40,000 hommes aurait été ainsi formé sur ce point stratégique important.

« *Ce corps aurait pu tenter de faire lever le siège de Strasbourg, détruire toutes les étapes de l'armée allemande en Alsace,* peut-être même opérer une diversion, — momentanée, cela va sans dire, — dans le grand duché de Bade, où il ne se trouvait plus de troupes allemandes. Enfin, si les flottes françaises de la mer du Nord et de la Baltique, qui ont joué pendant cette guerre un rôle si insignifiant, avaient montré quelque trace d'énergie, M. de Moltke n'aurait pu dégarnir de troupes, autant qu'il l'a fait, les côtes de la Baltique et de la mer du Nord. »

Une fois de plus, on le voit, ce n'est jamais la vérité qui manque aux hommes, ce sont malheureusement les hommes qui, à toutes les époques, semblent n'avoir rien appris des expériences même les plus terribles.

Cependant à Metz, au milieu de la stupeur causée par les défaites de Forbach et de Wœrth, on s'occupait seulement alors de la défense. L'Empire avait laissé une place de l'importance de celle-ci dans un abandon inconcevable et elle se trouvait, au moment de la déclaration de guerre, à peine armée, et ses fortifications, sur certains points, étaient inachevées. Metz, cependant, c'est la clef de la France...

Une sorte d'effarement s'était emparé de l'état-major français, à ce point que l'on entendit un général dire à ses officiers : « Mettez vos objets précieux en sûreté, nous sommes irrémédiablement perdu. » Qu'attendre d'hommes qui s'abandonnaient ainsi eux-mêmes ?

On s'obstinait cependant en un suprême espoir, et cet espoir on le mettait en Bazaine. Soldat de fortune, il était populaire parce qu'il avait conquis, disait-on, ses grades à la pointe de sa baïonnette et de son épée. Il avait pourtant un passé au moins suspect. Mais, tout s'effaçait devant le prestige dont l'entourait la faveur ou plutôt l'engouement général qui ne devait pas tarder à subir une cruelle désillusion ; on n'en était pas encore à les compter ; il fallait, que l'opinion fut éclairée par le sillonnement de la foudre écrasant la France.

Le général Deligny, qui commandait, à Metz, la première division de l'infanterie de la garde, a publié sur l'armée de Metz une brochure qui constitue contre le commandant en chef un véritable acte d'accusation : « Nous n'hésitons pas à dire, — écrit le général Deligny, au début de son travail, — que la tâche qui incombait au maréchal Bazaine dépassait de beaucoup ses moyens et ses forces et qu'il n'était à sa hauteur, ni par son activité physique, ni par ses talents, ni par son énergie morale. Pour une aussi grande mission, il eut fallu mettre en jeu tous les ressorts d'une grande âme, toute l'énergie d'un grand caractère; il eut fallu des éclairs de génie peut-être. Le maréchal, lui, n'appela à son aide qu'une somnolence égoïste, une sorte d'indifférence pour les intérêts généraux, un petit esprit et de petits moyens. »

« Quant à l'armée, — dit M. Claretie, — c'était cette magnifique armée française, trop peu nombreuse, sans doute, mais formée de tout ce qui restait en France d'énergiques et solides soldats. Mal commandée, elle allait livrer à l'armée la mieux commandée du monde des combats gigantesques, où elle disputa, plus d'une fois, et arracha la victoire à l'ennemi. Bien commandée, elle était capable d'accomplir des prodiges pareils à ceux de ses ainées. Avec cent mille hommes d'excellentes troupes, un général doit savoir vaincre (1)... »

Le général Steinmetz était arrivé devant Metz le 13 août, le quartier général du roi était à Hemy, et les troupes de Frédéric-Charles occupaient Pont-à-Mousson, tandis que l'autre armée prussienne qui, sous les ordres du Prince royal, poursuivait Mac-Mahon, entrait à Nancy.

Bazaine, quoique nommé commandant en chef de l'armée du Rhin dès le 1er, n'en prit la direction que le 13. Il était gêné pour l'exécution de ses ordres par la présence et les velléités personnelles de l'empereur de plus en plus malade, somnolent et fantastique. Cependant nos troupes opéraient leur mouvement de retraite ou plutôt leur évolution de déroute anticipée. Le 14, nos *interminables convois* — selon l'expression d'un officier supérieur, — traversaient la Moselle. Chaque soldat pliait sous le poids des bagages. Tout cela

---

1. J. Claretie, tome I, p. 183, col. 1.

alourdissait la marche, cette marche qu'il fallait accélérer à tout prix. Vers 4 heures de l'après-midi, l'ennemi sortant tout à coup du bois de Colombey accueillit nos avant-postes par un feu de mousqueterie et de mitraille. Après une lutte acharnée, les Allemands furent repoussés ; c'était un succès, le premier de la campagne, et les soldats en étaient justement joyeux. Cependant, le roi Guillaume télégraphiait à Berlin ces lignes mensongères : « Combat victorieux à Borny sous Metz ; les Français sont refoulés *derrière* Metz. *Je me rends sur le champ de bataille.* »

Les pertes des Prussiens étaient très considérables, — un écrivain les évalue environ à 10,000 hommes, et ce chiffre n'a rien d'exagéré. Malheureusement on ne sut pas profiter de l'avantage et l'on perdit un temps précieux en marches, contre-marches et inutiles arrêts ; il semblait que l'on voulut harasser de fatigue les soldats pour paralyser leur ardeur au combat. Ainsi, la journée du 15 ne fut pas mise à profit, et d'heure en heure cependant l'ennemi recevait des renforts. Le 16, à 9 heures du matin, une lutte s'engageait. Toutes les attaques des Prussiens furent pendant trois heures vigoureusement repoussées. La victoire resta enfin aux Français, mais le général en chef ne sut pas en profiter ; l'armée surexcitée par son succès ne demandait qu'à marcher en avant, et l'on battait en retraite. Pourquoi ? Bazaine affirme que l'eau manquait aux environs de Gravelotte, qu'il fallait, avant de continuer la marche en avant, aligner les vivres et remplacer les munitions consommées, enfin évacuer les blessés sur Metz. Mais, — a-t-on répondu avec raison à ces prétextes, — Metz contenait assez de vivres pour nourrir l'armée pendant sa marche sur Verdun, et il était facile de faire suivre nos soldats par des convois ; quant aux munitions, comment le général Soleille n'a-t-il pas découvert les 4,000,000 de cartouches qui étaient à la gare du chemin de fer ? (1).

Le maréchal battit donc en retraite. L'armée était stupéfaite

---

1. Spoll. *Campagne de la Moselle.*

et navrée. Du côté de Pont-à-Mousson des renforts arrivaient à l'ennemi. Battre en retraite après la journée du 16 paraissait une de ces impossibilités inexplicables que l'humeur française est immédiatement portée à appeler du nom de trahison. Le nombre des troupes allemandes, sans cesse grossi par l'arrivée des corps en marche, s'élevait, dans la soirée du 17, à 200,000 hommes. Le 18, vers midi, s'engageait la terrible bataille de Gravelotte, qui fut une véritable boucherie humaine. Nos soldats s'étaient battus en héros, en hommes qui espèrent une victoire que le manque de commandement seul leur ravit au moment où ils semblaient y toucher et l'atteindre. A cette heure solennelle, Bazaine n'était pas sur le champ de bataille, il demeurait, calme et indifférent, à plusieurs kilomètres du théâtre de cette lutte décisive ou plus de cent mille de ses soldats combattaient et où tombèrent 11,000 hommes de son armée.

Comme toujours, les munitions manquèrent ; l'artillerie dut battre en retraite, n'ayant plus de projectiles.

Ce fut à propos de cette bataille, que M. de Palikao, ministre de la guerre, annonça au Corps législatif français, aux représentants de la nation que « *trois corps d'armée qui s'étaient réunis contre le maréchal Bazaine avaient été,* D'APRÈS DES RENSEIGNEMENTS DIGNES DE FOI, *rejetés dans les carrières de Jaumont.* »

Les députés et le pays — pauvre pays ! — s'empressaient de prêter une foi absolue à l'absurde roman des carrières de Jaumont. Le prince Frédéric-Charles avait, disait-on, été pris d'un accès de folie furieuse en voyant ses escadrons ensevelis dans les carrières. 30,000 hommes y pourrissaient en même temps. On avait jeté des tombereaux de chaux sur leurs corps et, chose effroyable, on entendait encore, disait-on, des gémissements douloureux sous cette couche blanche. Cette fable des carrières de Jaumont, accréditée par la presse anglaise, aurait été, dit-on, payée par le ministère à un correspondant britannique tout dévoué à la cause bonapartiste. Telle est la vérité sur « cette fable que les Parisiens ont crue, parce qu'elle leur donnait une bonne nouvelle et flattait leur amour-propre » (1).

Mais, de tels mensonges se dissipent rapidement et sont toujours payés bien cher par ceux qui les ont accueillis avec un fol empressement.

L'invasion étendait partout ses maux terribles dans nos provinces de l'Est. Strasbourg était écrasé sous l'artillerie de Werder. Phalsbourg résistait héroïquement, et la jeunesse de Nancy combattait bravement à Toul et repoussait les assauts de l'ennemi. Vains efforts ! Les représentants de l'autorité perdaient, à peu près partout, la tête et s'apprêtaient à recevoir en ami le cruel ennemi. A Nancy même, le préfet de la Meurthe, M. Podevin conjurait les habitants de faire bon accueil aux Allemands. Le maire de Châlons suivait bientôt son exemple qui ne fut que trop contagieux.

La fin du deuxième Empire ressemblait aux derniers jours du premier ; les illusions, les nouvelles fantastiques de victoires improbables, les faux bruits qui affirmaient la démoralisation de l'armée ennemie, son mauvais état sanitaire et les mensonges inventés pour rendre un peu d'espoir aux vaincus et qui devaient au contraire leur rendre la déception plus amère, tout cela, en 1870, ressemblait aux erreurs, aux chimères de 1814.

Cependant la fin d'août approchait et le dénouement ne devait pas se faire attendre. Après bien des hésitations, l'empereur s'était décidé à se porter sur Metz. Sans doute, cette marche était imprudente, mais, par son audace même, elle pouvait réussir, à la condition qu'elle fût rapidement exécutée et produisît, sur l'arrière-garde de l'armée allemande, l'effet d'un coup de foudre. Mac-Mahon ayant sur le prince royal se dirigeant sur Châlons une avance de plusieurs jours pouvait, en passant la Meuse, tomber sur l'armée du roi alors dans les Ardennes, tandis que Bazaine, sortant de Metz, attaquerait avec vigueur les troupes de Frédéric-Charles. Ainsi

---

1. Wachter, dans le journal *le Soir*, du 19 septembre 1871.

les deux principales armées prussiennes prises à la fois par derrière et de front pouvaient être battues et il ne restait plus ensuite que l'armée du Prince royal contre laquelle lutteraient Bazaine et Mac-Mahon réunis, soit près de 280,000 hommes. Voilà le plan français; quant au plan prussien, il consistait à opposer l'armée de Frédéric-Charles à celle de Bazaine, tandis que l'armée du Prince royal attaquerait celle de Mac-Mahon et que les troupes du roi de Prusse, placées entre celles de son neveu et de son fils, demeureraient prêtes à renforcer les unes ou les autres.

CHAPITRE V

Ce que devait faire Mac-Mahon. — Déroute sur déroute. — Arrivée du général de Wimpfenn. — Un télégramme de Napoléon III. — Investissement complet de Sedan. — Bazeilles. — Grave blessure de Mac-Mahon. — Un cri d'admiration du roi Guillaume. — Napoléon III capitule. — Son billet au roi de Prusse. — Entrevue du général de Wimpfenn avec Mrs de Bismarck et de Moltke. — L'épée de la France ou celle de l'Empereur ? — Dures conditions. — Rapport de Bismarck au roi Guillaume. — Amples détails. — M. de Bismarck et Napoléon III. — L'empereur se défend d'avoir voulu la guerre. — Hommage rendu au général de Wimpfenn et aux officiers français. — Cause de la guerre. — Capitulation de Sedan. — L'arrêt de l'histoire. — Eloge de la bravoure des troupes françaises. — Manque d'ensemble dans le commandement. — Victoires de Frédéric Charles sur Bazaine. — Double rencontre en Belgique. — « L'empire, c'est la paix ! » — République ou plutôt anarchie. — Napoléon III arrive en Allemagne. — On continue à tromper les Parisiens. — La vérité vraie. — Jules Favre inaugure le système de la résistance à outrance. — Mensonges sur mensonges. — Réponse de Paris. — La révolution du 4 septembre. — Gambetta proclame la République, à l'Hôtel-de-Ville. — Un problème.

Pour accomplir son mouvement et essayer de débloquer Metz, Mac-Mahon devait passer la Meuse, pousser sur Dun et attaquer le roi de Prusse dans ses cantonnements, mais ses hésitations firent qu'au lieu d'attaquer il fut attaqué et qu'il perdit, d'heure en heure, l'avance qu'il avait sur le Prince royal. Plus de vingt-quatre heures furent ainsi inactives. Ce fut alors que le général de Wimpfenn fut envoyé par le ministre de la guerre à l'armée et nommé en même temps chef du corps de Châlons, au cas où Mac-Mahon serait tué ou blessé grièvement.

En marche à travers des chemins difficiles, l'armée française avançait lentement, faisant à peine douze kilomètres par jour, tandis que l'ennemi en faisait le triple. C'était aux environs de Montmédy sans doute que Mac-Mahon espérait opérer sa jonction avec Bazaine. Mais, à l'endroit où l'on pouvait craindre de voir déboucher l'armée du Prince royal, aucun corps d'armée n'avait été placé pour arrêter l'ennemi. Ceci se passait le 28, et le 29, à Nouart, un combat malheureux pour nous était livré. Le 30, avait lieu la fatale déroute de Beaumont. Le général de Wimpfenn arrivé le lendemain, à Mézières, se heurta contre cette cohue de soldats qui était le corps d'armée qu'on lui donnait ordre de commander. Qui sait, — a-t-on dit, — si, arrivé trois jours plus tôt, le général de Wimpfen n'eût pas évité à l'armée le désastre de Sedan, en empêchant la déroute de Beaumont?

« Je me hâtai — dit le général, — de descendre dans la plaine pour arrêter ce désordre et interpeller ces fuyards. J'eus de la peine à me faire comprendre. En vain je leur criais : « Mais, malheureux, regardez donc derrière vous, le canon de l'ennemi est encore loin. Vous n'avez rien à redouter. » Ils ne m'écoutaient pas dans leur course haletante. Je réussis enfin à en arrêter quelques uns et à les rassurer tant bien que mal. Peu à peu cet exemple fut suivi... »

Quel spectacle navrant pour cet officier mandé d'Afrique et y assistant en témoin impuissant, en dépit de sa bravoure!

« Tous ces malheureux — ajoute-t-il, — mouraient de faim, nulle distribution n'ayant été faite. Ils demandaient à grands cris du pain. »

Napoléon assistait avec une suprême indifférence à ce désastre inénarrable du 30 août et à 5 heures du soir il télégraphiait à Paris ces quelques mots menteurs : « Il y a eu encore un engagement aujourd'hui *sans grande importance*. Je suis resté à cheval assez longtemps. »

Le soir du 31 août, notre armée était absolument cernée, et le cercle formé autour de Sedan était complet. Rien n'avait arrêté d'ailleurs la marche de l'ennemi qui avait pu passer la

Meuse sur des ponts minés que nous n'avions pas eu la précaution de faire sauter.

Le général de Wimpfenn, qui devait commander un corps d'armée n'avait été mis, ni par l'empereur, ni par le maréchal, au courant des opérations qu'on allait tenter le lendemain.

Le 1er septembre, à 4 heures 1/2 du matin, l'action décisive qui devait si durement influer sur la destinée de la France s'engageait vers Bazeilles avec une intensité singulière. Bientôt Mac-Mahon recevait une grave blessure et passait le commandement au général Ducrot qui voulait faire une trouée sur Mézières, chose impossible, tandis que M. de Winpfenn, lui, avec raison, se proposait de dégager d'abord la droite de l'armée française en écrasant les Bavarois avec des forces considérables, puis de se retourner brusquement contre les nouveaux assaillants.

Toute la préoccupation de M. de Wimpfenn, comme celle de Ducrot, dans cette année néfaste fut d'éviter une capitulation ; mais, en ordonnant la trouée sur Carignan, de Wimpfenn attaquait un point beaucoup plus faible de l'ennemi et rendait la réussite du mouvement plus probable. Il était cependant assez difficile de se mouvoir sur ce champ de bataille balayé par 400 pièces de canons ennemis dont le tir et la portée étaient d'un effet terrible. Les Français étaient littéralement écrasés, mais ils vendirent cher leur existence condamnée. On dit que, suivant le combat des hauteurs de Frenois, le roi Guillaume, à la vue de l'héroïque bravoure des cuirassiers français, ne put s'empêcher de s'écrier : Oh ! les braves gens ! »

Il n'y avait plus à lutter et, malgré les prodiges de valeur du général de Galiffet, de Ducrot, de vieux officiers se battant en soldats, la débandade fut irrésistible et les fuyards se replièrent dans la direction de Sedan. Décidé à capituler, Napoléon III fit hisser le drapeau blanc, malgré la fureur et le désespoir des chefs et des soldats français, puis il écrivit et fit porter au roi Guillaume ces quelques lignes où la platitude le dispute au mensonge : « N'ayant pu mourir à la tête de mes troupes, je dépose mon épée aux pieds de Votre Majesté. »

Il faut plaindre le malheureux général de Wimpfenn qui, n'ayant rien commis des fautes de cette désastreuse campagne, arrivait à Sedan pour terminer sa carrière militaire par une douloureuse capitulation.

L'entrevue de M. de Wimpfenn avec MM de Bismarck et de Moltke a été racontée par trois témoins dont nous invoquerons tour à tour les aveux pour compléter, autant que possible, le récit exact de cet épisode sur lequel on ne saurait assez répandre de lumière.

M. de Wimpfenn se montra très patriote et très digne de tous points ; il demanda pour ses troupes les conditions des garnisons de Mayence, de Gênes et d'Ulm, mais M. de Bismarck ne lui répondit que par cette dure condition : « L'armée française déposera les armes et sera conduite en Allemagne. » De Moltke ajouta que sinon le feu recommencerait le lendemain, à 6 heures du matin. Ce fut alors aussi que M. de Bismarck formula les prétentions allemandes sur l'Alsace et la Lorraine, réclamant impérieusement Strasbourg, Metz et quatre milliards. « Ceci répond dès lors aux bonapartistes qui ont voulu depuis faire croire au pays que la Prusse traitant avec l'empire n'eût exigé de lui aucune cession de territoire. Non seulement la Prusse voulait ce qu'elle a pris depuis, mais elle ne tenait pas à traiter avec le gouvernement impérial dont elle prévoyait l'écroulement, comme il ressort formellement des paroles de M. de Bismarck. » (1)

L'inflexible chancelier de Prusse dit alors à M. de Castelnau, aide de camp de l'empereur, qui avait accompagné M. de Wimpfenn : « Quelle est l'épée qu'à rendue l'empereur Napoléon III ? Est-ce l'épée de la France ou son épée à lui ? Si c'est celle de la France, les conditions peuvent être singulièrement modifiées.. — C'est seulement l'épée de l'empereur, reprit M. de Castelnau. — En ce cas, se hâta de dire de Moltke, cela ne change rien aux conditions. »

1. J. Claretie, tome I, p. 211, col. 2.

« Il me parut — dit l'officier dont le général Ducrot cite le récit, — il me parut qu'il pouvait bien y avoir une secrète divergence d'opinion entre M. de Bismarck et le général de Moltke et que le premier n'aurait pas été fâché au fond de terminer la guerre, tandis que le général désirait au contraire la continuer. »

M. de Wimpfenn dut rentrer à Sedan, porteur de ces dures conditions. Napoléon, en ayant pris connaissance, lui promit que le lendemain matin il se rendrait lui-même au quartier général, pour demander au roi de Prusse une capitulation moins rigoureuse. Que se passa-t-il dans cette entrevue ? M. de Bismarck va nous le raconter, dans son rapport adressé, le jour même, de Donchéry, au roi Guillaume qui n'avait pas daigné attendre la visite de Napoléon III.

« M'étant rendu ici, hier soir, sur l'ordre de Votre Majesté, afin de prendre part aux négociations pour la capitulation, les pourparlers furent interrompus jusqu'à environ une heure de la nuit, quelques heures de réflexion ayant été accordées au général Wimpfenn, qui les avait demandées, après que le général de Moltke eut formellement déclaré qu'on exigeait absolument, comme première condition, que l'armée française déposât les armes et que le bombardement recommencerait ce matin, à 9 heures, si, jusque-là, la capitulation n'était pas signée.

« Ce matin, vers 6 heures, on m'annonça le général Reille, qui me dit que l'empereur désirait me voir et avait déjà quitté Sedan pour venir ici. Le général repartit immédiatement pour annoncer à l'empereur que je le suivais, et bientôt après je me trouvai à moitié chemin environ entre ici et Sedan, près de Fresnois, en face de l'empereur. Sa Majesté était dans une voiture découverte ; elle avait à côté d'elle trois officiers supérieurs, tandis que d'autres chevauchaient à côté de sa voiture...

« Arrivé près de la voiture, je descendis de cheval, m'approchai de la portière et demandai quels étaient les ordres de Sa Majesté. L'empereur exprima d'abord le désir de voir Votre

Majesté ; il croyait assurément que Votre Majesté se trouvait également à Donchery. Je répondis que le quartier général de Votre Majesté était à cette heure à Vendresse, à une distance de trois milles ; l'empereur demanda si Votre Majesté avait déterminé un endroit où il devait se rendre et quelle était mon opinion à cet égard, je répondis que j'étais arrivé ici par une obscurité complète, que la contrée m'était, par conséquent, inconnue, mais que je mettais à la disposition de Sa Majesté la maison que j'occupais à Donchery et que j'évacuerais immédiatement.

« L'empereur accepta mon offre et se dirigea vers Donchery, mais il fit arrêter à quelques centaines de pas du pont de la Meuse conduisant dans la ville, devant une maison d'ouvriers complètement isolée, et il me demanda s'il ne pourrait pas y descendre. Je fis examiner la maison par le conseiller de légation comte de Bismarck Bohlen ; il vint m'annoncer que l'intérieur de cette maison était misérable et étroit, mais quelle ne contenait pas de blessés ; l'empereur descendit et m'invita à le suivre dans la maison...

« J'eus un entretien d'environ une heure avec l'empereur. Sa Majesté insista particulièrement sur le désir d'obtenir des conditions plus avantageuses pour la capitulation. Dès le principe, je refusai de négocier à ce sujet avec Sa Majesté, en faisant remarquer que cette négociation purement militaire devait être tranchée entre les généraux de Moltke et de Wimpfenn. En revanche, je demandai à l'empereur si Sa Majesté était disposée à des négociations de paix. L'empereur répondit que, comme prisonnier, il n'était pas en situation de les entamer ; je demandai ensuite par qui, d'après l'opinion de l'empereur, les pouvoirs publics étaient actuellement représentés en France. Sa Majesté me renvoya au gouvernement existant à Paris.

« Après avoir éclairci ce point, qui avait été laissé douteux dans la lettre adressée hier par l'empereur à Votre Majesté, je reconnus et ne le dissimulai pas à l'empereur qu'aujourd'hui comme hier la situation n'offrait aucun point de vue pratique autre que le point de vue militaire, et j'insistai sur la nécessité qui en résultait pour nous de prendre en mains avant toute chose, par la capitulation de Sedan, un gage matériel consolidant les résultats militaires acquis.

« Dès hier soir j'avais examiné sous tous ses aspects, avec le général de Moltke, la question de savoir s'il serait possible, sans nuire aux intérêts allemands d'offrir au sentiment d'honneur militaire d'une armée qui s'était bien battue des conditions plus avantageuses que celles qui avaient été primitivement fixées.

« Après avoir posé cette question comme notre devoir nous l'imposait, nous avons dû tous deux persister dans une réponse négative. Si donc le général de Moltke, qui dans l'intervalle était revenu de la ville et nous avait rejoints, s'est rendu auprès de Votre Majesté pour lui soumettre les désirs de l'empereur, ce ne fut nullement comme Votre Majesté le sait, dans l'intention de plaider en faveur de ces désirs.

« L'empereur sortit de la maison et m'invita à m'asseoir près de lui, devant la porte. Sa Majesté me demanda s'il ne serait pas possible de laisser l'armée française franchir la frontière de la Belgique, afin qu'elle fut désarmée et internée sur le territoire belge. J'avais déjà discuté cette éventualité la veille avec le général de Moltke et, pour les motifs indiqués plus haut, je refusai de m'entretenir de cette combinaison avec l'empereur. Je ne pris pas l'initiative d'une discussion sur la situation politique ; *l'empereur n'y fit allusion que pour déplorer le malheur de la guerre et pour déclarer que lui-même n'avait pas voulu la guerre mais qu'il y avait été forcé par la pression de l'opinion publique en France.*

« A la suite d'informations prises dans la ville et de reconnaissances opérées par des officiers de l'état-major, on apprit, entre 9 et 10 heures, que le château de Bellevue, près de Fresnois, ne renfermait aucun blessé et était approprié pour recevoir l'empereur. Je fis part de ce fait à Sa Majesté, en ajoutant que je proposerais à Votre Majesté Fresnois comme lieu de rencontre, et j'offris à l'empereur de s'y rendre immédiatement, vu que le séjour dans la petite maison d'ouvriers était incommode et que Sa Majesté avait sans doute besoin de repos.

« Sa Majesté accepta avec empressement; j'accompagnai l'empereur, précédé d'une escorte d'honneur du régiment des cuirassiers de Votre Majesté, jusqu'au château de Bellevue, où dans l'intervalle étaient arrivés la suite et les équipages de Sa Majesté. Était arrivé aussi le général de Wimpfenn, avec lequel, en attendant le retour du général de Moltke, les pourparlers, interrompus depuis hier soir sur les conditions de la capitulation, furent repris par le général de Podbielsky, en présence du lieutenant colonel de Verdy et du chef de l'état major du général de Wimpfenn ; ces deux derniers officiers étaient chargés du procès-verbal.

« En ce qui me concerne, je n'ai pris part qu'à l'introduction de ces pourparlers, en exposant la situation politique et légale, d'après les éclaircissements que l'empereur lui-même venait de me donner. Immédiatement après, le capitaine comte von Nostiz m'apporta, de la part du général de Moltke, la nouvelle que Votre Majesté ne voulait voir l'empereur qu'après la signature de la capitulation ; après avoir reçu communication de cette nouvelle, l'empereur renonça à obtenir d'autres conditions de capitulation que celles qui avaient été primitivement fixées.

« Je montai à cheval pour aller à la rencontre de Votre Majesté du côté de Chébery, afin de lui rendre compte de ce qui s'était passé ; en chemin, je rencontrai le général de Moltke avec le texte de la capitulation approuvée par Votre Majesté et qui, après notre arrivée à Fresnois, fut adoptée et signée sans objection.

« L'attitude du général de Wimpfenn, ainsi que celle des autres généraux français dans la nuit précédente, a été très digne ; le brave général n'a pu s'empêcher de m'exprimer sa profonde douleur que ce fût précisément lui qui fut appelé, quarante huit heures après son retour d'Afrique et une demi journée après son commandement, à mettre son nom au bas d'une capitulation si désastreuse pour les armées françaises ; mais le manque de vivres et de munitions et l'impossibilité absolue d'une plus longue défense lui avaient imposé le devoir de faire taire ses sentiments personnels, vu qu'une plus longue effusion de sang ne pouvait rien changer à sa situation... »

« Comte Bismarck. »

Nous ne relèverons — dans cette lettre très froidement correcte du chancelier de l'empire allemand, — que l'étrange allégation de Napoléon III déclarant que ce n'était pas lui qui avait voulu la guerre mais qu'il y avait été contraint par l'opinion publique. Facile excuse pour s'innocenter, en vérité ! Mais, qui ajoutera foi à une pareille assertion ? Il s'y obstina cependant et il répéta au roi de Prusse lui-même : « Cette guerre « n'est pas mon œuvre. »

Pour être dans le vrai ou tout au moins dans la vraisemblance, il y a lieu de croire que, miné par les idées révolutionnaires auxquelles il avait fait tant de concessions depuis les premiers jours de son règne, Napoléon III accepta la guerre comme un coup de dé dont pouvait sortir pour lui le succès ou une chûte retentissante mais dont il ne serait pas seul, croyait-il, à porter la désastreuse responsabilité.

La capitulation de Sedan avait été signée, dès le matin du 2 septembre, et la place devait être livrée le soir même. Immense et inénarrable fut la douleur de nos braves soldats dont le dernier espoir se dissipait ainsi. Tant d'héroïsme déployé pour en venir là !...

L'armée de Sedan qui, en comptant les blessés, s'élevait encore à près de 80,000 hommes, avait été réduite depuis la bataille de Beaumont à 65,000 hommes environ qui, dans la journée du 1er septembre, avaient vaillamment soutenu le choc terrible de 240,000 Allemands : chiffre déclaré par M. de Moltke lui-même au général de Wimpfenn.

Un publiciste allemand des plus autorisés, déjà cité par nous, a prononcé l'arrêt de l'histoire sur les faux mouvements qui amenèrent le désastre de Sedan, en même temps qu'il a rendu un sincère hommage à nos héroïques soldats, victimes de l'incurie de leurs chefs.

« Si Mac Mahon — dit M. de Wickede, en parlant du départ de Châlons pour Metz, — si Mac Mahon voulait exécuter ce plan, la première condition de ce succès était qu'il pût réussir à tromper le général de Moltke sur la direction de sa marche et à prendre avance de deux jours sur les troupes allemandes. Or, il n'y parvint pas. Moltke apprit presque aussitôt le changement de route effectué par les Français, et cela grâce surtout à l'excellent usage qu'il faisait de sa nombreuse cavalerie légère. Aussitôt qu'il eut reçu par elle l'avis de la marche de Mac-Mahon, il discerna ses intentions et prit avec l'admirable rapidité de coup d'œil qui le distingue les dispositions nécessaires pour le changement de direction à droite des armées allemandes en marche sur Paris ; la manière dont ce mouvement fut opéré pour rejeter Mac-Mahon dans une impasse doit compter parmi les grandes manœuvres stratégiques qui ont été conçues avec le plus de talent et exécutées de la manière la plus irréprochable.

« Les Français, au contraire, ne se doutaient point de l'ordre et de la rapidité avec laquelle ils étaient suivis et serrés toujours de plus près par leurs adversaires. Mac-Mahon courait au piège, comme s'il eût été frappé d'éblouissement, et cependant cette guerre se faisait dans un pays où tout habitant était un espion, un guide, un messager assuré d'avance à l'état major français.

« Deux jours avant la bataille de Sedan, si le quartier général français n'eût pas été vraiment en proie à un aveuglement sans pareil, il aurait pu encore se dérober par une marche en arrière...

« Aucun reproche dans cette affaire n'atteint les régiments français comme tels ; presque tous ont combattu héroïquement à Sedan ; quelques régiments de cavalerie se sont littéralement jetés à la mort, et l'infanterie a montré tout ce qu'il était possible de faire dans une défense de villages, aussi habile qu'opiniâtre...

« Cette capitulation de Sedan est la plus importante que connaisse l'histoire militaire...

« L'armée française, dans cette dernière guerre, s'est jusqu'à Sedan bien et bravement battue ; en particulier, la vieille infanterie française s'est montrée parfaitement à la hauteur de la meilleure infanterie allemande en courage, en ténacité, en habileté surtout pour utiliser le terrain. Mais le commandement dans son ensemble a été aussi misérable que *si c'eût été quelques groupes de chefs Kabyles qui eussent commandé les armées de la France*, et non une demi douzaine d'illustres maréchaux avec des centaines de brillants officiers d'état major de tout grade... »

Pendant que ces batailles se livraient dans l'Ardenne, Bazaine tentait de son côté, mais en vain, le 31 août et le 1er septembre, une sortie pour rompre autour de Metz le cercle d'envahissement.

Les dépêches allemandes, venues de Metz, célébraient les victoires de Frédéric Charles sur Bazaine au moment où l'armée prussienne, devant Sedan, apprenait que Napoléon III était prisonnier avec son armée. La joie fut grande parmi les troupes allemandes ; elles croyaient à la paix, voulaient la paix et dansaient ou allumaient des feux de joie.

Pendant ce temps la frontière belge était débordée par tout ce qui de nos malheureux soldats avait pu se traîner jusque sur cette terre hospitalière qui les accueillit au cri de : « Vive la France ! » Quant à Napoléon, le 3 septembre, il prenait aussi le chemin de la Belgique, mais pour se rendre en Allemagne. Sur le parcours il vit les ravages de la guerre infliger le plus cruel démenti à la devise de son trop long règne : « L'Empire, c'est la paix ! »

La République ou plutôt l'anarchie était proclamée à Paris et y commençait son règne à l'heure où l'ex-empereur arriva, près de Cassel, au château de Wilhelmshoehe, qui lui avait été donné pour résidence. Ç'avait été la demeure de plaisance du roi Jérôme de Westphalie, son Versailles, de 1807 à 1813. Trop petite pour recevoir la nombreuse suite du prisonnier, cette maison fut bientôt agrandie par ses soins et il y passait dans un calme morne ses jours sans travail. Ce fut là un St Hélène assez doux et presque enviable. Napoléon III, entêté jusqu'à la fin dans ses rêveries maladives, n'avait rien appris et surtout rien oublié ; l'expérience cruelle des choses ne lui avait pas ouvert les yeux sur la véritable source de ses fautes et de nos malheurs. Moins de deux mois après, il écrivait à un capitaine anglais, son ami : « Ce qui se passe en France est très triste, car l'invasion n'est pas le plus grand des maux que mon pauvre pays ait à souffrir. L'anarchie fait encore plus de désastres que le fusil à aiguille. »

Mais, cette anarchie, qui l'avait préparée en France pendant dix-huit années d'essais de socialisme d'État sinon Napoléon III, ce révolutionnaire au manteau impérial qui, au règne de Louis-Philippe, la paix à tout prix, avait fait succéder la guerre sans trêve ni relâche ?

Abandonnons un moment du regard Sedan et Metz — où il nous faudra revenir bientôt, — et voyons ce qui se passa à Paris après la capitulation de Sedan.

En dépit de vagues et peu rassurants pressentiments, le public se laissait aller à une sorte de confiance engourdie qu'entretenaient plus ou moins habilement les nouvelles transmises par l'agence Havas et dont voici quelques échantillons :

31 août.

« Un combat a commencé à Bazeilles, à 9 heures.
« Les Français *auraient* pris trente pièces de canon.

1er septembre, 10h. 15 m.

« La fusillade continue.
« Mac-Mahon *serait* entre Douzy et Bazeilles...
« Bazaine *pousserait* les Prussiens vers le camp de Sedan...
« Aucun résultat positif n'est encore connu. »

A cette heure même, tout était terminé par une épouvantable défaite. Cependant le pays devait ignorer pendant deux jours encore la vérité et, le samedi matin, 3 septembre, c'est-à-dire le lendemain de la capitulation de Sedan, Paris ne savait rien, les députés eux-mêmes n'étaient pas mieux instruits. Il fallut cependant bien annoncer la vérité à la France, à ses représentants tout d'abord. « Messieurs, — dit le ministre de la guerre, — *l'armée a capitulé* et l'empereur a été fait prisonnier. » La capitulation de l'armée, tel fut le manifeste mensonge sur lequel ne cessa d'insister le ministère dans ses proclamations à la France.

M. Jules Favre, immédiatement après avoir entendu la nouvelle de la capitulation de Sedan, fit la proposition suivante dont les termes sont restés acquis à l'histoire de cette lamentable époque : « Il sera nommé par le Corps législatif une commission de gouvernement qui sera investie de tous les pouvoirs du gouvernement et qui aura pour mission de *résister à outrance à l'invasion* et de chasser l'ennemi du territoire. »

« A outrance ! » devise follement sinistre, sous les résultats de laquelle la France est encore écrasée, à l'heure qu'il est.

A la forfanterie le ministère opposa le mensonge.

« Français ! — disait une proclamation affichée le 4 septembre, au matin, — un grand malheur frappe la patrie.

« Après trois jours de luttes héroïques soutenues par l'armée du maréchal Mac-Mahon contre 300,000 ennemis, 40,000 hommes ont été faits prisonniers.

« Le général de Wimpfenn, qui avait pris le commandement de l'armée, en remplacement du maréchal Mac-Mahon, grièvement blessé, a signé une capitulation.

« Ce cruel revers n'ébranle pas notre courage.

« Paris est aujourd'hui en état de défense.

« Les forces militaires du pays s'organisent.

« Avant peu de jours, une armée nouvelle sera sous les murs de Paris ; une autre armée se forme sur les rives de la Loire....

« L'empereur a été fait prisonnier dans la lutte.

« Le gouvernement, d'accord avec les pouvoirs publics, prend toutes les mesures que comporte la gravité des événements. »

Presque chaque phrase de cette proclamation contenait un mensonge. D'abord ce n'étaient pas 40,000 hommes, mais 80,000, dont 65,000 valides, qui avaient été faits prisonniers ou plutôt rendus. Puis, on donnait à entendre — ce qui était faux, — que le général de Wimpfenn avait de son plein mouvement signé la capitulation et — chose non moins fausse, — que l'empereur avait été fait prisonnier *dans la lutte.* Quant à cette affirmation : « Paris est en état de défense, » et le reste, c'était un mensonge absolu comme on ne devait pas tarder à en être convaincu par une épouvantable expérience.

Pour répondre à ce manifeste, Paris ne trouva rien de mieux à faire qu'une révolution radicale dont la garde nationale prit la tête. Une révolution ! c'était logique. Commencée par l'anarchie, la guerre se continuait par l'anarchie dans laquelle allaient s'absorber les forces vives du pays tournant contre lui-même ses propres armes.

Le 4 septembre, le peuple — avec l'aide de la garde nationale, — envahit l'Assemblée des représentants, comme il l'avait fait il y a plus de vingt ans, en février 1848. Devant cette avalanche humaine, le président et la plupart des députés avaient fui et les républicains, restés dans l'enceinte, étaient fort embarrassés du rôle qu'ils avaient à jouer devant une cohue qui ne respectait rien ; ils ne pensaient pas même à proclamer cette république, qui vint sans doute trop tôt, à leur gré, et les prit au dépourvu. Des jeunes gens avaient escaladé la tribune et s'étaient emparés du fauteuil présidentiel, agitant la sonnette par un mouvement de gaminerie ; Jules Ferry les repoussa, tandis que Gambetta essayait d'haranguer la foule. Il proclama la déchéance de l'Empire. Applaudissements furibonds.

— Et la république ! la république ? » s'exclame-t-on de toutes parts.

— Citoyens, dit Gambetta, allons la proclamer à l'Hôtel-de-Ville. »

Rochefort, prisonnier à sainte Pélagie, est délivré, conduit en voiture jusqu'à l'Hôtel-de-Ville où son nom est bientôt joint à ceux des députés qui composent le *Gouvernement de la défense nationale*. Et avec sa mobilité cruelle, le peuple de Paris, oubliant à cette heure le désastre de Sedan, l'ennemi qui s'avance à grands pas, l'avenir de plus en plus sombre, se livre à une joie aussi délirante que sans motif. En face de ce qui venait de s'écrouler qu'allait-on, en effet, édifier ou même seulement improviser ?

CHAPITRE VI

Trochu historien. — La journée du 4 septembre. — Le général Trochu se rend à l'Assemblée envahie. — Effervescence des esprits. — Vive la Sociale ! — Désespoir de Jules Favre. — Trochu est mandé à l'Hôtel-de-Ville. — Ses adieux à sa famille. — Un pastiche de la Convention. — Le gouvernement de la Défense nationale. — Les oracles de Gambetta. — Remède pire que le mal — Un écho de 1793. — Les vengeurs de la patrie. — Détestable faiblesse du nouveau gouvernement. — Circulaire de Jules Favre. — Comment on écrit l'histoire. — Où est la vérité ? — Sensiblerie et admiration outrées. — Nouvelle condamnation de la guerre — Une fanfaronade impardonnable. — Le culte de la statue de Strasbourg. — Appel aux barricades. — Un écho de chanson socialiste. — Sophisme prudhomesque. — Jules Favre et *les forces morales*. — Des armes pour tous. — Organisation inconsciente de la Commune par le gouvernement. — Adresse des socialistes français à la démocratie allemande. — Lyrisme à faux. — Vive la république universelle ! — L'armée et la garde nationale. — Toujours des proclamations ! — Contradiction flagrante. — Trop de fleurs ! — Ce que parler veut dire. — Plus de police ! — « L'égide des libertés républicaines. » — La centralisation à outrance. — Les éléments de la défense militaire de Paris. — Exagération. — Les chiffres réels. — Danger de la garde nationale. — Ignorance profonde des hommes du 4 septembre.

Voici en quels termes le général Trochu a raconté la journée du 4 septembre :

« Dans la matinée, je me rendis aux Tuileries ; je vis l'impératrice régente, entourée de beaucoup de personnes inquiètes. Elle-même était calme. Je lui dis ces courtes paroles : « Madame, voilà l'heure des grands périls ; il se passe ici « des choses étranges, mais ce n'est pas le moment d'en « parler et ce n'est pas le moment de récriminer. Je reste à « mon poste, et je ne vous abandonnerai pas. Mais soyez

« sûre que la crise est profonde; soyez sûre que ce que j'ai
« dit l'autre jour au conseil était la vérité. »

« Dans la journée, je ne reçus ni du ministre, ni des
Tuileries, ni d'aucun des points d'où je pouvais recevoir des
ordres ou des avis, aucun ordre, aucun avis.

« Vers une heure de l'après-midi, le général Lebreton,
questeur du Corps législatif, se présenta à moi inopinément.
— Je vois d'ici le digne général Lebreton dans la tribune des
anciens députés ; il me contrôlera. — « Général, me dit-il, le
« péril est à son comble. Une foule immense se presse autour
« de l'Assemblée et va l'envahir ; les troupes se sont laissé
« immédiatement pénétrer par la multitude. Vous seul, par
« une intervention personnelle, pourriez peut-être dominer la
« tempête. »

« Je répondis au général Lebreton : « Je suis ici la victime
« d'une situation sans précédents. En fait, je ne commande
« rien ; en fait, les troupes que vous avez vues ont été postées
« par des ordres qui ne sont pas les miens. » — Messieurs, je
ne veux pas prétendre que si j'avais donné ces ordres la situation eût été différente et que si j'avais réellement exercé
le commandement, l'événement eût tourné autrement. Je suis
convaincu du contraire. Je veux dire seulement que j'ai été
la victime d'une combinaison qui a donné lieu à des bruits
abominables. Ces bruits ont tourné bien longtemps autour de
moi, mais j'ai dédaigné d'en faire justice autrement et ailleurs
que devant mes véritables juges, l'Assemblée nationale. —
« Vous voulez (dis-je au général Lebreton,) que, seul, je
« puisse arrêter un demi million d'hommes qui se pressent,
« me dites vous, vers l'Assemblée ! Vous savez comme moi,
« votre vieille expérience plus grande que la mienne, sait qu'il
« y a là une impossibilité absolue. Un seul homme n'arrête
« pas les foules en démence, mais cet effort que vous venez
« me demander au nom du Corps législatif, convaincu qu'il
« ne peut aboutir, je le tenterai néanmoins. »

« Quelques minutes après, je montais à cheval sous les
yeux du général Lebreton, et je me dirigeais vers le Corps

législatif, prescrivant au général Schmitz, chef de l'état-major général, de se rendre auprès de l'impératrice, pour l'informer de ce que j'allais tenter.

« J'étais accompagné de deux aides-de-camp. Je traversai assez facilement la cour du Carrousel, quoiqu'elle fût pleine de monde, mais personne n'en voulait aux Tuileries, et ce monde était relativement calme. Arrivé au-delà du guichet, pénétrant laborieusement au milieu de cette foule immense qui commençait au Pont-Neuf et allait au-delà des Champs Elysées, je fus le témoin affligé et effrayé d'un spectacle que je n'avait jamais vu jusque là, quoique j'eusse été présent à Paris aux révolutions de 1830 et de 1848. Une multitude innombrable d'hommes, de femmes, d'enfants, absolument sans armes, irritée, affolée, bienveillante, menaçante, s'agitait autour de moi et m'empêchait d'avancer. Des hommes, à figure sinistre, dix fois, se jetèrent sur mon cheval, le saisirent par la bride et me dirent : « Crie : *Vive la Sociale !* »

« Oui. « Vive la Sociale ! » mes souvenirs sont très précis. Je leur dis : « Je ne crierai pas ! je ne crierai rien ! Vous « voulez enchaîner ma liberté, vous ne l'enchaînerez pas ! » Et en même temps, d'autres hommes, comprenant la gravité de ma situation, s'écriaient : « Il a raison ! »

« J'arrivai ainsi, après plus d'une heure de lutte, foulant aux pieds de mon cheval, à chaque instant et quoique je fisse, cette multitude qui me pressait, j'arrivai à l'angle du pont de Solférino. Là je dus m'arrêter absolument, ayant perdu mes deux aides-de camp qui étaient loin. J'étais comme figé au milieu de la foule et il ne m'était plus possible d'avancer, plus possible de reculer.

« Je parlementai, cherchant à m'ouvrir un passage. Un homme de grande taille parvint jusqu'à moi ; je ne le connaissais pas ; il était très ému ; il me dit : « Général, où donc « allez vous ? — Je vais tâcher de sauver l'Assemblée. — A « l'heure qu'il est, l'Assemblée est envahie ; j'y étais ; je « vous l'affirme ; je suis M. Jules Favre. »

« M. Jules Favre ajouta : « Voilà le comble du désastre :

« une révolution au milieu de la défaite des armées ! Et soyez
« sûr que la démagogie, qui voudra en bénéficier, jettera la
« France dans l'abîme, si nous n'intervenons. Quant à moi,
« je vais à l'Hôtel-de-Ville, et c'est là que doivent se rendre
« les hommes qui entendent contribuer à sauver le pays. »

« Je lui répondis : « Monsieur, je ne puis prendre à présent
« une telle résolution. »

« Et nous fûmes séparés par la foule...

« Pendant que ces événements se passaient, l'impératrice avait quitté les Tuileries...

« Les historiographes officiels, dont j'ai lu les récits à ce sujet, disent le plus ordinairement : « Les principaux fonc-
« tionnaires de l'État se pressent autour de l'impératrice, en
« ce moment suprême, pour prendre congé d'elle ; seul le
« général Trochu ne parut pas. »

« Non ! je ne parus pas ! je ne parus pas parce que, au lieu d'aller offrir mes compliments de condoléance à l'impératrice, j'allais, à cette heure là même, défendre le Corps législatif, personnellement, par un effort que je savais devoir être impuissant, je le répète, mais que j'avais le devoir de tenter, après l'invitation que j'en avais reçue de l'un de ses questeurs, l'honorable général Lebreton.

« Je poursuis, et j'arrive très rapidement à la fin de cette journée fatale...

« Deux heures après mon retour au Louvre, un groupe de personnes que je ne connaissait pas se présenta à moi. L'une d'elles me dit : « Je suis M. Steenackers, député. Nous sommes
« envoyés vers vous pour vous annoncer qu'il se passe à
« l'Hôtel-de-ville un véritable drame ; la foule l'entoure ; des
« députés dont voici les noms s'y sont réunis pour former un
« gouvernement provisoire. Mais l'Hôtel-de-Ville n'est pas
« gardé, et les résolutions auxquelles on s'arrêtera n'auront pas
« de sanction quelle qu'elle soit. On a pensé que votre nom
« serait une sanction et qu'elle servirait de ralliement aux
« troupes restées dans Paris. »

« Je demandai cinq minutes pour voir ma famille. Je lui dis :

« L'heure de ma croix est venue ; j'y vais, car je crois que
« c'est mon devoir. Me suivrez-vous dans la voie doulou-
« reuse ? — Oui, puisque c'est notre devoir. — Et je partis
« pour l'Hôtel-de-Ville » (1).

C'était le moment ou jamais d'essayer l'ascendant de *la
force morale* sur l'insurrection ; le général Trochu n'y songea
pas et, en allant à l'Hôtel-de-Ville, il ouvrit par sa présence
la voie douloureuse où (selon son expression,) allait s'engager
tout ce que Paris renfermait d'honnêtes gens timides.

Si — comme on l'a dit, — les fautes passées peuvent nous servir à n'en point commettre de nouvelles, le régime inauguré
par le 4 septembre semblait devoir donner raison à cette assertion paradoxale. Mais, malheureusement on ne passe pas ainsi
brusquement du Césarisme à la vraie liberté ; la licence est
tout ce qu'il faut attendre de cette transition d'un excès à
l'autre, la licence succède immédiatement au despotisme, elle
en était d'ailleurs la conséquence nécessaire et, pour ainsi
dire, fatale. Proclamer la République c'était bientôt fait, rien
de plus facile, mais ce n'était pas donner la confiance et
surtout le patriotisme dont la notion avait été profondément
altérée par dix-huit années de jouissances matérielles et
d'essais de socialisme ; l'égoïsme ne saurait engendrer le dévouement qui n'est autre chose que l'abnégation de chacun
mise au service de l'intérêt public. D'un autre côté, les sanglants souvenirs de la première Révolution française non plus
que ceux de sa seconde évolution n'étaient faits pour rassurer
les honnêtes gens sur le nouveau programme qui, dès son exécution, reprenait les errements, les erreurs et les illusions
désastreuses de la Convention.

Le *Gouvernement de la défense nationale*, comme il s'intitulait, débuta par un mensonge, continuant ainsi les traditions
du pouvoir dont il venait de proclamer hautement la déchéance, à l'Hôtel-de-Ville. Le nouveau gouvernement com-

---

1. Le général Trochu, *Une page d'histoire contemporaine, devant l'Assemblée nationale.*

posé de Gambetta, Emmanuel Arago, Crémieux, Jules Favre, Jules Ferry, Garnier-Pagès, Glais-Bizoin, Eugène Pelletan, Ernest Picard, Rochefort, Jules Simon fit, par l'organe de Gambetta, la déclaration suivante : « Citoyens, comprenez-nous : *ce gouvernement n'est qu'un pouvoir de passage et de transition.* Il n'a qu'un objet : défendre la nation contre l'envahissement de l'étranger. *Après quoi, il disparaîtra, nous en prenons l'engagement solennel.* »

Or, il y a plus de douze ans que cet *engagement solennel* a été pris, et l'on sait comment il a été tenu.

Poursuivant le cours de ses assertions paradoxales en faveur de la République qu'il venait de proclamer, Gambetta, le 5 septembre, s'écriait : « Le peuple a devancé la Chambre, qui hésitait. Pour sauver la patrie en danger, il a demandé la République... La République a vaincu l'invasion en 1792 ; la République est proclamée. La Révolution est faite au nom du droit, du salut public. Citoyens, veillez sur la cité qui vous est confiée ; demain vous serez, avec l'armée, les vengeurs de la patrie ! »

Tout cela est bien ronflant mais sonne cruellement faux. Et d'abord, singulier moyen pour sauver le pays que de proclamer la République ! Le remède était pire que le mal ; on ne devait pas tarder à s'en convaincre. L'invasion de 1792, cela rappelait et évoquait les légendes des Volontaires et des quatorze armées de Carnot, les levées en masse, etc. « La Révolution est faite au nom du droit, » est un écho de la trop fameuse Déclaration des droits de l'homme et du citoyen (1793) où on lit ceci, en guise de conclusion : « Quand le gouvernement viole les droits du peuple, *l'insurrection est* pour le peuple *le plus sacré des droits* et le plus indispensable des devoirs. »

Les citoyens à qui l'on annonce pompeusement qu'ils seront les vengeurs de la patrie ne sont autres que la garde nationale dont on connaît les hauts faits sous la première Révolution en 1830, en 1848, pendant la guerre de 1870-71 et la Commune de Paris qui en fut le sanglant couronnement.

« Il est certain que la révolution du 4 septembre, faite en face de l'étranger, aggravait la situation du pays. Elle acheva de désorganiser l'administration ; elle fit éclater l'anarchie dans tout le Midi et donna une mauvaise situation diplomatique à la France au milieu de l'Europe conservatrice...

« La situation déplorable faite à la France par le 4 septembre est le résultat inévitable des fautes de l'Empire, de l'opposition, des révolutionnaires, de la presse et du pays, qui ont tous à se reprocher une part plus ou moins grande dans cette catastrophe.

« Le nouveau gouvernement fit, dès les premiers moments, des concessions aux révolutionnaires les plus avancés, pour avoir leur appui et se maintenir au pouvoir ; il commit l'acte détestable de mettre en liberté Mégy et Eudes, condamnés pour avoir assassiné, le premier un sergent de ville, le second un pompier dans une émeute... Pendant toute sa durée, le gouvernement de la Défense nationale fut dominé par le parti révolutionnaire, que son origine illégale et ses relations ne lui permettaient pas de combattre résolument. Il annonça de prochaines élections, qui permettraient à la France de manifester sa volonté ; mais il ne convoqua pas les électeurs. De tous ses torts, celui-ci est incontestablement le plus grave (1). »

Du premier coup, furent proclamés ou plutôt se proclamèrent eux-mêmes ministre des affaires étrangères, Jules Favre, ministre de l'intérieur Gambetta, et le reste à l'avenant. Ces choix ne manquèrent pas d'exciter des défiances, des reproches, des aigreurs de la part des vétérans de la démocratie qui se croyaient plus de titres que les citoyens précités à gouverner le pays mais dont la plupart — suivant un mot cruel et juste, — avaient plus de prison que de génie.

Ce fut pour expliquer cette prise du pouvoir et s'en excuser, en quelque sorte, aux yeux de la France et de l'Europe que,

---

1 L. Dussieux, tome I, p. 170-172.

dès le 6 septembre, — le surlendemain même de l'escalade, — le nouveau ministre des affaires étrangères, M. Jules Favre adressait la circulaire suivante aux agents diplomatiques de France à l'Etranger :

« Les événements qui viennent de s'accomplir à Paris s'expliquent si bien par la logique inexorable des faits qu'il est inutile d'insister longuement sur leur sens et leur portée.

« En cédant à un élan irrésistible, trop longtemps contenu, la population de Paris a obéi à une nécessité supérieure, celle de son propre salut.

« Elle n'a pas voulu périr avec le pouvoir criminel qui conduisait la France à sa perte.

« Elle n'a pas prononcé la déchéance de Napoléon III et de sa dynastie : elle l'a enregistrée, au nom du droit, de la justice et du salut public.

« Et cette sentence était si bien ratifiée à l'avance par la conscience de tous, que nul, parmi les défenseurs les plus bruyants du pouvoir qui tombait, ne s'est levé pour le soutenir.

« Il s'est effondré de lui-même, sous le poids de ses fautes, aux acclamations d'un peuple immense, sans qu'une goutte de sang ait été versée, sans qu'une personne ait été privée de sa liberté.

« Et l'on a pu voir, chose inouïe dans l'histoire, les citoyens auxquels le cri du peuple conférait le mandat périlleux de combattre et de vaincre ne pas songer un instant aux adversaires qui, la veille, les menaçaient d'exécutions militaires. C'est en leur refusant l'honneur d'une répression quelconque qu'ils ont constaté leur aveuglement et leur impuissance.

« L'ordre n'a pas été troublé un seul moment ; notre confiance dans la sagesse et le patriotisme de la garde nationale et de la population tout entière nous permet d'affirmer qu'il ne le sera pas.

« Délivré de la honte et du péril d'un gouvernement traître à tous ses devoirs, chacun comprend que le premier acte de cette souveraineté, enfin reconquise, est de se commander soi-même et de rechercher sa force dans le respect du droit.

« D'ailleurs, le temps presse : l'ennemi est à nos portes ; nous n'avons qu'une pensée, le repousser hors de notre territoire.

« Mais cette obligation que nous acceptons résolument, ce n'est pas nous qui l'avons imposée à la France : elle ne la subirait pas si notre voix avait été écoutée.

« Nous avons défendu énergiquement, au prix même de notre popularité, la politique de la paix. Nous y persévérons avec une conviction de plus en plus profonde.

« Notre cœur se brise au spectacle de ces massacres d'êtres humains, dans lesquels disparaît la fleur des deux nations et qu'avec un peu de bon sens et beaucoup de liberté on aurait préservées de ces effroyables catastrophes.

« Nous n'avons pas d'expression qui puisse peindre notre admiration pour notre héroïque armée, sacrifiée par l'impéritie du commandement suprême, et cependant plus grande par ses défaites que par ses plus brillantes victoires.

« Car, malgré la connaissance des fautes qui la compromettait, elle s'est immolée sublime, devant une mort certaine, et rachetant l'honneur de la France des souillures de son gouvernement.

« Honneur à elle! La nation lui ouvre ses bras. Le pouvoir impérial a voulu les diviser, les malheurs et le devoir les confondent dans une solennelle étreinte. Scellée par le patriotisme et la liberté, cette alliance nous fait invincibles.

« Prêts à tout, nous envisageons avec calme la situation qui nous est faite.

« Cette situation, je la précise en quelques mots ; je la soumets au jugement de mon pays et de l'Europe.

« Nous avons hautement condamné la guerre, et, protestant de notre respect pour le droit des peuples, nous avons demandé qu'on laissât l'Allemagne maîtresse de ses destinées.

« Nous voulions que la liberté fût à la fois notre lien commun et notre commun bouclier; nous étions convaincus que ces forces morales assuraient à jamais le maintien de la paix. Mais comme sanction, nous réclamions une arme pour chaque citoyen, une organisation civique, des chefs élus; alors nous demeurions inexpugnables sur notre sol.

« Le gouvernement impérial, qui avait depuis longtemps séparé ses intérêts de ceux du pays, a repoussé cette politique. Nous la reprenons avec l'espoir qu'instruite par l'expérience la France aura la sagesse de la pratiquer.

« De son côté, le roi de Prusse a déclaré qu'il faisait la guerre, non à la France, mais à la dynastie impériale.

« La dynastie est à terre. La France libre se lève.

« Le roi de Prusse veut-il continuer une lutte impie qui lui sera au moins aussi fatale qu'à nous?

« Veut-il donner au monde du dix-neuvième siècle ce cruel spectacle de deux nations qui s'entredétruisent et qui, oublieuses de l'humanité, de la raison, de la science, accumulent les ruines et les cadavres?

« Libre à lui: qu'il assume cette responsabilité devant le monde et devant l'histoire!

« Si c'est un défi, nous l'acceptons.

« *Nous ne céderons ni un pouce de notre territoire ni une pierre de nos forteresses.*

« *Une paix honteuse serait une guerre d'extermination à courte échéance.*

« *Nous ne traiterons que pour une paix durable.*

« Ici, notre intérêt est celui de l'Europe entière, et nous avons lieu d'espérer que, dégagée de toute préoccupation dynastique, la question se posera ainsi dans les chancelleries.

« Mais fussions nous seuls, nous ne faiblirons pas.

« Nous avons une armée résolue, des forts bien pourvus, une enceinte bien établie, mais surtout les poitrines de 300,000 combattants décidés à tenir jusqu'au dernier.

« Quand ils vont pieusement déposer des couronnes au pied de la statue de Strasbourg, ils n'obéissent pas seulement à un sentiment d'admiration enthousiaste, ils prennent leur héroïque mot d'ordre, ils jurent d'être dignes de leur frères d'Alsace et de mourir comme eux.

« Après les forts, les remparts, après les remparts, les barricades. Paris peut tenir trois mois et vaincre ; s'il succombait, la France, debout à son appel, le vengerait : elle continuerait la lutte, et l'agresseur y périrait.

« Voilà ce que l'Europe doit savoir. Nous n'avons pas accepté le pouvoir dans un autre but. Nous ne le conserverions pas une minute si nous ne trouvions pas la population de Paris et la France entière décidées à partager nos résolutions.

« Je les résume d'un mot devant Dieu qui nous entend, devant la postérité qui nous jugera : nous ne voulons que la paix. Mais, si l'on continue contre nous une guerre funeste que nous avons condamnée, nous ferons notre devoir jusqu'au bout, et j'ai la ferme confiance que notre cause, qui est celle du droit et de la justice, finira par triompher.

« C'est en ce sens que je vous invite à expliquer la situation à monsieur le ministre de la cour près de laquelle vous êtes accrédité... »

En dépit des guirlandes de fleurs dont cette circulaire est entortillée, — pour celui qui sait lire à travers les lignes, le programme révolutionnaire y éclate tout du long. L'appel aux deux nations, française et allemande, est un écho de la chanson socialiste de Pierre Dupont, en 1848 :

> Les peuples sont pour nous des frères
> Et les tyrans des ennemis.

Les tyrans, lisez les ennemis. Après les rois, vient bientôt la guerre à la religion avec la devise bruyante et couarde que l'on sait : « Le cléricalisme, c'est l'ennemi ! »

Un sophisme prud'homesque à soulever le rire, c'est bien celui qui représente l'armée française *plus grande par ses défaites que par ses plus brillantes victoires.*

Voilà certes un chauvinisme d'un genre tout à fait nouveau, et il a fait école, car, depuis cette cruelle guerre de 1870-71, on n'a cessé d'élever des monuments à nos défaites d'alors, et même des panoramas en ont retracé, comme à l'envi, sur les divers points de Paris, les tableaux commémoratifs. Le délire de l'infatuation ne saurait être poussé plus loin, ce semble.

La force morale invoquée par le général Trochu avait fait école; M. Jules Favre, non content de cette force unique, en employait plusieurs, *ces forces morales*, dit-il et il les fait consister dans l'ingérence de notre pays dans les destinées de ses voisins, toujours sans doute au nom du principe de *la non intervention*.

Mais, là où éclate la préoccupation révolutionnaire, c'est dans la réclamation d'*une arme pour chaque citoyen, une organisation civique, des chefs élus*, toutes voies promptes et sûres pour arriver à l'éclosion et à l'explosion de la Commune.

Enfin, comme ces mécréants qui, sur une tombe, invoquent *un monde meilleur*, M. Jules Favre applaudit à la religion des couronnes au pied de la statue de Strasbourg, — comédie ridicule dont nous avons eu la deuxième représentation à l'occasion des obsèques civiles de Gambetta, l'inventeur de la guerre à outrance.

C'en est assez à propos de cette circulaire. En même temps, en termes plus brefs, très clairs et d'une limpide franchise, *les socialistes français* adressaient *au peuple allemand, à la démocratie allemande* SOCIALISTE (sic) l'appel que voici :

« Tu ne fais la guerre qu'à l'empereur, et point à la nation française, a dit et répété ton gouvernement.

« L'homme qui a déchaîné cette lutte fratricide, qui n'a pas su mourir, et que tu tiens entre tes mains, n'existe pas pour nous.

« La France républicaine t'invite, au nom de la justice, à retirer tes armées, sinon, il nous faudra combattre jusqu'au dernier homme et verser à flots ton sang et le nôtre.

« Par la voix de trente-huit millions d'êtres, animés du

même sentiment patriotique et révolutionnaire, nous te répétons ce que nous déclarions à l'Europe coalisée en 1793 :

« Le peuple français ne fait point la paix avec un ennemi
« qui occupe son territoire.

« Le peuple français est l'ami et l'allié de tous les peuples
« libres. — Il ne s'immisce point dans le gouvernement des
« des autres nations ; il ne souffre pas que les autres nations
« s'immiscent dans le sien. »

« Repasse le Rhin.

« Sur les deux rives du fleuve disputé, Allemagne et France, tendons-nous la main. Oublions les crimes militaires que les despotes nous ont fait commettre les uns contre les autres.

« Proclamons la Liberté, l'Égalité, la Fraternité des peuples.

« Par notre alliance, fondons les ÉTATS UNIS D'EUROPE.

« VIVE LA RÉPUBLIQUE UNIVERSELLE !

« Démocrates, socialistes d'Allemagne, qui, avant la déclaration de guerre, avez protesté, comme nous, en faveur de la paix, les démocrates socialistes de France sont sûrs que vous travaillez avec eux à l'extinction des haines internationales, au désarmement général et à l'harmonie économique.

« *Au nom des sociétés ouvrières et des sections françaises de*
« *l'Association internationale des travailleurs,*

Ch. Beslay, Briosne, Bachruch, Camélinat, Ch.-L. Chassin, Chemalé, Dupas, Hervé, Landeck, Leverdays, Longuet, Marchand, Perrochon, Tolain, Vaillant.

Le gouvernement de la Défense avait choisi pour président le général Trochu ; pour vice-président, Jules Favre ; secrétaire, Jules Ferry. A titre de secrétaires-adjoints, il appelait en même temps à lui, pour l'aider dans ses travaux, disait le *Journal officiel,* MM. André Lavertujeon et F Hérold, puis MM. Dréo et E. Durier. M. Clément Laurier était nommé directeur général du personnel et du cabinet au ministère de l'intérieur.

Le premier soin du gouvernement fut de s'appuyer sur

l'armée et la garde nationale, deux forces qu'on croyait alors et pour jamais unies. La proclamation à l'armée réclamait l'union ; la proclamation à la garde nationale demandait l'ordre et le dévouement ; c'était beaucoup exiger de cette dernière, *l'ordre* surtout.

Les premiers jours du gouvernement se passèrent en proclamations et l'on sait si les Républiques, en France, en sont prodigues ! Cela coûte si peu de faire des programmes, mais les exécuter, c'est autre chose.

Continuant toujours le même système de mensonge, les hommes de la Défense nationale protestaient, tout en exaltant la Révolution, qu'ils n'étaient pas révolutionnaires. Quelle contradiction !

« Soldats, *en acceptant le pouvoir* dans la crise que nous traversons, *nous n'avons pas fait œuvre de parti. Nous ne sommes pas au pouvoir,* mais au combat. »

La garde nationale fut — cela devait être, — l'objet de flagorneries spéciales.

« Ceux auxquels votre patriotisme vient d'imposer la mission redoutable de défendre le pays vous remercient du fond du cœur de votre courageux dévouement. C'est à votre résolution qu'est due la victoire *civique* rendant la liberté à la France. Grâce à vous, cette victoire n'a pas coûté une goutte de sang... Vous avez rendu à la nation son âme que le despotisme étouffait. Vous maintiendrez avec fermeté l'exécution des lois... »

Si nous comprenons bien le sens exact de la première phrase de cette proclamation, chef-d'œuvre de galimatias, elle peut se traduire ainsi : « Votre patriotisme nous a élevés au pouvoir ; nous ne saurions trop admirer le dévouement ou plutôt le manque de bon sens avec lequel vous nous avez confié un fardeau si écrasant pour notre nullité. »

On trouvera peut-être que nous nous attardons trop à ces proclamations de la première heure, toutes pleines d'illusions, de promesses, de fausses joies si tôt et si cruellement démenties par les faits et l'inexorable expérience, cependant il nous faut encore dire quelques mots du manifeste de M. de Kératry, le préfet de police, dû à la plume d'un jeune avocat fidèle aux traditions de la plus pure rhétorique et produire les noms des auxiliaires du nouveau gouvernement, — noms dont la plupart se retrouveront au pinacle des affaires sous cette troisième République.

Voici un fragment de la prose du jeune secrétaire de M. de Kératry : « Après dix-huit ans d'attente, *sous le coup de cruelles nécessités, les traditions interrompues* au 18 brumaire et au 2 décembre, *sont enfin reprises*... La Révolution qui vient de s'accomplir... a pour but, comme en 1792, l'expulsion de l'étranger. Il importe donc que la population *de Paris*, par son calme, par la virilité de son attitude, continue de se montrer à la hauteur de la tâche qui lui incombe, à elle et à la France. C'est pour cette raison qu'investi par le Gouvernement de pouvoirs dont on a tant abusé sous les régimes antérieurs j'invite la population parisienne d'exercer les droits qu'elle vient de reconquérir dans toute leur plénitude avec une sagesse et une modération qui soient de nature à montrer à la France et au monde qu'elle est vraiment digne de la liberté... Au moment où sous *l'égide des libertés républicaines* la France se dispose à vaincre ou à mourir... »

Curieux ce début qui, d'un trait de plume, supprime la Restauration et le règne de Louis-Philippe, pour relier 1870 à la veille du 18 brumaire ! Mais, c'est ainsi que les républicains escamotent l'histoire à leur profit.

On ne semble compter que sur Paris, tant l'idée et le fétichisme de la centralisation ont pénétré les cervelles des gouvernements issus de la Révolution. Paris, toujours Paris, rien que Paris !

La population de la capitale exerça les droits politiques en question par des émeutes incessantes qui paralysèrent toute tentative énergique et efficace contre l'étranger.

L'égide des libertés républicaines !... on sait trop bien à quoi s'en tenir sur ces libertés, la pire des tyrannies, l'exaltation et le triomphe de l'arbitraire le plus odieux et le plus impie.

Etienne Arago flanqué de Floquet, Brisson, Hérisson et Clamageran, trônaient à l'Hôtel-de-Ville, à *la mairie de Paris*, « d'où sont partis les grands signaux patriotiques en 1792, en 1830, en 1848. » — (Proclamation d'E. Arago.)

Suivent les principaux noms des vingt *maires provisoires* des vingt arrondissements de Paris, — Tenaille-Saligny, Tirard, Bonvalet, Greppo, Bocquet, Hérisson, Ribeaucourt, Carnot, Ranc, Clémenceau, etc.

Voilà pour le gouvernement de Paris, voyons maintenant en quoi consistaient les éléments de sa défense militaire. La garnison de la capitale se composait du 13e corps (Vinoy) et du 14e corps (Ducrot), ce dernier en voie de formation ; de 100,000 mobiles de province, qui furent organisés en régiments et devinrent d'assez bons soldats ; de 18 bataillons de la mobile de Paris, dont la plupart ne valurent jamais rien, le plus grand nombre de ces bataillons étaient indisciplinés, les hommes refusaient d'obéir, quelques uns se livraient à des actes de pillage et de dévastation ; de 2,000 canonniers marins ; de 8,000 fusiliers marins ; de 11,000 gendarmes de Paris, sergents de ville, pompiers, douaniers et gardes forestiers ; d'une division de cavalerie et de la gendarmerie à cheval; de 124 batteries avec 800 bouches à feu. Le total de l'armée était d'environ 200,000 hommes dont, au 19 septembre, plus des trois quarts n'étaient pas organisés. La défense disposait encore d'une flotte de 20 canonnières blindées.

« A ces forces on se plaît quelquefois à ajouter 360,000 gardes nationaux : si bien qu'en présence de ce total de 560,000 hommes vaincus par 200,000 Prussiens, le cri de trahison se fait entendre aussitôt. La garde nationale et les volontaires sont au nombre de ces choses chimériques auxquelles la naïveté publique, trompée par les déclamations des avocats et des journalistes, attribue une importance et une utilité qu'elles n'ont pas. C'est, dit-on, la nation armée et invincible, c'est le patriotisme indomptable, c'est la liberté victorieuse et, par dessus tout, ce sont des baïonnettes intelligentes. En réalité, la garde nationale est une foule inutile, quand elle n'est pas dangereuse. Le petit nombre est plein de bonne volonté, et le reste ne vaut rien ou peu de chose. Instrument révolutionnaire avant tout, la garde nationale est absolument impropre à faire la guerre... Le 4 septembre voulut armer toute la population... Tout le monde y entra : étrangers, 25,000 repris de justice, 40,000 sectaires, membres de sociétés secrètes, capables de tout, excepté d'aller au feu, vagabonds, drôles de toute sorte. Le plus grand nombre ne sut que boire et jouer au bouchon. L'organisation de la garde nationale, confiée aux mairies (1), fut faite de la manière la plus déplorable : non seulement on inscrivit, mais, ce qui était plus dangereux, on arma tout le monde sans examen, et les *gredins* eurent chacun plus d'un fusil. Les élections aux grades d'officiers produisirent dans beaucoup de bataillons les choix les plus indignes. La Co mune organisait dès lors ses bandes et y plaçait ses affidés...

« En réalité, au mois de décembre, il y eut 80 bataillons de marche (40,000 hommes) formés, organisés et en état de faire, sinon un vrai service de guerre, du moins quelque chose de sérieux. En tout, le général Trochu n'avait pas plus de 250,000 hommes (2). »

Pour les hommes du 4 septembre, parfaitement ignorants des premiers éléments de l'art militaire et de la défense des places, la quantité primait la qualité, le nombre la discipline.

1. Dont plusieurs étaient entre les mains du parti révolutionnaire ou de ses complices.
2. L. Dussieux, tome I, p. 177-180.

CHAPITRE VII

L'abus des programmes. — L'amour du mensonge. — Les partis politiques. — Retour de Victor Hugo de l'exil. — Jamais ! jamais ! — Appel de V. Hugo aux Allemands. — Définition de Paris. — Un mal-entendu sinistre. — Fraternité universelle — Les Tuileries, ambulance internationale. — Un simple renseignement. — Le cri du sépulcre. — Les peuples qui meurent et les rois qui tuent. — Le comble du *delirium tremens.* — Faut-il en rire ou en pleurer ? — Les clubs et les journaux radicaux. — Une ruse de Gambetta. — La fétiche de la place de la Concorde. — Funèbre parole de Trochu. — L'ennemi s'approche de plus en plus. — La délégation de Tours. — L'Internationale, à Montmartre. — Les Allemands devant Paris. — La France en proie aux optimistes. — Habile retraite de Vinoy sous Paris. — Mauvais début des opérations militaires. — Combats de Châtillon et de Clamart. — Panique terrible. — Nouvelles bravades. — Sensation douloureuse. — Jules Favre se rend au quartier général prussien. — Un gouvernement de publicité. — La paix et la liberté. — « Notre glorieux Bazaine. » — L'humanité et l'intérêt. — Promesses nuageuses. — Premières difficultés de la part de M. de Bismarck. — Un secret bien gardé. — A la recherche de M. de Bismarck. — Lettre de J. Favre au chancelier allemand. — Réponse du chancelier. — Explications. — Le gouvernement du 4 septembre jugé par M. de Bismarck. — La populace ! — Indignation de J. Favre. — Les conditions de M. de Bismarck. — Théories sentimentales de J. Favre. — La suite à demain.

Après avoir abreuvé Paris de proclamations, on daignait aussi quelque peu songer à la France ; Gambetta se chargea de ce soin, en sa qualité de ministre de l'Intérieur, tandis que J. Favre, dans un accès de faconde gasconne, faisait afficher sur tous les murs cette prud'hommesque déclaration : « Nous ne céderons ni un pouce de notre territoire ni une pierre de nos forteresses. » Cela se passe de commentaire.

« Ah ! certes, condamnée à la guerre, la France devait

combattre, jusqu'à la mort, mais elle devait combattre sans phrases. C'est la phrase qui a compromis cette nation, toujours prête à faire des programmes qu'elle est trop souvent forcée de ne point tenir. Le désespoir silencieux, la lutte sans fanfares valait mieux. Cela nous eût épargné les ironiques lendemains. Mais la France n'a-t-elle pas toujours trop aimé les démonstrations et les discours ?... Le jour où M. J. Favre fit cette déclaration solennelle, tout le monde applaudit. Il ne l'eut point faite qu'on l'eût trouvé passif et froid. Et c'est cependant cette parole, approuvée de tous, qui devait si lourdement, si cruellement peser sur sa mémoire ! — Les nations exigent qu'on les trompe et ne pardonnent pas aux trompeurs. (1) »

Tous les partis semblaient d'accord, pour le moment, sur cette unique pensée « sauver le pays », sauf à se le partager ou à se l'accaparer après ; les plus emportés, comme Flourens, et les moins sincères, ainsi que Blanqui, ne parlaient que d'union jusqu'au jour où le premier se laissa entraîner par la fièvre de l'action et l'autre essaya d'un coup de main pour se hisser au pouvoir et à la dictature. Les journaux sonnaient la charge, et *le Rappel,* fidèle à son titre tapageur, s'écriait : « Hier, la Prusse avait devant elle une armée ; aujourd'hui, elle a devant elle un peuple. » C'était le pendant de la rodomontade de J. Favre.

Le 5 septembre, V. Hugo, le dernier proscrit jusque-là resté à l'étranger faisait sa rentrée dans Paris avec cette mise en scène qui est dans ses habitudes et qui lui a toujours été si chère. Acclamé par la foule, il lui jeta ces quelques mots sans suite : « Serrons-nous tous autour de la République... Nous vaincrons... Que Paris puisse être violé, brisé, pris d'assaut, cela ne se peut pas. Cela ne sera pas. Jamais, jamais, jamais ! » Et la foule de répondre, comme un écho inconscient : « Jamais ! jamais ! »

Jamais pas plus qu'*impossible* n'est un mot français ; on ne l'oubliait que trop alors.

1. J. Claretie, tome I, p. 151, col. 1 et 2.

A peine de retour de l'exil, V. Hugo éprouvait le besoin d'adresser aux... Allemands un appel à cette fraternité des peuples dont on a tant abusé alors et même depuis ; quelques citations de ce morceau qui eût un succès du moment donnent bien la note des incroyables illusions dont on berçait Paris et la France, malgré les pronostics les plus menaçants.

AUX ALLEMANDS.

« Allemands, celui qui vous parle est un ami.

« Il y a trois ans, à l'époque de l'Exposition de 1867, du fond de l'exil, *je vous souhaitais la bienvenue dans votre ville?* Quelle ville ? Paris. Car, *Paris ne nous appartient pas à nous seuls. Paris est à vous autant qu'à nous.* Berlin, Vienne, Dresde, Munich, Stuttgard sont vos capitales. *Paris est votre centre.* C'est à Paris que l'on sent le battement du cœur de l'Europe...

« Paris n'est autre chose qu'une immense hospitalité. Aujourd'hui vous y revenez. Comment ? En frères, comme il y a trois ans ! Non, en ennemis. Pourquoi ? *Quel est ce malentendu sinistre ?*

« Deux nations ont fait l'Europe. Ces deux nations sont la France et l'Allemagne... Mais que se passe-t-il donc ? et qu'est-ce que cela veut dire ? Aujourd'hui cette Europe, que l'Allemagne a construite par son expansion, et la France par son rayonnement, l'Allemagne veut la défaire. Est-ce possible?... *L'Allemagne déferait l'Europe en détruisant Paris?* Réfléchissez......

« Nous sommes le même peuple, vous et nous... Le même rayon fraternel, trait d'union sublime, traverse le cœur allemand et l'âme française. Cela est si vrai que nous vous disons ceci : Si par malheur votre erreur fatale vous poussait aux suprêmes violences, si vous veniez nous attaquer dans cette ville auguste confiée en quelque sorte par l'Europe à la France, si vous donniez l'assaut à Paris, nous nous défendrons jusqu'à la dernière extrémité ; mais nous vous le déclarons, nous continuerons d'être vos frères ; et vos blessés, savez-vous où nous les mettrons ? dans le palais de la nation... les Tuileries. Là sera l'ambulance de nos braves soldats prisonniers. C'est là que nos femmes iront les soigner et les secourir...

« Vous venez prendre Paris de force ! Mais *nous vous l'avons toujours offert avec amour...* N'ayez pas d'illusions sur Paris. Paris vous aime ; mais, Paris vous combattra.... Jules Favre vous l'a dit éloquemment, et tous nous vous le répétons : attendez-vous à une résistance indignée.

« Vour prendrez la forteresse, vous trouverez l'enceinte ; vous prendrez l'enceinte, vous trouverez la barricade, et peut-être alors, qui sait ce que peut conseiller le patriotisme en détresse ? vous trouverez l'égout miné faisant sauter des rues entières...

« Allemands, Paris est redoutable... Toutes les transformations lui sont possibles ... Cette ville qui était hier Sybaris peut être demain Saragosse.

« *Est-ce que nous vous disons ceci pour vous intimider ?* Non, certes ! On ne vous intimide pas, Allemands... Savez-vous ce que serait pour vous cette victoire ? ce serait le déshonneur. Ah ! certes, personne ne peut songer à vous effrayer, Allemands, mais *on peut vous renseigner...* Et puis un dernier mot : Paris poussé à bout, Paris soutenu par toute la France soulevée peut vaincre et vaincrait ; et vous auriez tenté en pure perte cette voie de fait qui déjà indigne le monde... Non, on ne détruit pas Paris. Parvint-on, ce qui est mal aisé, à le démolir matériellement, on le grandirait moralement. *En ruinant Paris, vous le sanctifierez.* La dispersion des pierres fera la dispersion des idées... Ce sépulcre criera : « Liberté ! Égalité ! Fraternité ! » Paris est ville, mais Paris est âme. Brûlez nos édifices, ce ne sont que nos ossements. ..

« Maintenant, j'ai dit. Allemands, si vous persistez, soit, vous êtes avertis, faites, allez, attaquez les murailles de Paris. Sous vos bombes et vos mitrailles elle se défendra. Quant à moi, vieillard, j'y serai sans armes. Il me convient d'être avec

les peuples qui meurent, je vous plains d'être avec les rois qui tuent. »

« V. Hugo. »

« Paris, 9 septembre 1870.

Ce mélange de solennité et de niaiserie, cette absence de tout sens ferait croire à l'élucubration d'un cerveau atteint du *delirium tremens* au plus haut degré et prêterait à rire, si des larmes de pitié ne prenaient le dessus sur une hilarité malsaine, en présence de telles ruines au nom de telles principes.

A la suite de V. Hugo rentraient Quinet, Ledru-Rollin, Marc Dufraisse, conspirateurs fourbus; Louis Blanc fraternisait avec J. Favre, son ancien ennemi, c'était vraiment la lune de miel de la République ou plutôt — comme eût dit le grand Corneille, — la bonace avant la tempête. Pour compléter ce tableau enchanteur, la république des États-Unis saluait les petits-fils de Lafayette. Depuis, les lettres de M. Bancroft à M. de Bismarck et la circulaire du président Grant à ses agents diplomatiques ont prouvé que l'Amérique n'avait de sympathie que pour le succès. Ce fut une désillusion de plus pour la France.

Comme il est difficile, pour ne pas dire impossible de satisfaire tout le monde, les clubs et les journaux radicaux trouvant que le gouvernement manquait d'initiative le poussaient dans une voie de scandale où il ne sût pas s'arrêter une fois qu'il y fût entré. Pour tourner la difficulté, Gambetta, ministre de l'intérieur, nomma une commission chargée de réunir, classer et préparer la publication des papiers et de la correspondance de la famille impériale. C'était peut-être adroit mais c'était peu délicat, il faut en convenir.

Cependant la province avait envoyé ses fils à Paris. Au lieu de les équiper et de les armer, on les laissait vaguer au hasard ou bien on les embrigadait dans les manifestations patriotiques dont la statue de Strasbourg, sur la place de la Concorde, était l'objet et dont on avait fait une sorte de fétiche.

Le 6 septembre, le général Trochu, passant la revue des mobiles et de la garde nationale, leur disait à haute voix : « Préparez-vous à souffrir avec constance. A cette condition, vous vaincrez. » Paris souffrit, mais ne fut pas vainqueur.

Pendant ce temps-là et ces préparatifs peu belliqueux, les Prussiens avançaient sans rencontrer d'obstacles ; le 11 septembre ils étaient à Château-Thierry. L'invasion grossissait de plus en plus ses flots pressés et menaçants. Enfin, le 15 septembre, à trois heures 20 minutes de l'après-midi, le gouverneur de Paris recevait cette dépêche datée de Vincennes : « Les uhlans sont entre Créteil et Neuilly-sur-Marne. » Paris était bien averti qu'il allait, à la première heure, voir l'ennemi sous ses murs.

En ce moment le Gouvernement aurait dû grouper toutes ses forces; au contraire, il se scinda, envoyant à Tours une délégation composée de deux de ses membres les moins actifs, MM. Crémieux et Glais-Bizoin escortés de M. Clément Laurier, représentant le ministre de l'Intérieur.

« Paris les vit partir sans confiance, la province les vit arriver sans ardeur. A Paris le peuple commençait déjà à ne vouloir compter que sur lui-même. Ses conseillers attisaient ses défiances. Il croyait qu'on cachait des chassepots, qu'on hésitait à l'armer. Il était résolu à combattre... »

Il y a du vrai dans cette assertion de M. J. Claretie (1); mais, quant à la résolution de combattre l'ennemi, tout porte à croire et nous fera voir bientôt que le peuple avait un autre but moins noble et moins avouable. En effet, dès le 4 septembre, l'Internationale s'était réveillée de son sommeil apparent ; elle convoquait tous les citoyens à la section de Montmartre d'où quelques mois plus tard devait descendre la Commune ; sans doute, l'Internationale appelait tous les peuples à la guerre pour défendre, dans la France, la république universelle, mais une fraction de ses chefs, s'adressant aux travailleurs allemands, demandait la paix, le désarme-

---

1. J. Claretie, tome I, p. 256, col. 1.

ment universel, la fraternité des peuples. L'Allemagne allait répondre par la voix de ses canons.

Le 19 septembre, les Allemands arrivaient par trois côtés à la fois devant Paris qui se trouvait, dès le soir même, supprimé du reste de l'univers par l'envahissement le plus complet.

Avant de poursuivre ce récit, il faut faire un aveu essentiel, humiliant sans doute pour l'orgueil national mais cependant indispensable, c'est que, depuis le début de la guerre, la France fut en proie aux optimistes ; ce terme n'a rien de trop fort. Ce sentiment fut même poussé à un tel degré d'exagération qu'au lendemain de Sedan on rassurait les habitants de Paris, en leur disant, en leur affirmant que Paris ne pouvait être investi. Et pour défendre la grande, l'immense ville, la garde nationale n'était pas encore organisée, les mobiles à peine habitués à marcher au pas. Le gouvernement de la Défense nationale avait eu pourtant une heure de joie en apprenant que le général Vinoy avait réussi à se rabattre sur Paris, ramenant non-seulement son corps d'armée de 10,000 hommes, mais plus du double de fuyards échappés de Sedan. Cette retraite de Vinoy fut une des rares manœuvres de la campagne qui méritent les éloges des tacticiens. Vinoy arriva sous Paris, ramenant ses canons. Ses troupes allaient former le noyau de l'armée parisienne. Il y avait beaucoup de ces artilleurs qui furent, durant toute la campagne, avant et après Sedan, à Paris comme en province, dignes de tout éloge. A ces forces inespérés la défense de Paris pouvait ajouter les héroïques canonniers et fusilliers marins.

Mais, le siége de Paris commença mal. Un premier échec donna brusquement à l'ennemi de grands avantages matériels, sans compter la nouvelle force morale que lui communiquait une victoire remportée sous Paris. La journée de Châtillon fut déplorable pour la suite du siége.

Le 17 septembre, la division d'Exéa, du corps de Vinoy, avait eu avec l'ennemi un engagement où l'avantage nous était resté, et on avait pu reconnnaître que les troupes allemandes engagées fournissaient l'arrière-garde d'un corps qui se dirigeait de Choisy-le-Roi sur Versailles, contournant les positions de Châtillon et de Clamart. Le 18, le général Ducrot occupait, avec quatre divisions d'infanterie, la ligne des hauteurs de Villejuif à celles de Meudon. Il s'agissait d'empêcher les Prussiens de continuer leur marche sur Versailles. Le 19, vers la pointe du jour, le général d'Exéa quitte ses positions, et nos troupes, massées en avant des fort de Montrouge, se déploient bientôt pour soutenir le combat engagé entre les francs-tireurs et les Prussiens.

Tous les bois des environs de Sceaux étaient encore intacts. L'artillerie française les fouillait, mais sans qu'on lui répondit : où était donc l'ennemi? Tout à coup, vers 7 heures et demie, les canons prussiens se mettent à répondre aux nôtres, pendant que des fusillades terribles labourent les rangs de nos soldats. La panique se mit chez les Français, et dans ce mouvement désordonné fût entraînée la plus grande partie de l'armée. En vain, la cavalerie et l'artillerie firent des efforts héroïques pour protéger la retraite, les fuyards ne suspendirent pas leur course affolée et rentrèrent en désordre dans Paris.

Le résultat de cette journée fut pour l'ennemi, l'occupation de l'admirable situation que nous lui abandonnions et qui lui assurait dès lors la libre circulation du côté de Versailles. Le lendemain, 20 septembre, Versailles était aux Allemands. Ce jour là même, le gouvernement répétait encore une fois que toute sa politique se formulait en ces termes : « Ni un pouce de notre territoire, ni une pierre de nos forteresses. » Le moment était bien choisi de réitérer une pareille déclaration, à l'heure même où l'on apprenait que M. J. Favre s'était rendu au quartier général prussien pour poser — assurait le gouvernement, — les bases possibles d'une transaction avec la Prusse.

- Quelle ne fut pas la sensation générale lorsque, le surlendemain, (22) on lut dans le *Journal officiel* cette note qui donnait tant à réfléchir : « Avant que le siége de Paris commençât, le ministre des affaires étrangères a voulu connaître les intentions de la Prusse jusque-là silencieuse... Sans haine contre l'Allemagne, ayant toujours condamné la guerre que l'empereur lui a faite dans un intérêt purement dynastique, nous avons dit : « Arrêtons cette lutte barbare qui décime « les peuples au profit de quelques ambitieux. Nous acceptons « des conditions équitables. Nous ne cédons ni un pouce de « notre territoire ni une pierre de nos forteresses. » La Prusse répond à ces ouvertures en demandant à garder l'Alsace et la Lorraine par droit de conquête.

« Elle ne consentirait même pas à consulter les populations ; elle veut en disposer comme d'un troupeau.

« Et quand elle est en présence de la convocation d'une assemblée qui constituera un pouvoir définitif et votera la paix ou la guerre, la Prusse demande comme condition préalable d'un armistice l'occupation des places assiégées, le fort du Mont-Valérien et la garnison de Strasbourg prisonnière.

« Que l'Europe soit juge ! Pour nous, l'ennemi s'est dévoilé. Il nous place entre le devoir et le déshonneur ; notre choix est fait. Paris résistera jusqu'à la dernière extrémité. Les départements viendront à son secours, et, Dieu aidant, la France sera sauvée.... »

Voici dans son intégrité le texte de la relation détaillée du voyage de M. J. Favre au quartier général prussien ; c'est un document de la plus haute importance et du plus vif comme du plus douloureux intérêt, surtout à l'heure qu'il est, à plus de treize ans de distance des événements accomplis.

« Mes chers collègues, — dit M. J. Favre aux membres du gouvernement de la Défense nationale, — l'union étroite de tous les citoyens, et particulièrement celle des membres du gouvernement, est plus que jamais une nécessité de salut public. Chacun de nos actes doit la cimenter. Celui que je viens d'accomplir, de mon chef, m'était inspiré par ce sentiment ; il aura ce résultat. J'ai eu l'honneur de vous l'expliquer en détail. Cela ne suffit point. *Nous sommes un gouvernement de publicité.* Si, à l'heure de l'exécution, le secret est indispensable, le fait, une fois consommé, doit être [entouré de la plus grande lumière. Nous ne sommes quelque chose que par l'opinion de nos concitoyens ; il faut qu'elle nous juge à chaque heure et, pour nous juger, elle a le droit de tout connaître.

« J'ai cru qu'il était de mon devoir d'aller au quartier général des armées ennemies ; j'y suis allé. Je vous ai rendu compte de la mission que je m'étais imposée à moi-même ; je viens dire à mon pays les raisons qui m'y ont déterminé, le but que je me proposais, celui que je crois avoir atteint.

« Je n'ai pas besoin de rappeler la politique inaugurée par nous et que le ministre des affaires étrangères était plus particulièrement chargé de formuler. *Nous sommes*, avant tout, *des hommes de paix et de liberté*. Jusqu'au dernier moment nous nous sommes opposés à la guerre que le gouvernement impérial entreprenait dans un intérêt exclusivement dynastique, et quand ce gouvernement est tombé, nous avons déclaré persévérer plus énergiquement que jamais dans la politique de la paix.

« Cette déclaration, nous la faisions quant, par la criminelle folie d'un homme et de ses conseillers, nos armées étaient détruites ; *notre glorieux Bazaine* et ses vaillants soldats bloqués devant Metz ; Strasbourg, Toul, Phalsbourg, écrasés par les bombes ; l'ennemi victorieux en marche sur notre capitale. Jamais situation ne fut plus cruelle ; elle n'inspira cependant au pays aucune pensée de défaillance, et nous crûmes être son interprète fidèle en posant nettement cette condition : *pas un pouce de notre territoire, pas une pierre de nos forteresses*.

« Si, donc, à ce moment où venait de s'accomplir un fait aussi considérable que celui du renversement du promoteur de la guerre, la Prusse avait voulu traiter sur les bases d'une indemnité à déterminer, la paix était faite ; elle eût été accueillie comme un immense bienfait ; elle fut devenue un gage certain de réconciliation entre deux nations qu'une politique odieuse seule a fatalement divisées.

« Nous espérions que l'humanité et l'intérêt bien entendu remporteraient cette victoire, belle entre toutes, car elle aurait ouvert une ère nouvelle, et les hommes d'État qui y auraient attaché leur nom auraient eu pour guides la philosophie, la raison, la justice ; comme récompense, les bénédictions et la prospérité des peuples.

« C'est avec ces idées que j'ai entrepris la tâche périlleuse que vous m'aviez confiée. Je devais tout d'abord me rendre compte des dispositions des cabinets européens et chercher à me concilier leur appui. Le gouvernement impérial l'avait complètement négligé, ou y avait échoué. Il s'est engagé dans la guerre sans une alliance, sans une négociation sérieuse ; tout autour de lui, était hostilité ou indifférence. Il recueillait ainsi le fruit amer d'une politique blessante pour chaque État voisin, par ses menaces ou ses prétentions.

« A peine étions-nous à l'Hôtel-de-Ville qu'un diplomate, dont il n'est point encore opportun de révéler le nom, nous demandait à entrer en relations avec nous. Dès le lendemain, notre ministre recevait les représentants de toutes les puissances. La république des Etats-Unis, la république Helvétique, l'Italie, l'Espagne, le Portugal reconnaissaient officiellement la République française. Les autres gouvernements autorisaient leurs agents à entretenir avec nous des rapports officieux qui nous permettaient d'entrer de suite en pourparlers utiles.

« Je donnerais à cet exposé, déjà trop étendu, un développement qu'il ne comporte pas, si je racontais avec détail la courte mais instructive histoire des négociations qui ont suivi. Je crois pouvoir affirmer qu'elle ne sera pas tout à fait sans valeur pour notre crédit moral.

« Je me borne à dire que nous avons trouvé partout d'honorables sympathies. Mon but était de les grouper et de déterminer les puissances signataires de la ligue des neutres à intervenir directement près de la Prusse en prenant pour base les conditions que j'avais posées. Quatre de ces puissances me l'ont offert ; je leur en ai, au nom de mon pays, témoigné ma gratitude ; mais je voulais le concours des deux autres. L'une m'a promis une action individuelle dont elle s'est réservé la liberté ; l'autre m'a proposé d'être mon intermédiaire vis-à-vis de la Prusse. Elle a même fait un pas de plus : sur les instances de l'envoyé extraordinaire de la France, elle a bien voulu recommander directement mes démarches. J'ai demandé beaucoup plus ; mais je n'ai refusé aucun concours, estimant que l'intérêt qu'on nous montrait était une force à ne pas négliger.

« Cependant, le temps marchait ; chaque heure rapprochait l'ennemi. En proie à de poignantes émotions, je m'étais promis à moi-même de ne pas laisser commencer le siége de Paris sans essayer une démarche suprême, fussè-je seul à la faire. L'intérêt n'a pas besoin d'en être démontré. La Prusse gardait le silence et nul ne consentait à l'interroger. Cette situation était intenable : elle permettait à notre ennemi de faire peser sur nous la responsabilité de la continuation de la lutte ; elle nous condamnait à nous taire sur ses intentions. Il fallait en sortir. Malgré ma répugnance, je me déterminai à user des bons offices qui m'étaient offerts et, le 10 septembre, un télégramme parvenait à M. de Bismarck, lui demandant s'il voulait entrer en conversation sur des conditions de transaction. Une première réponse était une fin de non recevoir tirée de l'irrégularité de notre gouvernement. Toutefois, le chancelier de la Confédération du Nord n'insista pas et me fit demander quelles garanties nous présentions pour l'exécution d'un traité. Cette seconde difficulté levée par moi, il fallait aller plus loin. On me proposa d'envoyer un courrier, ce que j'acceptai. En même temps on télégraphiait directement à M. de Bismarck, et le premier ministre de la puissance qui nous servait d'intermédiaire disait à notre envoyé extraordinaire que la France seule pouvait agir ; il ajoutait qu'il serait à désirer que je ne reculasse pas devant une démarche au quartier général. Notre envoyé, qui connaissait le fond de mon cœur, répondit que j'étais prêt à tous les sacrifices pour faire mon devoir ; qu'il y en avait peu d'aussi pénibles que d'aller au travers des lignes ennemies chercher notre vainqueur, mais qu'il supposait que je m'y résignerais. Deux jours après, le courrier revenait. Après mille obstacles, il avait vu le chancelier qui lui avait dit être disposé volontiers à causer avec moi.

« J'aurais voulu une réponse directe au télégramme de notre intermédiaire, elle se faisait attendre. L'investissement de Paris s'achevait. Il n'y avait plus à hésiter, je me résolus à partir.

« Seulement il m'importait que, pendant qu'elle s'accomplissait, cette démarche fût ignorée ; je recommandai le secret, et j'ai été douloureusement surpris, en rentrant hier soir, d'apprendre qu'il n'a pas été gardé. Une indiscrétion coupable a été commise. Un journal, *l'Électeur libre*, déjà désavoué par le gouvernement, en a profité ; une enquête est ouverte, et j'espère pouvoir réprimer ce double abus.

« J'avais poussé si loin le scrupule de la discrétion, que je l'ai observée même vis-à-vis de vous, mes chers collègues. Je ne m'y suis pas résolu sans un vif déplaisir. Mais je connaissais votre affection et votre patriotisme, j'étais sûr d'être absous. Je croyais obéir à une nécessité impérieuse. Une première fois, je vous avais entretenus des agitations de ma conscience, et je vous avais dit qu'elle ne serait en repos que lorsque j'aurais fait tout ce qui était humainement possible pour arrêter honorablement cette abominable guerre. Me rappelant la conversation provoquée par cette ouverture, je redoutais des objections et j'étais décidé ; d'ailleurs, je voulais, en abordant M. de Bismarck, être libre de tout engagement, afin d'avoir le droit de n'en prendre aucun. Je vous fais ces aveux sincères, je les fais au pays pour écarter de vous une responsabilité que j'assume seul. Si ma démarche est une faute, seul j'en dois porter la peine.

« J'avais cependant averti M. le ministre de la guerre, qui avait bien voulu me donner un officier pour me conduire aux avant-postes. Nous ignorions la situation du quartier général.

On le supposait à Gros-Bois. Nous nous acheminâmes vers l'ennemi par la porte de Charenton.

« Je supprime tous les détails de ce douloureux voyage, pleins d'intérêt cependant, mais qui ne seraient point ici à leur place. Conduit à Villeneuve Saint-Georges, où se trouvait le général en chef commandant le 6ᵉ corps, j'appris, assez tard dans l'après-midi, que le quartier général était à Meaux. Le général, des procédés duquel je n'ai qu'à me louer, me proposa d'y envoyer un officier porteur de la lettre suivante que j'avais préparée pour M. de Bismarck :

« Monsieur le Comte,

« J'ai toujours cru qu'avant d'engager sérieusement les
« hostilités sous les murs de Paris il était impossible qu'une
« transaction honorable ne fût pas essayée. La personne qui a
« eu l'honneur de voir Votre Excellence, il y a deux jours,
« m'a dit avoir recueilli de sa bouche l'expression d'un désir
« analogue. Je suis venu aux avant-postes me mettre à la
« disposition de Votre Excellence. J'attends qu'elle veuille
« bien me faire savoir comment et où je pourrai avoir l'hon-
« neur de conférer quelques instants avec elle.
« J'ai l'honneur d'être, avec une haute considération, de
« Votre Excellence le très humble et très obéissant serviteur.

J. Favre. »

« 18 septembre.

« Nous étions séparés par une distance de 48 kilomètres. Le lendemain matin, à 6 heures, je recevais la réponse que je transcris :

« Meaux, 18 septembre 1870.

« Je viens de recevoir la lettre que Votre Excellence a eu
« l'obligeance de m'écrire, et ce me sera extrêmement
« agréable, si vous voulez bien me faire l'honneur de venir
« me voir, demain, ici à Meaux.

« Le porteur de la présente, le prince Biron, veillera à ce
« que Votre Excellence soit guidée à travers nos lignes.

« J'ai l'honneur d'être, avec la plus haute considération,
« de Votre Excellence le très obéissant serviteur.

de Bismarck. »

« A neuf heures, l'escorte était prête, et je partais avec elle. Arrivé près de Meaux vers trois heures de l'après-midi, j'étais arrêté par un aide-de-camp venant m'annoncer que le comte avait quitté Meaux avec le roi pour aller coucher à Ferrières. Nous nous étions croisés ; en revenant l'un et l'autre sur nos pas, nous devions nous rencontrer.

« Je rebroussai chemin et descendis dans la cour d'une ferme entièrement saccagée comme presque toutes les maisons que j'ai vues sur ma route. Au bout d'une heure, M. de Bismarck m'y rejoignait. Il nous était difficile de causer dans un tel lieu. Une habitation, le château de la Haute-Maison, appartenant à M. le comte de Rillac, était à notre proximité ; nous nous y rendîmes, et la conversation s'engagea dans un salon où gisaient en désordre des débris de toute nature.

« Cette conversation, je voudrais vous la rapporter tout entière, telle que le lendemain je l'ai dictée à un secrétaire. Chaque détail y a son importance. Je ne puis ici que l'analyser.

« J'ai tout d'abord précisé le but de ma démarche. Ayant fait connaître par ma circulaire les intentions du gouvernement français, je voulais savoir celle du premier ministre prussien. Il me semblait inadmissible que deux nations continuassent, sans s'expliquer préalablement, une guerre terrible qui, malgré ses avantages, infligeait aux vainqueurs des souffrances profondes. Née du pouvoir d'un seul, cette guerre n'avait plus de raison d'être quand la France redevenait maîtresse d'elle-même ; je me portais garant de son amour pour la paix, en même temps de sa résolution inébranlable de n'accepter aucune condition qui ferait de cette paix une courte et menaçante trêve.

« M. de Bismarck m'a répondu que, s'il avait la conviction qu'une pareille paix fût possible, il la signerait de suite. Il a reconnu que l'opposition avait toujours condamné la guerre. Mais *le pouvoir que représente aujourd'hui cette opposition est plus que précaire.* Si dans quelques jours Paris n'est pas pris, *il sera renversé par la populace*....

« *Je l'ai interrompu* vivement *pour lui dire que nous n'avions pas de populace à Paris,* mais une population intelligente, dévouée, qui connaissait nos intentions et qui ne se ferait pas complice de l'ennemi en entravant notre mission de défense. Quant à notre pouvoir, nous étions prêts à le déposer entre les mains de l'Assemblée déjà convoquée par nous.

« Cette Assemblée — a repris le comte, — aura des desseins que rien ne peut nous faire pressentir. Mais, si elle obéit au sentiment français, elle voudra la guerre. Vous n'oublierez pas plus la capitulation de Sedan que Waterloo, que Sadowa qui ne vous regardait pas. » Puis il a insisté longuement sur la volonté bien arrêtée de la nation française d'attaquer l'Allemagne et de lui enlever une partie de son territoire. Depuis Louis XIV jusqu'à Napoléon III, ses tendances n'ont pas changé, et quand la guerre a été annoncée, le corps législatif a couvert les paroles du ministre d'acclamations.

« Je lui ai fait observer que la majorité du Corps législatif avait, quelques semaines avant, acclamé la paix ; que cette majorité, choisie par le prince, s'était malheureusement crue obligée de lui céder aveuglément, mais que, consultée deux fois, aux élections de 1869 et au vote du plébiscite, la nation avait énergiquement adhéré à une politique de paix et de liberté.

« La conversation s'est prolongée sur ce sujet, le comte maintenant son opinion, alors que je défendais la mienne; et comme je le pressais vivement sur ses conditions, il m'a

répondu nettement que la sécurité de son pays lui commandait de garder le territoire qui la garantissait. Il m'a répété plusieurs fois : « Strasbourg est la clef de la maison, je dois
« l'avoir. » Je l'ai invité à être plus explicite encore. « C'est
« inutile, — objectait-il, — puisque nous ne pouvons nous
« entendre ; c'est une affaire à régler plus tard. » Je l'ai prié de le faire de suite ; il m'a dit alors que les deux départements du Bas et du Haut-Rhin, une partie de celui de la Moselle avec Metz, Château-Salins et Soissons lui étaient indispensables et qu'il ne pouvait y renoncer.

« Je lui ai fait observer que l'assentiment des peuples dont il disposait ainsi était plus que douteux et que le droit public européen ne lui permettait pas de s'en passer. « Si
« fait, — m'a-t-il répondu. Je sais fort bien qu'ils ne veulent
« pas de nous. Ils nous imposeront une rude corvée, mais
« nous ne pouvons pas ne pas les prendre. *Je suis sûr que,*
« *dans un temps prochain, nous aurons une nouvelle guerre*
« *avec vous. Nous voulons la faire avec tous nos avantages.* »

« Je me suis récrié, comme je le devais, contre de telles solutions. J'ai dit qu'on me paraissait oublier deux éléments importants de discussion : l'Europe, d'abord, qui pourrait bien trouver ces prétentions exorbitantes et y mettre obstacle ; le droit nouveau ensuite, le progrès des mœurs, entièrement antipathiques à de telles exigences. J'ai ajouté que, quant à nous, nous ne les accepterions jamais. Nous pouvons périr comme nation, mais non nous déshonorer ; d'ailleurs, le pays seul était compétent pour se prononcer sur une cession territoriale. Nous ne doutons pas de son sentiment, mais nous voulons le consulter. C'est donc vis-à-vis de lui que se trouve la Prusse. Et, pour être net, il est clair qu'entraînée par l'enivrement de la victoire, elle veut la destruction de la France.

« Le comte a protesté, se retranchant toujours derrière des nécessités absolues de garantie nationale. J'ai poursuivi : « Si
« ce n'est pas de votre part un abus de la force, cachant de
« secrets desseins, laissez-nous réunir l'assemblée ; nous lui

« remettrons nos pouvoirs, elle nommera un gouvernement
« définitif qui appréciera vos conditions. »

« Pour l'exécution de ce plan, — m'a répondu le comte —
« il faudrait un armistice, et je n'en veux à aucun prix. »

« La conversation prenait une tournure de plus en plus pénible. Le soir venait. Je demandai à M. de Bismarck un second entretien à Ferrières où il allait coucher, et nous partîmes chacun de notre côté.

CHAPITRE VIII

Suite de l'entrevue de J. Favre avec M. de Bismarck. — Dures conditions de l'armistice. — Demande du mont Valérien. — Projet de réunir l'Assemblée à Tours. — M. de Bismarck réclame Strasbourg. — Indignation de J. Favre. — Ses larmes. — Conclusion de son récit — Dépêche à M. de Bismarck. — Griefs énumérés contre le roi Guillaume. — Les deux antipodes. — Ce qu'il faut penser de la démarche de J. Favre auprès du M. de Bismarck. — « La force prime le droit. » — Résultat nul de l'entrevue de Ferrières. — Nouvelle bravade de J. Favre. — Le combat des Hautes-Bruyères. — Le mensonge continue à régner dans Paris. — La Commune apparaît à l'horizon. — Illusions et fureur des Parisiens. — Toujours la statue de Strasbourg. — La famine — Détails navrants. — Un rêve de Félix Pyat. — L'instruction civique. — « Paris fera pleurer Berlin. » — L'odieux et le ridicule. — Le gouvernement débordé par les idées révolutionnaires. — Programme du Comité central républicain. — Habiletés de Gambetta. — Plus de préfecture de police. — Les exigences de G. Flourens. — Un nouveau cliché de Gambetta. — Son ascension en ballon. — Sa proclamation de Tours. — Mensonges sur mensonges. — « Le génie du combat des rues. » — Tableau fantaisiste de la situation de Paris. — Avant tout, fonder la République. — Toujours la guerre à outrance. — Le provisoire devenu le définitif.

« Voulant remplir ma mission jusqu'au bout, je devais revenir sur plusieurs des questions que nous avions traitées et conclure. Aussi, en abordant le comte vers neuf heures et demie du soir, je lui fis observer que les renseignements que j'étais venu chercher près de lui étaient destinés à être communiqués à mon gouvernement et au public ; je résumerais, en terminant, notre conversation pour n'en publier que ce qui serait bien arrêté entre nous. « Ne prenez pas cette « peine, — me répondit-il, — je vous la livre tout entière, « je ne vois aucun inconvénient à sa divulgation. » Nous reprîmes alors la discussion, qui se prolongea jusqu'à minuit. J'insistai particulièrement sur la nécessité de convoquer une assemblée. Le comte parut se laisser peu à peu convaincre et revint à l'armistice. Je demandai quinze jours. Nous discutâmes les conditions. Il ne s'en expliqua que d'une manière très incomplète, se réservant de consulter le roi. En conséquence, il m'ajourna au lendemain onze heures.

« Je n'ai plus qu'un mot à dire ; car en reproduisant ce douloureux récit, mon cœur est agité de toutes les émotions qui l'ont torturé pendant ces trois mortelles journées, et j'ai hâte de finir. J'étais au château de Ferrières à onze heures. Le comte sortit de chez le roi à midi moins le quart, et j'entendis de lui les conditions qu'il mettait à l'armistice; elles étaient consignées dans un texte écrit en langue allemande et dont il m'a donné communication verbale.

« Il demandait pour gage l'occupation de Strasbourg, de Toul et de Phalsbourg et, comme sur sa demande j'avais dit que l'Assemblée devait être réunie à Paris, il voulait, dans ce cas, avoir un fort dominant la ville... celui du mont Valérien, par exemple....

« Je l'ai interrompu pour lui dire : « Il est bien plus
« simple de nous demander Paris. Comment voulez-vous
« admettre qu'une assemblée française délibère sous votre
« canon ? J'ai eu l'honneur de vous dire que je transmettrais
« fidèlement notre entretien au gouvernement ; je ne sais
« vraiment si j'oserais lui dire que vous m'avez fait une telle
« proposition. »

« Cherchons une autre combinaison, m'a-t-il répondu. Je lui ai parlé de la réunion de l'Assemblée à Tours, en ne prenant aucun gage du côté de Paris.

« Il m'a proposé d'en parler au roi, et revenant sur l'occupation de Strasbourg, il a ajouté : « La ville va tomber entre
« nos mains, ce n'est plus qu'une affaire de calcul d'ingé-
« nieurs. Aussi je vous demande que la garnison se rende
« prisonnière de guerre. »

« A ces mots j'ai bondi de douleur, et, me levant, je me

suis écrié : « Vous oubliez que vous parlez à un Français, « monsieur le comte : sacrifier une garnison héroïque qui fait « notre admiration et celle du monde serait une lâcheté, et « je ne vous promets pas de dire que vous m'avez posé une « telle condition. »

« Le comte m'a répondu qu'il n'avait pas l'intention de me blesser, qu'il se conformait aux lois de la guerre ; qu'au surplus, si le roi y consentait, cet article pourrait être modifié.

« Il est rentré au bout d'un quart d'heure. Le roi acceptait la combinaison de Tours, mais insistait pour que la garnison de Strasbourg fût prisonnière.

« J'étais à bout de forces et craignis un instant de défaillir. Je me retournais pour dévorer les larmes qui m'étouffaient, et, m'excusant de cette faiblesse involontaire, je prenais congé par ces simples paroles :

« Je me suis trompé, monsieur le comte, en venant ici ; je
« ne m'en repens pas, j'ai assez souffert pour m'excuser à mes
« propres yeux ; d'ailleurs, je n'ai cédé qu'au sentiment de
« mon devoir. Je reporterai à mon gouvernement tout ce que
« vous m'avez dit, et s'il juge à propos de me renvoyer près
« de vous, quelque cruelle que soit cette démarche, j'aurai
« l'honneur de revenir. Je vous suis reconnaissant de la bien-
« veillance que vous m'avez témoignée, mais je crains qu'il
« n'y ait plus qu'à laisser les événements s'accomplir. La
« population de Paris est courageuse et résolue aux derniers
« sacrifices ; son héroïsme peut changer le cours des événe-
« ments. Si vous avez l'honneur de la vaincre, vous ne la
« soumettrez pas. La nation tout entière est dans les mêmes
« sentiments. Tant que nous trouverons en elle un élément
« de résistance, nous vous combattrons. C'est une lutte indé-
« finie entre deux peuples qui devaient se tendre la main.
« J'avais espéré une autre solution. Je pars bien malheureux
« et cependant plein d'espoir. »

« Je n'ajoute rien à ce récit, trop éloquent par lui-même. Il me permet de conclure et de vous dire qu'elle est, à mon sens, la portée de ces entrevues. Je cherchais la paix, j'ai rencontré une volonté inflexible de conquête et de guerre. Je demandais la possibilité d'interroger la France représentée par une assemblée librement élue, on m'a répondu en me montrant les fourches caudines sous lesquelles elle doit préalablement passer. Je ne récrimine point. Je me borne à constater les faits, à les signaler à mon pays et à l'Europe. J'ai voulu ardemment la paix, je ne m'en cache pas, et en voyant pendant trois jours la misère de nos campagnes infortunées, je sentais grandir en moi cet amour avec une telle violence que j'étais forcé d'appeler tout mon courage à mon aide pour ne pas faillir à ma tâche. J'ai désiré non moins vivement un armistice, je l'avoue encore ; je l'ai désiré, pour que la nation pût être consultée sur la redoutable question que la fatalité pose devant nous.

« Vous connaissez maintenant les conditions préalables qu'on prétend nous faire subir. Comme moi et sans discussion, vous avez été unanimement d'avis qu'il fallait en repousser l'humiliation. J'ai la conviction profonde que, malgré les souffrances qu'elle endure et celles qu'elle prévoit, la France indignée partage notre résolution, et c'est de son cœur que j'ai cru m'inspirer en écrivant à M. de Bismarck la dépêche suivante qui clôt cette négociation :

« Monsieur le Comte,

« J'ai exposé fidèlement à mes collègues du gouvernement
« de la Défense nationale la déclaration que Votre Excellence
« a bien voulu me faire. J'ai le regret de faire connaître à
« Votre Excellence que le gouvernement n'a pu admettre
« vos propositions. Il accepterait un armistice ayant pour
« objet l'élection et la réunion d'une Assemblée nationale.
« Mais il ne peut souscrire aux conditions auxquelles Votre
« Excellence le subordonne. Quant à moi, j'ai la conscience
« d'avoir tout fait pour que l'effusion du sang cessât et que
« la paix fut rendue à nos deux nations pour lesquelles elle
« serait un grand bienfait. Je ne m'arrête qu'en face d'un dé-

« voir impérieux, m'ordonnant de ne pas sacrifier l'honneur
« de mon pays déterminé à résister énergiquement. Je
« m'associe sans réserve à son vœu ainsi qu'à celui de mes
« collègues. Dieu, qui nous juge, décidera de nos destinées.
« J'ai foi dans sa justice.

« J'ai l'honneur d'être, monsieur le Comte, de Votre Excellence le très humble et très obéissant serviteur.

J. Favre.

« 21 septembre. »

« J'ai fini, mes chers collègues, et vous penserez comme moi que, si j'ai échoué, ma mission n'aura pas été cependant tout à fait inutile. Elle a prouvé que nous n'avons pas dévié. Comme les premiers jours, nous maudissons une guerre par nous condamnée à l'avance ; comme les premiers jours aussi, nous l'acceptons plutôt que de nous déshonorer. Nous avons fait plus : nous avons tué l'équivoque dans laquelle la Prusse s'enfermait et que l'Europe ne nous aidait pas à dissiper.

« En entrant sur notre sol, elle a donné au monde sa parole qu'elle attaquait Napoléon et ses soldats, mais qu'elle respectait la nation. Nous savons aujourd'hui ce qu'il faut en penser. La Prusse exige trois de nos départements, deux villes fortes, l'une de cent, l'autre de 75,000 âmes et huit à dix autres également fortifiées. Elle sait que les populations qu'elle veut nous ravir la repoussent, elle s'en saisit néanmoins, opposant le tranchant de son sabre aux protestations de leur liberté civique et de leur dignité morale.

« A la nation qui demande la faculté de se consulter elle-même, elle propose la garantie de ses obusiers établis au mont Valérien et protégeant la salle des séances où nos députés voteront. Voilà ce que nous savons et ce qu'on m'a autorisé à vous dire. Que le pays nous entende et qu'il se lève, ou pour nous désavouer quand nous conseillons de résister à outrance, ou pour subir avec nous cette dernière et décisive épreuve. Paris y est résolu.

« Les départements s'organisent et vont venir à son secours. Le dernier mot n'est pas dit dans cette lutte où maintenant la force se rue contre le droit. Il dépend de notre constance qu'il appartienne à la justice et à la liberté.....

J. FAVRE.

« Paris, 21 septembre 1870. »

Tout commentaire serait superflu à propos de ce document, il est assez explicite par lui-même et surtout d'une navrante éloquence.

Et quels hommes profondément dissemblables les circonstances mettaient ainsi vis-à-vis l'un de l'autre? M. de Bismarck et Jules Favre!... Encore si c'eût été Gambetta ; mais, le fougueux tribun ne croyait pas son heure venue et, de plus il est à croire que la perspective d'une entrevue avec le rude chancelier de Prusse l'eût singulièrement décontenancé.

On a blâmé, comme inopportune, la démarche tentée par J. Favre auprès de M. de Bismarck et du roi Guillaume; tout porte à croire cependant qu'en cette circonstance difficile notre concitoyen écouta plutôt sa sensibilité que les réserves de la politique telles que devait la lui faire envisager le caractère du chancelier allemand. Trop crédule et par conséquent trop confiant, M. J. Favre était allé faire appel à la justice de l'homme qui avait érigé en maxime gouvernementale que « la force prime le droit. » « A coup sûr, — a dit un publiciste de nos jours, d'ailleurs très sympathique à M. J. Favre, — à coup sûr, s'il y avait un homme qui n'était point fait pour tenir tête à M. de Bismarck, c'était M. J. Favre. Homme de sentiment, peu pratique, habitué à plaider les affaires plutôt qu'à les étudier, n'ayant fait jamais que de la politique théorique et des harangues, M. Favre allait se heurter contre un adversaire terriblement dangereux et le mieux fait pour triompher de la sentimentalité de son adversaire.... »

L'entrevue de Ferrières n'aboutit pas et ne pouvait aboutir. Nous avions affaire à nos ennemis les plus implacables qui, depuis un demi-siècle, nourrissaient contre nous une inextinguible haine que n'avait pu même assouvir Waterloo, cette terrible revanche d'Iéna cependant. Exaspéré par le ton de persifflage que M. de Bismarck avait opposé à ses larmes, J. Favre répondit par une bravade hors de saison et qui faisait le pendant de sa rodomontade bien connue : « J'ai la ferme confiance que la France sera victorieuse. »

Un brillant combat, celui de la *redoute des Hautes-Bruyères*, dont la portée fut aussitôt fantastiquement grossie par l'imagination publique qui ne parlait de rien moins que de 10,000 Prussiens tués ou blessés rendit à l'armée de Paris une assurance qu'elle n'avait plus. Cela semblait une réponse éloquente aux gouailleries sinistres ainsi qu'aux affirmations implacables de M. de Bismarck. Mais, pour un triomphe passager, que d'échecs meurtriers causés, en grande partie, par le manque de précautions! Le dépourvu et la désorganisation continuaient sur tous les points. Dans Paris, pendant ce temps-là se débitaient de nombreux journaux annonçant chaque matin ou chaque soir des événements fantastiques. Il fallut défendre aux crieurs de proclamer ainsi tout haut des victoires qui n'existaient pas. D'autres journaux préparaient l'avénement de la Commune ; une feuille encadrée de noir, *le Combat*, rédigée par Félix Pyat, s'adressant aux gouvernants de Paris, leur jetait cette bravade : « Nous voulons la Commune, nous l'aurons avec vous ou sans vous et, s'il le faut, contre vous. »

L'esprit de forfanterie était partout à Paris, dans le sang, j'allais dire dans l'air que l'on respirait ; Strasbourg, Metz, Toul, Phalsbourg semblaient imprenables. Aussi, ce fut une fureur étrange que celle qui enflamma tous les esprits lorsqu'on apprit successivement et à courts intervalles que Toul avait été contraint de se rendre et que Strasbourg avait dû capituler. Le soir, cédant à son irrésistible besoin de manifestations théâtrales, la foule alla couvrir de drapeaux tricolores la statue de Strasbourg. Mais bientôt le plus terrible ennemi s'abattait sur ces deux millions d'hommes, — la famine avec ses privations d'abord, puis sa sinistre horreur contre laquelle toute arme était impuissante. Dès le début, pour ainsi dire, les privations se firent sentir et la viande de boucherie manqua. Rationnée à cent grammes par personne, dès le commencement d'octobre, cette nourriture n'allait pas tarder à faire place à la chair de cheval qu'on s'occupait déjà de saler et à tous ces mets étranges et malsains dont les Parisiens affamés devaient faire usage. Dès le 9 octobre un poulet, (la volaille étant une rareté absolue,) se vendait au moins vingt cinq francs. Les légumes s'enlevaient à prix d'argent. Comme toujours, l'aveugle confiance des masses dans la courte durée du siège de Paris fut cause d'abus et de gaspillages regrettables; on ne pensa pas assez à l'avenir et surtout à la prolongation possible et très vraisemblable du blocus. Là encore, l'imprévoyance atteignit les dernières limites imaginables. La situation se compliquait des songes creux des socialistes. Voici comment, à cette époque, Félix Pyat, dans *le Combat*, rêvait l'organisation de la ville assiégée : « Communauté de biens, *communauté de vivres* et de dangers... Si nous voulons la République, ayons des mœurs républicaines. Le danger nous nivelle, la mort nous rapproche. Quel niveau que l'étranger ! Donc, *table commune sur la place publique pendant le combat*. Tout ce que le voisin partagera, l'ennemi l'aura de moins. Communion comme aux catacombes, agapes comme à Sparte ! Partageons les cartouches et le brouet !...

« Et si l'on joint à ça, pour les mobiles, un peu flâneurs, après le repas en commun, une instruction civique, *le pain de vie révolutionnaire donné par nos meilleurs clubistes*,... alors, je réponds du succès.

« Oui, si nous faisons cela ;... si Paris est pour nous une foi comme la Mecque pour le Turc,... nous vaincrons, je le jure. Clamart sera le cimetière du roi Troppmann, et Paris fera pleurer Berlin. »

Quelle boursoufflure et quel gâchis d'idées ! quels rapprochements irrespectueux et sacrilèges ! L'odieux coudoie le ridicule dans cet appel où vibre l'accent faux d'un patriotisme tout de surface, ampoulé et vague. « La table commune sur la place publique, » quel souvenir des plus mauvais jours de la première Révolution ! Le brouet devenant la communion et les agapes ! On sait ce que fut le brouet des hommes de la Défense nationale. Le comble de cette tirade, c'est *le pain de vie révolutionnaire donné par nos meilleurs clubistes* et soutenant les futurs soldats de la Commune. Nous faisons grâce du reste du commentaire que soulèvent de pareilles... blagues.

Le Gouvernement se disait républicain, mais il avait ouvert toutes larges les portes aux exigences du socialisme, du radicalisme et de l'anarchie qui ne tardèrent pas à le déborder : l'invasion prussienne se compliquait ainsi et se doublait de l'invasion révolutionnaire affichant hautement son programme et ses revendications. Voici le procès verbal d'une démarche faite auprès du Gouvernement par ce qui s'intitulait *le Comité central républicain* des vingt arrondissements de Paris. Ce Comité, composé de délégués qui s'étaient donné un mandat à eux-mêmes avait commencé à fonctionner dès les premiers jours du siège et il fut plus d'une fois mêlé aux événements subséquents qu'il fit naître souvent.

« 20 septembre 1870.

I. La République ne peut pas traiter avec l'ennemi qui occupe le territoire.

II. Paris est résolu à s'ensevelir sous ses ruines plutôt que de se rendre.

III. La levée en masse sera immédiatement décrétée dans Paris et dans les départements ainsi que la réquisition générale de tout ce qui peut être utilisé pour la défense du pays et la subsistance de ses défenseurs.

IV. La remise immédiate entre les mains de la Commune de Paris de la police municipale. En conséquence, suppression de la Préfecture de police.

V. L'élection rapide des membres de la Commune. Cette Commune se composera d'un membre, à raison de 10,000 habitants. »

J. Ferry qui reçut cette délégation ne répondit que par des échappatoires aux revendications du *Comité central républicain*; c'était d'ailleurs la tactique de Gambetta, en reculant indéfiniment la date des élections pour l'Assemblée constituante et des élections municipales. Gambetta acceptait ainsi la lutte qui allait éclater entre la démocratie radicale et le gouvernement de l'Hôtel-de-Ville.

On remarquera, en passant, que la réclamation impérieuse contenue dans l'article IV du programme du *Comité central républicain* reparaît et s'impose, après plus de douze ans, dans la revendication toute récente de la remise immédiate entre les mains de la Commune de Paris de la police municipale, qui entraîne naturellement la suppression de la Préfecture de police.

L'impatience ou plutôt l'orgueil de Flourens ne tarda pas à démasquer les batteries du *Comité central républicain*. Nommé *major de rempart* par le général Trochu, ayant près de 6,000 gardes nationaux sous ses ordres, Flourens voulait s'en servir quand même, contre l'ennemi et, au besoin, contre le Gouvernement, si ce dernier persistait à modérer son ardeur intempestive. Dans la soirée du 4 octobre, il fut décidé, entre ses officiers et lui, que l'on irait en armes réclamer au Gouvernement, les 10,000 chassepots laissés inutiles dans les magasins de l'État, la levée en masse, la sortie immédiate contre les Prussiens *en nombre suffisant pour vaincre*, les élections municipales, le réquisitionnement et le rationnement de toutes les subsistances.

Ce fut un coup d'épée dans l'eau pour Flourens et il raconte qu'il emporta de son entretien avec les gouvernants de l'Hôtel-de-Ville cette persuasion *qu'il faudrait, pour sauver Paris, en venir aux mains avec ces gens-là*. Pour répondre à la manifestation de Flourens qu'il avait éconduit, Gambetta fit afficher dès le lendemain ce retentissant cliché :

« La province se lève et se met en mouvement.

« Les départements s'organisent.

« Tous les hommes valides accourent au cri de: *Ni un*

pouce de terrain, ni une pierre de nos forteresses, sus à l'ennemi, guerre à outrance ! »

Or, autant d'inexactitudes pour ne pas dire autant de mensonges que de mots. La province ne se levait pas et les départements s'organisaient encore moins. D'où il résultait qu'aucun cri n'était poussé et que J. Favre et Gambetta en restaient pour le placement de leur *Ni un pouce de terrain*, etc. et de leur *Sus à l'ennemi*, etc.

Ce qu'il y eût de réel dans tout cela c'est que, fort embarrassé de son rôle à Paris et se sentant débordé, Gambetta monta en ballon et se dirigea vers Tours où vivotaient dans un calme somnolent MM. Crémieux et Glais Bizoin. Le futur chef de l'opportunisme emportait avec lui une proclamation aux Français, dont les passages les plus caractéristiques doivent être reproduits ici :

« Citoyens des départements,

« Par ordre du gouvernement de la République, j'ai quitté Paris pour venir vous apporter... les instructions et les ordres de ceux qui ont accepté la mission de délivrer la France de l'étranger.

« Paris, depuis dix-sept jours étroitement investi, a donné au monde un spectacle unique, le spectacle de plus de deux millons d'hommes qui... ont déjà déjoué les calculs de l'envahisseur, qui comptait sur la discorde civile pour lui ouvrir les portes de la capitale...

« A l'heure qu'il est, on a armé 400,000 hommes de garde nationale, appelé 100,000 mobiles, groupé 60,000 hommes de troupes régulières. Les ateliers fondent des canons ; des femmes fabriquent un million de cartouches par jour ; la garde nationale est pourvue de deux mitrailleuses par bataillon ; on lui fait des canons de campagne pour qu'elle puisse opérer bientôt des sorties contre les assiégeants ; les forts occupés par la marine ressemblent à autant de vaisseaux de haut bord immobiles, garnis d'une artillerie merveilleuse... Jusqu'à présent, sous le feu de ces forts, l'ennemi a été impuissant à établir le moindre ouvrage.

« L'enceinte elle-même, qui n'avait que 500 canons, le 4 septembre, en compte aujourd'hui 3,800 ; à la même date, il y avait trente coups de canon à tirer par pièce, aujourd'hui, il y en a 400, et l'on continue à fondre des projectiles *avec une fureur qui tient du vertige.* Tout le monde a son poste marqué dans la cité et sa place de combat. L'enceinte est perpétuellement couverte par la garde nationale, qui, de l'aube à la nuit, se livre à tous les exercices de la guerre avec l'application du patriotisme, et on sent tous les jours grandir la solidité et l'expérience de ces soldats improvisés.

« Derrière cette enceinte ainsi gardée, s'élève une troisième enceinte, construite sous la direction du *comité des barricades;* derrière ces pavés savamment disposés, l'enfant de Paris a retrouvé, pour *la défense des institutions républicaines, le génie même du combat des rues...*

« Ce n'est point *une illusion;* ce n'est pas non plus *une vaine formule: Paris est inexpugnable;* il ne peut plus être ni pris, ni surpris.

« Restaient aux Prussiens deux autres moyens d'entrer dans la capitale, la sédition et la faim. La sédition, elle ne viendra pas, car les suppots et les complices du gouvernement déchu, ou bien ils ont fui, ou bien ils se cachent...

« La famine !...

« Prêt aux dernières privations, le peuple de Paris se rationne volontairement tous les jours ; et il a devant lui, grâce aux accumulations de vivres, de quoi défier l'ennemi pendant de longs mois encore...

« *Tel est, sans déguisement ni détour, la situation de la capitale de la France.* »

Ce tableau plein de faconde était très exagéré, de propos délibéré ; il s'agissait pour les hommes de la Défense nationale de frapper fort plutôt que juste ; ils y réussirent tout d'abord, mais pour retomber bientôt dans des complications qu'ils n'avaient pas su prévoir et qu'ils étaient d'ailleurs profondément impuissants à dénouer.

Après avoir exposé aux provinces la situation de Paris, dans un tableau où la fantaisie régnait d'un bout à l'autre, Gambetta, indiquant aux citoyens des départements ce que l'on attendait d'eux, poursuivait dans la même note ses sollicitations pressantes :

« Le premier de tous les devoirs, c'est de ne vous laisser divertir par aucune préoccupation qui ne soit pas la guerre, *le combat à outrance* ; le second, c'est, jusqu'à la paix, d'*accepter fraternellement le commandement du pouvoir républicain sorti de la nécessité et du droit*. Ce pouvoir, d'ailleurs, *ne saurait*, sans déchoir, *s'exercer au profit d'aucune ambition*. Il n'a qu'une *passion* et qu'un titre : arracher la France à l'abîme où la monarchie l'a plongée. Cela fait, *la République sera fondée* et à l'abri des conspirateurs et des réactionnaires... »

« La guerre à outrance !... » on sait où cette stupide devise a conduit le pays et surtout comment les honnêtes gens ont été récompensés d'avoir accepté cette République, à laquelle personne même Gambetta ne pensait et qu'il osait maintenant déclarer issue de la nécessité et du droit. En d'autres termes, cela veut dire qu'il en fallait passer par là, bon gré mal gré. Soit ; mais, cette forme anarchique qui ne devait durer que *jusqu'à la paix*, voilà treize ans que le pays la subit et Dieu sait avec quelle aggravation d'arbitraire et de tyrannie à sa suite, toujours au nom de la liberté, de l'égalité et de la fraternité. Cette République *provisoire* semble devenue *définitive*. Ici donc, Gambetta faisait plus qu'exagérer, il mentait de propos délibéré. Mais, nous ne sommes pas au bout des griefs que le Gouvernement de la défense nationale accumulait contre lui-même...

CHAPITRE IX

Des armes pour tout le monde. — La république une et indivisible. — Appel à la guerre civile. — Le Comité central réclame la Commune. — De belles paroles. — Les impatients. — Une réponse de Rochefort. — Départ de M. de Kératry pour Tours. — Petites opérations militaires autour de Paris. — Les lenteurs de Trochu. — Un mot de M. de Moltke. — Panique au quartier général prussien de Versailles. — Le plan de Trochu. — Le faux et le vrai. — Première apparition de l'armée de la Loire. — Résistance héroïque de Châteaudun et de Saint-Quentin. — L'invasion grandit de plus en plus. — M. Thiers en tournée diplomatique. — L'affaire du Bourget. — Historique et détails. — Héroïsme du commandant Brasseur. — Le prince de Wurtemberg et le Journal officiel. — Différence de leurs témoignages. — Paroles énigmatiques du général de Bellemare. — La capitulation de Metz. — Un jeu de mots de J. Favre. — La Commune grandit de plus en plus. — Un nouveau manque d'intelligence. — L'Hôtel de ville est envahi. — Improvisation d'un gouvernement. — Pastiche de 1792 et de 1793. — La nuit du 31 octobre. — Conditions d'un armistice. — Les exploiteurs de la misère publique. — Résultat du voyage de M. Thiers à l'étranger. — Entrevue de M. Thiers avec M. de Bismarck.

Gambetta promettait des armes à la nation. « Grâce — disait-il, — à l'intervention d'hommes spéciaux, des marchés ont été conclus, qui ont pour but et pour effet d'*accaparer* tous les fusils disponibles à l'étranger...

« Quant à l'équipement et à l'habillement, on va multiplier les ateliers et *requérir* les matières premières, *si besoin est*.. L'argent ne manquera pas non plus...

« Il faut enfin mettre en œuvre toutes nos ressources qui sont *immenses,* secouer la torpeur de nos campagnes, réagir contre de folles paniques,... et, à un ennemi si fécond en embûches et en surprises, opposer des pièges, harceler ses flancs, surprendre ses derrières...

Cette longue et pâteuse proclamation — que nous avons dû analyser, — se termine par le cri rétrospectif de : « Vive la République une et indivisible ! »

Pas si *indivisible* que cela, au contraire, très divisée ; car, à peine Gambetta était-il parti que les manifestations révolutionnaires continuaient. Le 8 octobre, Sapia, commandant du 146e bataillon de la garde nationale, faisait appel à la guerre civile, la vraie *guerre d outrance* celle-là. Le 8 octobre était la date choisie par l'opposition pour organiser contre le gouvernement une manifestation imposante. Le *Journal officiel* du 7 octobre ayant, par une note, déclaré qu'en présence des sommations reçues et des menaces il était de sa dignité et de son devoir d'ajourner jusqu'à la levée de l'état de siége les élections municipales, une affiche du Comité central des vingt arrondissements de Paris avait, en réponse à cette note, été placardée sur tous les murs de la ville, réclamant énergiquement la Commune de Paris. C'est sur ce mot gros de menaces qu'allait se livrer dans Paris une lutte tout intestine dont nous aurons à suivre les phases.

« Les opposants ne comptaient alors qu'une minorité assez faible... Il a fallu les souffrances des derniers mois du siége et l'exaspération irraisonnée qui suivit l'écroulement de toutes les illusions pour que Paris ait laissé faire et même suivi le mouvement. Le 8 octobre, Paris, comptant sur la victoire et ne songeant qu'à la défaite possible de l'ennemi, était sourd à toute parole de sédition. » (1)

Toute lutte fut donc évitée pour le moment, tout se borna à des cris, et la manifestation se termina par une revue que couronna un discours ronflant de J. Favre :

« Cette journée est bonne pour la défense, car elle affirme une fois de plus... *la raison d'être du gouvernement que vous avez fondé* le 4 Septembre.. *Aujourd'hui, vous consacrez de*

---

1. J. Claretie, tome I, p. 296, col. 2.

nouveau sa légitimité. Vous entendez le maintenir pour qu'avec vous il délivre le sol national de la souillure de l'étranger...

« Tous, nous eussions été heureux de donner aux pouvoirs municipaux le fondement régulier d'une libre élection. Mais tous aussi nous avons compris que lorsque les Prussiens menacent la cité, ses habitants ne peuvent être qu'aux remparts, *et même au dehors, où ils brûlent d'aller chercher l'ennemi.* Mais, *quand ils l'auront vaincu,* ils reviendront aux urnes électorales... »

Tout cela ne faisait pas l'affaire des impatients, à la tête desquels était l'inévitable Flourens ; dès le lendemain, il écrivit à Rochefort pour le sommer de donner sur-le-champ sa démission de membre du gouvernement. Rochefort lui répondit, en style de rapin fidèle aux charges d'atelier : « Je suis descendu jusque dans *les sous-sols* les plus impénétrables *de ma conscience et je suis remonté,* en me disant que mon départ pourrait provoquer un conflit et, que provoquer ce conflit, c'était ouvrir une brèche aux Prussiens... Ayons (ajoutait-il,) la patience d'*allonger la courroie* jusqu'à la levée de l'état de siége. » Cela s'appelle vraiment ménager tous les partis ou plutôt c'est avoir un pied dans le camp de l'ordre et l'autre dans celui de l'insurrection.

Sur ces entrefaites, M. de Kératry, donnant sa démission de préfet de police, partait en ballon pour Tours avec M. Ranc, ex-maire du 9ᵉ arrondissement. En se retirant et pour laisser après lui une bonne odeur de patriotisme radical, M. de Kératry, dans un mémoire adressé au gouvernement, concluait à la suppression de la préfecture de police dont fut chargé M. Edouard Adam, tandis que G. Chaudey remplaçait M. Ranc à la mairie de la rue Drouot.

Tous ces incidents étaient certes bien peu de chose en comparaison des événements du siége de Paris qui se déroulaient très lentement sous la direction du général Trochu. Autour de la vaste enceinte de la capitale étaient tentées de petites opérations militaires. Trochu parlait beaucoup et agissait peu. Cependant, le roi de Prusse, qui, depuis le 5 octobre, avait quitté Ferrières pour établir son quartier général à Versailles, pouvait jusqu'à un certain point craindre une sortie de la garnison de Paris ; car, il n'avait pour investir une cité aussi grande qu'une armée relativement peu nombreuse. Mais, M. de Moltke, lui, était certain que son adversaire ne l'inquiéterait pas. « On se racontait à Versailles que M. de Moltke, parlant du danger que pouvait courir le quartier général, en cas d'une sortie sérieuse des Français, avait répondu : *Ils pourraient le faire, mais il ne le feront pas* (1). »

« Si cette parole est vraie, — ajoute M. de Wickede, — elle prouve une fois de plus la justesse des appréciations du général en chef prussien. Pourquoi Trochu, lors de la sortie de deux divisions du général Vinoy, le 30 septembre, n'envoya-t-il pas les renforts nécessaires ? ou s'il ne disposait pas à cette époque de troupes en nombre suffisant, c'était bien insensé d'entreprendre une sortie et de sacrifier inutilement la vie de quelques centaines de braves soldats. Trochu, certes, devait bien penser qu'avec deux divisions seulement il ne pouvait pas espérer de résultat. »

Le 21 octobre vit s'engager un combat qui semblait promettre aux Français un avantage signalé ; presqu'aux portes de Versailles, tel fut l'élan de nos troupes que les Allemands crurent un moment que la journée leur échappait. L'attaque de nos soldats, le feu de notre artillerie avaient été, au début de l'action, si violents que la panique s'était répandue jusqu'à Versailles. Mais, les secours envoyés aux Prussiens étaient trop considérables pour que le combat pût être maintenu. A la nuit tombante, la retraite commença. Les obus allemands poursuivaient nos colonnes.

Paris prit cette sortie avortée pour une victoire. On lut, tout haut, le soir, devant les mairies, le récit de la *reconnaissance offensive* conduite par le général Ducrot, et le public criait : « Vive la France ! »

Cependant le temps se passait en temporisations de la part

1. J. de Wickede.

de Trochu qui — disait-il, — avait *son plan* et le suivrait jusqu'au bout *sans le révéler*. En attendant, la garde nationale n'était pas militairement organisée ; la province, d'après les nouvelles reçues de Gambetta (18 octobre), avait sur pied une armée de 90,000 hommes. Gambetta parlait aussi, entre parenthèse, d'une dyssenterie de Frédéric-Charles et d'une *entreprise* des Prussiens sur Orléans. La vérité est qu'Orléans était pris et que Frédéric-Charles, devant Metz, n'avait jamais été malade.

La mauvaise saison venait à grands pas, avec les longues nuits froides et déjà glacées ; les vivres se faisaient de plus en plus rares, on rationnait la viande à 60 grammes par personne, on allait bientôt la rationner à 50.

Alors vint de la province à Paris une dépêche qui ressemblait fort à un mirage trompeur et qui se résolut, en fin de compte, en une sorte de mystification cruelle, — l'annonce que *l'armée de la Loire* harcelait l'ennemi. Les Allemands, bien informés, ne croyaient guère à l'existence de cette armée qui se composait à peine de 20 à 25,000 hommes, disait-on, et qui allait avoir à se mesurer contre 39,000 Allemands. C'était le général de la Motterouge, vieil et brave officier qui commandait ce corps d'armée. Il ne pouvait, il est vrai, songer à débloquer Paris, mais il pouvait défendre Orléans. Il eut tort de ne point compter sur le courage de ses soldats ; dans une lettre rendue publique, il a déclaré que la résistance lui avait semblé impossible.

Tout le pays d'Eure-et-Loire et du Loiret était, depuis le commencement d'octobre, livré à l'ennemi, et, sur certains points, la résistance des populations, gardes nationales ou mobiles, avait été marquée par des faits d'armes honorables.

Au milieu de tant de désastres, l'héroïque résistance de Châteaudun et de Saint-Quentin se détachaient comme deux pages du livre d'or de la France. Mais, à cette heure malheureusement, le pays était à peine organisé et ses embryons d'armées se fondaient devant l'invasion. Bazaine, enfermé dans Metz, n'agissait pas, l'armée de la Loire était battue ;

Cambriels, dans l'Est, abandonnait les Vosges, se réfugiait à Besançon, ses soldats désertaient par bandes ; de Chartres jusqu'à Évreux il n'y avait, pour défendre l'Ouest, que des mobiles. Nulle armée digne de ce nom dans le Nord. Et cependant l'invasion grandissait de plus en plus chaque jour, à chaque heure, à chaque moment...

Pendant ce temps là, M. Thiers entamait avec les puissances étrangères des négociations qui ne devaient pas aboutir, car avec qui traiter en ce moment, en France, la République elle-même ne se proclamant qu'un gouvernement provisoire ? Paris prenait patience, en retrouvant au théâtre des émotions patriotiques que le gouvernement complétait par la mise en scène des engagements volontaires et autres souvenirs de la Révolution. Le théâtre tenait lieu de nourriture aux Parisiens, à l'inverse de la devise des Romains déchus qui mettaient le pain en première ligne : *Panem et circenses.*

C'était ainsi que la capitale se préparait à la lutte décisive qu'elle croyait, qu'elle voulait toujours prochaine. Le 30 octobre, un décret tardif appelait au service actif les jeunes gens formant le contingent de la classe de 1870, à l'effet de rejoindre la province que l'on croyait organisée. On s'imaginait que bientôt on forcerait l'ennemi à lever le siége et que l'on donnerait la main aux armées des départements. L'affaire du Bourget sembla d'abord prêter une éclatante confirmation à ces espérances fébriles.

Le Bourget, occupé depuis le 20 septembre 1870, est une grande rue de village dont la situation est fort importante pour une armée investissant Paris. Les forts de l'Est et d'Aubervilliers dominent, il est vrai, ce point ; mais, si l'assiégé l'occupe, il peut, par là, rompre la ligne d'investissement de l'assiégeant. Dans le cas actuel, l'établissement des Français au Bourget leur permettait de menacer efficacement les batteries établies par les Prussiens à Pont-Iblon et à Blanc-Mesnil. Le 28 octobre, à trois heures du matin, le général de Bellemare donna ordre à 300 francs-tireurs d'exécuter sur le Bourget un coup de main qui réussit complètement. Surpris dans leur sommeil, les Prussiens furent délogés du village. Vers dix heures du matin, ils reçurent du renfort, essayèrent de réoccuper le Bourget, mais ils furent encore une fois refoulés. Ils revinrent à la charge, plus nombreux et durant cinq heures leur attaque fut acharnée; la nuit venue, ils durent encore battre en retraite.

La nuit du vendredi 28 au samedi 29 se passa à travailler à quelques fortifications, malheureusement insuffisantes, et le lendemain matin, vers huit heures, le feu de l'artillerie prussienne recommença avec une violence nouvelle. Pendant neuf heures, quarantes bouches à feu bombardèrent le Bourget défendu par 3,000 hommes intrépides.

Le 30 octobre, la lutte continua avec acharnement, des deux côtés; les forces de l'ennemi pouvaient s'élever à 15,000 hommes au moins, il avait 48 canons : du côté des Français, l'effectif des défenseurs du Bourget avait diminué. Certains gardes mobiles — il faut bien le dire, — et parmi eux des officiers mêmes, furieux de se voir sans pain, brisés de fatigue, quittèrent le Bourget sans ordre et retournèrent à Saint-Denis ou à Aubervilliers. Sans canons et réduits à 1,600, les hommes qui demeurèrent fidèles à leur devoir furent des héros en cette journée terrible ; si des renforts leur eussent été envoyés, des canons, des troupes nouvelles, ce nom tristement glorieux du Bourget fût devenu celui d'une mémorable victoire.

La lutte se termina dans l'église ou le commandant Brasseur s'était enfermé avec sept autres officiers français et une vingtaine de voltigeurs. « Là, — dit un écrit allemand, — ces hommes se défendaient jusqu'à la dernière extrémité, et les grenadiers du régiment Kaiser Franz durent grimper jusqu'aux hautes fenêtres de l'église et tirer de là sur l'ennemi, jusqu'à ce que le peu d'hommes de cette brave troupe qui restaient sans blessures finissent par se rendre. » Le commandant Brasseur pleurait en donnant son épée. L'officier prussien, qui la prit, ne put s'empêcher de le louer pour son courage. Cette épée, d'ailleurs, le prince de Wurtemberg la renvoya au commandant prisonnier, comme un hommage, et il fut permis à M Brasseur, captif, de ne point saluer les officiers prussiens dans la rue.

Ainsi, l'ennemi reconnaissait la vaillance que nos soldats avaient déployée au Bourget. Les Prussiens avaient perdu, dans ce dernier combat, deux colonels, un major, un porte-drapeau, trente-six officiers et plus de 3,000 hommes. M. F.-W. Heine écrivait dans le *Moniteur prussien* du 10 décembre que « quoique habitué à voir des combats horribles, jamais il n'y en a eu de plus terrible qu'au Bourget ; on peut sans mentir — ajoutait-il, — dire que c'est là qu'a eu lieu un des plus sanglants combats qui aient été livrés sous les murs de Paris. »

Chose étrange ! tandis qu'un ennemi, le prince de Wurtemberg, dans son ordre du jour du 30 octobre, rendait un glorieux témoignage aux héroïques vaincus, notre *Journal officiel* et la proclamation du général Trochu, du 1er novembre, semblaient prendre à tâche de rabaisser l'importance de cette terrible affaire du Bourget.

« Le village du Bourget — dit le *Journal officiel*, — ne faisait pas partie de notre système général de défense ; *son occupation était d'une importance très secondaire, et les bruits qui attribuent de la gravité aux incidents qui viennent d'être exposés sont sans aucun fondement.*

Quant à la proclamation du général Trochu, elle s'exprimait en ces termes : « Le pénible *accident* survenu au Bourget par le fait d'une troupe qui, après avoir surpris l'ennemi, *a manqué absolument de vigilance et s'est laissé surprendre à son tour*, a vivement affecté l'opinion. »

Ce qui complique le mystère qui pèse encore sur cette désastreuse affaire du Bourget, ce sont les paroles que le général de Bellemare, un an après, prononçait sur la fosse qui avait recueilli nos héroïques soldats. « Mon rapport officiel — disait alors le général, — n'a jamais été publié ; *esclave de la discipline, je me suis abstenu de faire connaître la vérité sur laquelle mes chefs se taisaient ; mais un jour viendra où je pourrai, en de-*

hors de toutes les passions du moment, la divulguer tout entière. »

Le même jour que la nouvelle du sanglant échec du Bourget soulevait le juste courroux de la population parisienne, la capitale apprenait avec une indignation mêlée de stupeur la capitulation de Metz. On avait essayé de cacher le fait, mais tout se sait et, quatre jours auparavant, Félix Pyat avait imprimé en tête de son journal, *le Combat,* les lignes que voici:

« LE PLAN BAZAINE, le fait vrai, sûr et certain que le gouver-
« nement de la défense nationale retient par devers lui comme
« un secret d'État et que nous dénonçons à l'indignation de
« la France comme une haute trahison.

« Le maréchal Bazaine a envoyé un colonel au camp du
« roi de Prusse pour traiter de la reddition de Metz et de la
« paix, au nom de sa Majesté l'empereur Napoléon III. »

On se refusa d'abord à croire à une aussi épouvantable nouvelle et, comme elle était imprévue, on la déclarait controuvée : le public, qui avait de généreuses illusions à l'égard de Bazaine, brûla sur le boulevard le numéro de la feuille qui contenait ce que l'on appelait une horrible calomnie. De plus, une note du *Journal officiel* dénonça, le lendemain, maladroitement, Félix Pyat comme une sorte d'agent de l'étranger. Dans cette note, Bazaine était appelé *le glorieux*, et M. J. Favre, en parlant du journal de F. Pyat, se livrait à un agréable jeu de mots, en le qualifiant : « *le Combat* des Prussiens contre la France. »

G. Flourens, ainsi que F. Pyat, affirmait tenir cette nouvelle d'un membre du gouvernement, qu'il ne voulait pas nommer.

Il fallut cependant bien la dire cette vérité qu'il n'y avait plus moyen de dérober à Paris ; ce fut alors une explosion immense de colère et de fureur contre les hommes qui s'étaient fait de la défense nationale une sorte de monopole. Ce fut surtout une grande force et un puissant levier entre les mains de *la Commune* dont le résultat le plus réel de la guerre de 1870-1871 fut l'incubation, la naissance et l'éruption violente. « Il ne sortira pas un Prussien de France sain et sauf, — s'écriait *le Combat*, — si le gouvernement sort de l'Hotel-de-Ville et fait place à la Commune. »

Le 30 octobre, on put lire sur toutes les murailles de Paris l'affiche officielle que voici : « Le gouvernement *vient d'apprendre* la douloureuse nouvelle de la reddition de Metz. Le maréchal Bazaine et son armée ont dû se rendre après d'héroïques efforts que le manque de vivres et de munitions ne leur permettait plus de continuer. Ils sont prisonniers de guerre.

« Cette cruelle issue d'une lutte de près de trois mois causera dans toute la France une profonde et pénible émotion. Mais elle n'abattra pas notre courage. Pleine de reconnaissance pour les braves soldats, pour la généreuse population qui ont combattu pied à pied pour la patrie, la ville de Paris voudra être digne d'eux. Elle sera soutenue par leur exemple et par l'espoir de les venger. »

J. FAVRE.

Il fallait cependant prendre une décision virile, et le gouvernement n'opposait à l'indignation et à l'impatience de la population qu'une incurable inertie.

Les Prussiens comptaient toujours que la population de Paris ferait enfin une révolution qui leur permettrait de devenir les maîtres de la ville. Ce soulèvement attendu par l'ennemi éclata le 31 octobre. Les prétextes étaient la mollesse du général Trochu contre les Prussiens, l'échec du Bourget, la nouvelle de la capitulation de Metz, enfin l'arrivée de M. Thiers, qui venait, avec l'appui des puissances neutres, proposer à M. de Bismarck un armistice (1), pendant lequel on élirait une assemblée nationale, « tous prétextes bien choisis pour exploiter encore une fois l'ineptie politique de la bourgeoisie parisienne et l'entraîner, comme d'habitude, à prendre part à une révolution dirigée contre elle.

---

1. *L'amnistie* — comme disait le peuple, — qui prenait l'armistice ou suspension d'hostilités pour la remise de tous les délits politiques ou **amnistie.**

« En effet, la population de Paris ne comprit rien à la proposition d'armistice appuyée par les neutres ; ignorante des formes de la diplomatie comme de toutes choses, et croyant tout savoir et tout comprendre, elle prit l'armistice pour une capitulation, s'en indigna et abandonna le gouvernement qui voulait commettre ce qu'on appelait une lâcheté. Tel était le résultat qu'on avait obtenu de l'intervention des foules dans l'exercice de la politique (1). »

Ce fut alors que les maires de Paris, organes de l'opinion publique, se rendirent à l'Hôtel-de-Ville pour se concerter sur les mesures à prendre afin de relever le moral de la population. Pendant cette conférence entre les maires et le gouvernement, une foule immense se porta sur l'Hôtel-de-Ville et l'envahit avant qu'on eût pu se mettre en mesure de s'opposer à ce mouvement insurrectionnel. Flourens, F. Pyat, Delescluze et Blanqui dirigeaient les envahisseurs dont les drapeaux portaient ces inscriptions : *La Commune ! la levée en masse !* Sous les fenêtres de Trochu, se faisaient entendre les cris de *A bas Trochu ! vive la Commune ! des armes !* Successivement, E. Arago et Floquet essaient d'haranguer les gardes nationaux ; on ne les écoute pas, Rochefort lui-même est hué : « A bas Rochefort ! Il est du gouvernement ! Pas de Rochefort ! » M. Lefrançais prenant alors la parole, annonce, aux acclamations de la foule, que le gouvernement de la défense nationale est déchu de ses fonctions. Bientôt apparaît G. Flourens qui s'apprête à lire les noms des membres du nouveau gouvernement, dit Comité de salut public, et chargé de faire les élections de la Commune. En tête de la liste, Flourens avait placé son nom, puis venaient ceux de Blanqui, Dorian, Pyat, L. Blanc, V. Hugo, Schœlcher, Ranvier, etc. Beaucoup réclamaient Barbès, ignorant qu'il était mort. Le nom de Rochefort ne fut pas accepté.

Il ne s'agissait plus, pour les insurgés, que de savoir si le gouvernement déchu devait être retenu prisonnier. Les chefs

---

1. L. Dussieux, tome I, p. 201 et 202.

du mouvement décidèrent que les membres de l'ex-gouvernement devaient être gardés à vue comme otages.

Tout cela sent son pastiche de la première révolution ; mais, du moins, en 1792 et en 1793, quand on se livrait à ces insanités, l'ennemi n'était pas sous les murs de la capitale.

La plus grande confusion ne cessa de régner à l'Hôtel-de-Ville et dans tout Paris, à la suite de cette échauffourée où la future et sanglante Commune s'essayait.

En somme, quel gouvernement était sorti pour Paris (je ne parle pas de la France,) de la nuit enfiévrée du 31 octobre au 1er novembre ? La question restait toujours la même, c'était la lutte entre la révolution et l'anarchie : le nom de République n'était qu'une enseigne trompeuse destinée à égarer ou à fausser l'opinion publique.

Cependant, que devenaient les propositions d'armistice d'abord repoussées avec une si farouche indignation par la population parisienne à qui de sanglants revers n'avaient pas encore ouvert les yeux sur l'impossibilité de prolonger une lutte insensée ? Paris, attéré par la chute de Metz, acceptait enfin non point la capitulation mais cet armistice dont le général Trochu avait indiqué, en ces termes, les conditions :

« La proposition d'armistice, inopinément présentée par les puissances neutres, a été interprétée, contre toute vérité et toute justice, comme le prélude d'une capitulation, quand elle était un hommage rendu à l'attitude de la population de Paris et à la ténacité de la défense.

« Cette proposition était honorable pour nous ; le gouvernement lui-même en posait les conditions dans des termes qui lui semblaient fermes et dignes. Il stipulait une durée de vingt-cinq jours, au moins, — le ravitaillement de Paris pendant cette période, — le droit de voter, pour les élections de l'Assemblée nationale, aux citoyens de tous les départements français. »

L'annonce et l'illusion du ravitaillement de Paris mirent au jour des infamies jusque-là restées secrètes et que M. J.

Claretie a flétries avec une grande énergie, comme tout vrai patriote. « Il y eut, en ces heures troubles et sombres, des choses honteuses. Depuis que les vivres étaient rares, les épiciers, les charcutiers cachaient des provisions secrètes, accapareurs de denrées, Schylocks banals vivant de la détresse publique. Or, dès que la possibilité d'un armistice se fit jour, aux vitrines de ces marchands, des denrées inconnues se montrèrent, du beurre, des œufs, des pâtés. Paris pouvant être ravitaillé, il fallait vendre en hâte les vivres mis en réserve. Quelle honte cette spéculation hideuse et de quel nom faut-il appeler ceux qui ramassaient la fortune dans l'écroulement de la patrie, dans la souffrance, dans le malheur public ? »

Les réunions populaires protestaient contre l'armistice, et un homme se trouvait alors en butte aux attaques les plus acharnées des orateurs qui voulaient la guerre. Cet homme, c'était M. Thiers qui avait énergiquement déconseillé l'expédition désastreuse du Rhin. Il avait accepté du gouvernement de la défense, au lendemain de la proclamation de la République, la mission de chercher en Europe des alliés à la France, mais l'Europe — satisfaite peut-être intérieurement de notre chûte, — ne devait nous prêter aucun appui efficace, tout au plus nous ferait-elle l'aumône de quelques sympathies. A Londres, sauf des conversations avec les hommes d'État anglais, rien de sérieux ne fut promis à M. Thiers ; très égoïste, la Grande Bretagne se sert d'autrui mais se montre rarement reconnaissante. Depuis longtemps déjà elle avait oublié la guerre de Crimée où elle avait entraîné la France. Mais, la Russie, elle, se souvenait de Sébastopol, et Alexandre II ne nous vint pas en aide. Quant à l'Autriche, elle avait sur le cœur Sadowa où nous l'avions laissé écraser par la Prusse. Restait donc l'Italie, de la part de laquelle les belles promesses ne manquèrent certes pas ; mais, en fin de compte, ce fut tout. On devait d'ailleurs s'y attendre.

M. Thiers revint alors à Tours, auprès de la délégation du gouvernement, et de là se dirigea sur Paris par Versailles où

9.

un permis de franchir les lignes allemandes lui fut délivré par M. de Moltke. Le lendemain, il regagnait Versailles, et alors avaient lieu entre lui et M. de Bismarck ces entrevues qu'il allait bientôt faire connaître (9 novembre) et qui complètent en les affirmant et en les renouvelant, les impressions que M. Jules Favre avait gardées de ses entretiens, à Meaux et à Ferrières, avec l'homme d'État prussien.

C'est sous la forme d'un rapport adressé par M. Thiers, après la rupture des négociations relatives à l'armistice, aux ambassadeurs des quatre grandes puissances (Angleterre, Russie, Autriche et Italie,) que parut l'intéressant récit que nous allons reproduire ici :

« Je crois devoir aux quatre grandes puissances qui ont fait ou appuyé la proposition d'un armistice entre la France et la Prusse de rendre un compte fidèle et concis de la grave et délicate négociation dont j'ai consenti à me charger. Avec un sauf-conduit que S. M. l'empereur de Russie et le cabinet britannique ont bien voulu demander pour moi à S. M. le roi de Prusse, j'ai quitté Tours le 28 octobre, et après avoir franchi la ligne qui séparait les deux armées, je me suis rendu à Orléans et de là à Versailles, accompagné par un officier bavarois dont le général von der Tann avait eu l'obligeance de me faire accompagner, afin de lever les difficultés que je pouvais rencontrer sur la route. Pendant ce voyage difficile, j'ai pu me convaincre moi-même par mes propres yeux, malheureusement dans une province française, des horreurs de la guerre.

« Forcé, par le manque de chevaux, de m'arrêter à Arpajon, la nuit, pendant trois ou quatre heures, j'ai atteint Versailles dimanche matin, 30 octobre. Je n'y suis resté que peu d'instants, car il était bien convenu avec le comte de Bismarck que je n'aurais pas d'entrevue avec lui jusqu'à ce que j'aie pu faire compléter à Paris les pouvoirs nécessairement incomplets que j'avais reçus de la délégation de Tours.

« Accompagné d'officiers comme parlementaires qui devaient

faciliter mon passage à travers les avant-postes, j'ai traversé la Seine au point de Sèvres, aujourd'hui coupé, et je suis descendu au ministère des affaires étrangères pour communiquer plus aisément et plus vite avec les membres du gouvernement. La nuit fut employée aux délibérations, et, après une résolution prise à l'unanimité j'ai reçu les pouvoirs nécessaires pour négocier et conclure l'armistice dont l'idée avait été conçue et l'initiative prise par les puissances neutres.

« Dans le désir ardent de ne perdre aucun moment dont chaque minute était marquée par l'effusion du sang humain, j'ai traversé de nouveau les avant-postes le lundi soir 31 octobre et, le jour suivant, 1er novembre, à midi, j'entrais en conférence avec le chancelier de la Confédération du Nord. »

CHAPITRE X

Objet de la mission de M. Thiers auprès de M. de Bismarck. — **Projet et conditions d'un armistice**. — Objections et discussion de **part et d'autre**. — Principe et durée de l'armistice. — Liberté des élections — **Conduite des armées belligérantes**. — Le ravitaillement des forteresses et de **Paris**. — **Sur la durée de l'armistice**. — La question des élections. — Influence de l'**émeute du 31 octobre sur M. de Bismarck**. — Difficultés soulevées. — **Equivalents militaires**. — La Prusse demande l'occupation d'un fort — **Protestation de M. Thiers**. — L'esprit militaire et l'esprit politique de la Prusse. — Concession de M. de Bismark. — Conclusion philosophique de cette entrevue. — M. Thiers défenseur des fortifications de Paris. - Triste influence de l'évolution du 31 octobre. — Période active du siège de Paris. — Etonnement étonnant de Trochu — Le général d'Aurelles de Paladine. — Manque d'initiative. — Résignation fataliste. — Les horreurs de la faim. — Prix élevé des denrées. — Encore les fausses nouvelles — Les aveux de l'ennemi. — Ce que Trochu aurait dû faire. — Ce qu'il ne fit pas. — L'organisation militaire prussienne. — Paris complètement cerné. — L'abnégation et la foi. — Une héroïque folie.

« L'objet de ma mission était parfaitement connu du comte de Bismarck, de même que la France avait été avertie des propositions des puissances neutres. Après quelques réserves sur l'intervention des neutres dans cette négociation, réserves que j'ai écoutées sans les admettre, l'objet de ma mission a été exposé et défini par M. le comte de Bismarck et par moi-même avec une précision parfaitement claire : elle avait pour objet de conclure un armistice pour mettre fin à l'effusion de sang entre deux des nations les plus civilisées du monde et pour permettre à la France de constituer, au moyen d'élections libres, un gouvernement régulier avec lequel il serait possible de traiter dans une forme valable. Cet objet a été clairement indiqué, parce que, dans plusieurs occasions, la diplomatie prussienne avait prétendu que, dans l'état actuel des affaires en France, on ne savait à qui s'adresser pour entamer des négociations. A ce propos, le comte de Bismarck m'a fait remarquer, sans toutefois insister sur ce point, que quelques débris d'un gouvernement, jusqu'à présent seul gouvernement français reconnu en Europe, étaient en ce moment à Cassel, cherchant à se reconstituer, mais qu'il me faisait cette observation simplement pour préciser nettement la situation diplomatique et point du tout pour intervenir, à quelque degré que ce soit, dans le gouvernement intérieur de la France.

« J'ai à mon tour répondu au comte de Bismarck que nous le comprenions ainsi, ajoutant toutefois que le gouvernement qui venait de précipiter la France dans les abîmes d'une guerre, décidée avec folie et conduite avec absurdité, avait pour toujours terminé à Sedan sa fatale existence et ne resterait dans la nation française que comme un souvenir honteux et pénible. Sans faire d'objection à ce que je disais, le comte de Bismarck a protesté de nouveau contre toute idée d'intervenir dans nos affaires intérieures ; il voulut bien ajouter que ma présence au quartier général prussien et la réception que l'on m'y avait faite étaient une preuve de la sincérité de ce qu'il me disait, puisque — sans s'arrêter à ce qui se faisait à Cassel, — le chancelier de la Confédération du Nord était tout prêt à traiter avec l'envoyé extraordinaire de la République française. Après ces observations préliminaires, nous avons fait une première revue sommaire des questions soulevées par les propositions des puissances neutres :

« 1º Le principe de l'armistice ayant pour objet essentiel d'arrêter l'effusion du sang et de donner à la France les moyens de constituer un gouvernement fondé sur l'expression de la volonté de la nation ;

« 2º La durée de l'armistice en raison des délais nécessaires pour la formation d'une Assemblée souveraine.

« 3º La liberté des élections pleinement assurée dans les

provinces maintenant occupées par les troupes prussiennes.

« 4° La conduite des armées belligérantes pendant l'interruption des hostilités.

« 5° Enfin le ravitaillement des forteresses assiégées, et spécialement de Paris, pendant l'armistice.

« Sur ces cinq points, et spécialement sur le principe même de l'armistice, le comte de Bismarck ne m'a pas paru avoir des objections insurmontables, et à la fin de cette première conférence, qui a duré au moins quatre heures, je croyais que nous pourrions nous mettre d'accord sur tous les points et conclure une convention qui serait le premier pas vers un arrangement pacifique, si vivement désiré dans les deux hémisphères.

« Les conférences se sont succédé l'une à l'autre, et le plus souvent deux fois par jour, car je désirais ardemment arriver à un résultat qui pût mettre fin au bruit du canon que nous entendions constamment et dont chaque éclat me faisait craindre de nouvelles dévastations et de nouveaux sacrifices de victimes humaines Les objections faites et les solutions proposées sur les différents points mentionnés ci-dessus ont été, dans ces conférences, les suivantes :

« En ce qui touche le principe de l'armistice, le comte de Bismarck a déclaré qu'il était aussi désireux que les puissances neutres pourraient l'être elles-mêmes de terminer ou du moins de suspendre les hostilités et qu'il désirait la constitution en France d'un pouvoir avec lequel il pût contracter des engagements tout à la fois valables et durables. Il y avait, en conséquence, accord complet sur ce point essentiel, et toute discussion était superflue.

« En ce qui touche la durée de l'armistice, j'ai demandé au chancelier de la Confédération du Nord qu'elle fût fixée à vingt-cinq ou trente jours, vingt-cinq au moins. Douze jours au moins étaient nécessaires, lui ai-je dit, pour permettre aux électeurs de se consulter et de se mettre d'accord sur les choix à faire, un jour de plus pour voter, quatre ou cinq jours de plus pour donner aux candidats élus le temps, dans l'état actuel des routes, de s'assembler dans un lieu déterminé, et enfin huit ou dix jours pour une vérification sommaire des pouvoirs et la constitution de la future Assemblée nationale. Le comte de Bismarck ne contestait pas ces calculs; il faisait seulement remarquer que plus courte serait la durée, moins il serait difficile de conclure l'armistice proposé; il semblait toutefois incliner, comme moi-même, pour une durée de vingt-cinq jours.

« Vint ensuite la grand question des élections. Le comte de Bismarck voulut bien m'assurer que, dans les districts occupés par l'armée prussienne, les élections seraient aussi libres qu'elles l'aient jamais été en France. Je le remerciai de cette assurance qui me paraissait suffisante, si le comte de Bismarck, qui d'abord avait demandé qu'il n'y eût aucune exception à cette liberté des élections, n'avait fait quelques réserves relatives à certaines portions du territoire français le long de notre frontière, et qui, disait-il, étaient allemandes d'origine et de langage, je repris que l'armistice, si on voulait la conduire rapidement selon le désir général, ne devait préjuger aucune des questions qui pouvaient être agitées à l'occasion d'un traité de paix nettement déterminé : que, pour ma part, je refusais en ce moment d'entrer dans aucune discussion de ce genre et qu'en agissant ainsi j'obéissais à mes instructions et à mes sentiments personnels.

« Le comte de Bismarck répliqua que c'était aussi son opinion qu'aucune de ces questions ne fût touchée, et il me proposa de ne rien insérer sur ce sujet dans le traité d'armistice, de manière à ne rien préjuger sur ce point; que, quoiqu'il ne voulût permettre aucune agitation électorale dans les provinces en question, il ne ferait aucune objection à ce qu'elles fussent représentées dans l'Assemblée nationale par des notables qui seraient désignés comme nous le déciderions, sans aucune intervention de sa part, et qui jouiraient d'une liberté d'opinion aussi complète que tous les autres représentants de France.

« Cette question, la plus importante de toutes, étant en bonne voie de solution, nous avons procédé à l'examen de la conduite que devraient tenir les armées belligérantes pendant la suspension des hostilités. Le comte devait en référer aux généraux prussiens assemblés sous la présidence de S. M. le roi; et tout bien considéré, voici ce qui nous a paru équitable des deux côtés et en conformité avec les usages adoptés dans tous les cas semblables :

« Les armées belligérantes resteraient dans les positions même occupées le jour de la signature de l'armistice; une ligne réunissant tous les points où elles se seraient arrêtées formerait la ligne de démarcation qu'elles ne pourraient pas franchir, mais dans les limites de laquelle elles pourraient se mouvoir sans cependant engager aucun acte d'hostilité.

« Nous étions, je puis le dire, d'accord sur les divers points de cette négociation difficile, quand la dernière question s'est présentée ; à savoir le ravitaillement des forteresses assiégées, et principalement de Paris.

« Le comte de Bismarck n'avait soulevé aucune objection fondamentale à ce sujet ; il semblait seulement contester l'importance des quantités réclamées aussi bien que la difficulté de les réunir et de les introduire dans Paris (ce qui toutefois nous concernait seuls), et en ce qui concerne les quantités, je lui avais positivement déclaré qu'elles seraient l'objet d'une discussion amiable et mêmes de concessions importantes de notre part. Cette fois encore, le chancelier de la Confédération du Nord désira en référer aux autorités militaires auxquelles plusieurs autres questions avaient déjà été soumises, et nous convînmes de nous ajourner au jeudi 3 novembre pour la solution définitive de ce point.

« Le jeudi 3 novembre, le comte de Bismarck, que j'avais trouvé inquiet et préoccupé, me demanda si j'avais reçu des nouvelles de Paris; je lui répondis que je n'en avais pas depuis lundi soir, jour de mon départ de cette ville. Le comte de Bismarck était dans la même situation ; il me tendit alors le rapport des avant-postes, qui parlaient d'une révolution à Paris et d'un nouveau gouvernement. Était-ce là ce Paris dont les nouvelles les plus insignifiantes étaient naguère expédiées avec la rapidité de l'éclair et répandues en quelques minutes dans le monde entier? Pouvait-il avoir été la scène d'une révolution dont pendant trois jours rien n'avait transpiré à ses propres portes ?

« Profondément affligé par ce phénomène historique, je répliquai au comte de Bismarck que, le désordre eût-il été un moment triomphant à Paris, la tranquillité serait promptement rétablie grâce au profond amour de la population parisienne pour l'ordre, amour qui n'était égalé que par son patriotisme. Toutefois, mes pouvoirs n'étaient plus valables si ces rapports étaient bien fondés. Je fus ainsi obligé de suspendre mes négociations jusqu'à ce que des informations me fussent parvenues.

« Ayant obtenu du comte de Bismarck les moyens de correspondre avec Paris, je pus, le même jour jeudi, m'assurer de ce qui s'était passé le lundi et apprendre que je ne m'étais pas trompé en affirmant que le triomphe du désordre n'avait pu être que momentané.

« Le même soir, je me rendis chez le comte de Bismarck, et nous pûmes reprendre et continuer pendant une partie de la nuit la négociation qui avait été interrompue le matin. La question du ravitaillement de la capitale fut vivement débattue entre nous, et, pour ma part, j'ai maintenu fermement que toute demande relative aux quantités pourrait être modifiée après une discussion détaillée. Je pus bientôt m'apercevoir que ce n'était pas une question de détail, mais bien une question fondamentale qui avait été soulevée.

« J'ai vainement insisté auprès du comte de Bismarck sur ce grand principe des armistices qui veut que chaque belligérant se trouve, au terme de la suspension des hostilités, dans la même situation qu'au commencement ; que de ce principe, fondé en justice et en raison, était dérivé cet usage du ravitaillement des forteresses assiégées et de leur approvisionnement jour par jour de la nourriture d'un jour : autrement, disais-je au comte de Bismarck, un armistice suffirait à amener la reddition de la plus forte forteresse du monde.

Aucune réponse ne pouvait être faite, du moins le pensais-je, à cet exposé de principes et d'usages incontestés et incontestables.

« Le chancelier de la Confédération du Nord, parlant alors, non en son propre nom, mais au nom des autorités militaires, m'a déclaré que l'armistice était absolument contraire aux intérêts prussiens ; que nous donner un mois de répit était nous accorder le temps d'organiser nos armées ; qu'introduire dans Paris une certaine quantité de vivres difficile à déterminer, était donner à cette ville le moyen de prolonger indéfiniment son existence ; que de tels avantages ne pourraient nous être accordés sans des équivalents militaires (c'est l'expression même du comte de Bismarck).

« Je me hâtai de répliquer que, sans doute, l'armistice pouvait nous apporter quelques avantages matériels, mais que le cabinet prussien devait l'avoir prévu, puisqu'il en avait admis le principe ; que, toutefois, avoir calmé le sentiment national, avoir ainsi préparé la paix, en avoir rapproché le terme, avoir par-dessus tout, montré une juste déférence aux vœux déclarés de l'Europe, constituait pour la Prusse des avantages tout à fait équivalents aux avantages matériels qu'elle pouvait nous concéder.

« Je demandai ensuite au comte de Bismarck quels pouvaient être les équivalents militaires qu'il pouvait nous demander ; mais le comte de Bismarck mettait une grande circonspection à ne pas les préciser : il les fit connaître à la fin, mais avec une certaine réserve.

« C'était — disait-il, — une position militaire sous Paris. » Et, comme j'insistais davantage : « Un fort, — ajouta-t-il, — plus d'un peut-être. » J'arrêtai immédiatement le chancelier de la Confédération du Nord.

« C'est Paris — lui dis-je, — que vous nous demandez :
« car nous refuser le ravitaillement pendant l'armistice, c'est
« nous prendre un mois de notre résistance ; exiger de nous
« un ou plusieurs de nos forts, c'est nous demander nos rem-
« parts. C'est, en fait, demander Paris, puisque nous vous

« donnerions le moyen de l'affamer ou de le bombarder. En
« traitant avec nous d'un armistice, vous ne pouviez jamais
« supposer que la condition serait de vous abandonner Paris
« même, Paris notre force suprême, notre grande espérance
« et pour vous la grosse difficulté qu'après cinquante jours
« de siége vous n'avez encore pu surmonter. »

« Arrivés à ce point, nous ne pouvions plus continuer.

« Je fis remarquer à M. le comte de Bismarck qu'il était facile de s'apercevoir qu'à ce moment l'esprit militaire prévalait, dans les résolutions de la Prusse, sur l'esprit politique qui avait dernièrement conseillé la paix et tout ce qui pouvait y conduire ; je demandai alors au comte de Bismarck de faciliter encore une fois de plus mon voyage aux avant-postes, afin de me consulter sur la situation avec M. J. Favre ; il y consentit avec cette courtoisie que j'ai toujours rencontrée en lui en ce qui concerne les relations personnelles.

« En prenant congé de moi, le comte de Bismarck m'a chargé de déclarer au gouvernement français que, si le gouvernement avait le désir de faire les élections sans armistice, il permettrait qu'on les fît avec une parfaite liberté dans tous les lieux occupées par les armées prussiennes et qu'il faciliterait toute communication entre Paris et Tours pour toutes choses qui auraient rapport aux élections.

« J'ai conservé le souvenir de cette déclaration dans mon esprit. Le lendemain, 5 novembre, je me dirigeai vers les avant-postes français ; je les traversai afin de conférer avec M. J. Favre dans une maison abandonnée ; je lui ai fait un exposé complet de toute la situation, tant au point de vue politique qu'au point de vue militaire, lui donnant jusqu'au lendemain pour m'envoyer la réponse officielle du gouvernement et lui indiquant le moyen de me la faire parvenir à Versailles. Je la reçus le jour suivant, dimanche 6 novembre. On m'y ordonnait de rompre les négociations sur la question du ravitaillement, de quitter immédiatement le quartier général prussien et de me rendre à Tours, si j'y consentais, à la disposition du gouvernement, en cas que mon intervention pût être utile dans les négociations futures.

« Je communiquai cette résolution au comte de Bismarck, et je lui répétai que je ne pouvais abandonner ni la question des subsistances ni aucune des défenses de Paris et que je regrettais amèrement de n'avoir pu conclure un arrangement qui pourrait avoir été un premier pas pour la paix.

« Tel est le compte rendu fidèle des négociations, que j'adresse aux quatre puissances neutres qui ont eu la louable intention de désirer et de proposer une suspension d'armes qui nous aurait rapprochés du moment où toute l'Europe aurait respiré de nouveau, aurait repris les travaux de la civilisation et aurait cessé de se laisser aller à un sommeil sans cesse troublé par la frayeur que quelque accident lamentable ne surgisse et n'étende la conflagration de la guerre sur tout le continent.

« Il appartient maintenant aux puissances neutres de juger si une attention suffisante a été donnée à leur conseil; je suis sûr que ce n'est pas à nous qu'on peux faire le reproche de ne l'avoir pas estimé aussi haut qu'il le méritait. Après tout, nous les faisons juges des deux puissances belligérantes; et, pour ma part, comme homme et comme Français, je les remercie de l'appui qu'elles m'ont accordé dans mes efforts pour rendre à mon pays les bienfaits de la paix, de la paix qu'il a perdue, non par sa faute, mais par celle d'un gouvernement dont l'existence à été la seule erreur de la France : car, ça été une grande et irrémédiable erreur pour la France que de s'être choisi un pareil gouvernement et de lui avoir, sans contrôle, confié ses destinées.

« *Signé* : A. THIERS. »

N'est-il pas curieux d'entendre M. Thiers, l'auteur des fortifications de Paris, défendre son œuvre qui fut, à l'origine, l'objet de tant d'oppositions légitimes de la part des représentants de la nation et des chefs militaires? Car, supposer que l'ennemi pourra s'avancer jusqu'à Paris, c'est de deux choses l'une, ou tenter un effort superflu contre lui, ou pousser l'infatuation à ce point de croire que Paris seul, c'est la France et que peu importent les ruines du pays si la capitale est sauve. Voilà pourtant où mène le fanatisme de la centralisation.

L'armistice proposé était plus qu'à demi obtenu, quand la nouvelle de la journée du 31 octobre arrivant au camp prussien modifia aussitôt et en entier les dispositions précédentes de M. de Bismarck. Ce dernier — comme on l'a vu, — exigea des conditions plus dures, refusa le ravitaillement, réclama une *position militaire dans Paris, un fort, plus d'un* peut-être. Les négociations étaient rompues et *la guerre à outrance* était inaugurée par Gambetta.

Tout porte à croire que l'évolution du 31 octobre ne fût qu'un prétexte pour M. de Bismarck et qu'elle fut vue avec une certaine joie par M. de Moltke, partisan de la guerre acharnée qui, en obtempérant au ravitaillement de Paris, aurait ainsi fourni à la France des armes contre lui-même, en recommençant et par conséquent en prolongeant une lutte dont les armées allemandes avaient déjà cruellement souffert, en dépit des désastres qu'elles nous avaient infligés.

La période active du siége de Paris ne commença vraiment qu'au lendemain du rejet de l'armistice. Cependant l'ignorance d'un côté et, de l'autre, l'anarchie étaient telles dans le gouvernement que Trochu s'étonnait que les envahisseurs de l'Hôtel-de-Ville fussent armés de carabines Remington, tandis que ces carabines avaient été distribuées cependant par les mairies. En même temps, des arrêtés du ministre de l'agriculture faisaient réquisition de tout le bétail existant dans Paris, puis déclaraient que les chevaux, mulets et ânes destinés à la boucherie seraient désormais achetés par l'État et que la viande serait mise en vente dans chaque arrondissement de Paris en quantité proportionnelle à la population. C'était le rationnement du cheval après celui du bœuf et du mouton.

Paris revenait ou plutôt se cramponnait à l'espoir, lorsqu'une dépêche de Gambetta à J. Favre vint lui annoncer que l'armée de la Loire, sous les ordres du général d'Aurelles de Paladines, s'était emparée d'Orléans, le 10 novembre, après une lutte de deux jours, à la suite de la victoire de Coulmiers.

Pourquoi le général d'Aurelles de Paladines ne mit-il pas à profit son succès ? Et qui dira s'il n'y avait pas mieux à faire, après Coulmiers, que de couvrir Orléans, de surveiller l'ennemi et de le harceler par de vigoureuses reconnaissances ? Le général Chanzy semble indiquer dans son livre que le succès ne fut point poursuivi, d'abord parce que le gouvernement de Tours se préoccupa trop de la position d'Orléans, dont il voulait faire la base d'opérations ultérieures, ensuite parce que le général en chef ne trouva point l'armée de la Loire assez complète et assez outillée pour continuer à se porter en avant (1).

Pendant que ces événements s'accomplissaient sur la Loire et que le succès paraissait un moment revenir à nous, l'ennemi continuait à s'avancer en France, vers le Nord et vers l'Est, et si la résistance nationale n'avait pas à enregistrer de victoire, elle pouvait du moins s'énorgueillir de quelques faits d'armes isolés où se montrait encore l'antique valeur française. Mais, à côté de cela que de défaites accumulés ! combien de capitulations ! Dans un article de la *Gazette militaire* de Berlin, qui fit sensations en Allemagne et en France, l'auteur, officier prussien, signale parmi les causes de la chûte de tant de places fortes, *la résignation fataliste* qui semblait s'être emparée de nos commandants. S'il y eût eu dans la défense plus d'initiative privée, plus de force, les Allemands eussent rencontré d'autres obstacles en chemin. Chaque fois qu'on se redressa devant eux, ils éprouvaient des échecs; Châteaudun et Saint-Quentin sont là pour l'attester, avec Soissons et Verdun, sans oublier Phalsbourg et Bitche.

Paris éprouvait, chaque jour, de plus en plus, les horreurs

---

1. Chanzy, *La deuxième armée de la Loire*.

de la faim mêlées à la rigueur exceptionnelle de la saison qui annonçait le rude hiver que l'on n'a pas oublié, après douze ans écoulés. Ce fût alors que M. Jules Ferry, délégué à la mairie centrale de Paris en remplacement d'E. Arago qui venait de donner sa démission, arrivait à l'heure difficile où les vivres se faisaient plus rares, l'alimentation et le chauffage plus difficiles. C'était le moment où, malgré les réquisitions des bêtes à cornes, la viande manquait déjà ou semblait devoir manquer. On mangeait alors de l'âne, du mulet, des rats, des chats, des chiens. Au 20 novembre, l'âne et le mulet valaient de 6 à 8 francs le kilogramme ; une oie se payait de 20 à 30 francs ; une paire de lapins 30 francs ; le jambon 16 fr. le kilogr. ; une carpe 20 fr. ; le boisseau de pommes de terre, ramassées sous le feu des Prussiens par des maraudeurs, 6 fr. ; un choux 1 fr. 50 c.; le beurre frais, 40 fr. le kilog. Et bientôt ces prix déjà exorbitants allaient augmenter dans des proportions étranges, si bien que deux mois après ils étaient devenus impossibles.

La surexcitation des esprits s'était encore accrue par les nouvelles à sensation — bonnes ou mauvaises, — que le journal aux abois de Blanqui, *La patrie en danger* servait au public pour trouver des acheteurs. Exemple : « Minuit. (Dépêche particulière.) La nuit dernière, les éclaireurs Lafont ont pris quatorze pièces de canon prussiennes à Villemomble. Dans le parc ennemi, il y en avait trente-deux avec des attelages. Les éclaireurs n'ont pu en emmener que quatorze. Elles ont été conduites à Saint-Denis. »

Ce fait partait de l'imagination seule du journaliste.

Autre exemple : « Retour de Napoléon III. On nous communique la note suivante, signée par un citoyen des plus honorables. Nous la reproduisons néanmoins sous toutes réserves mais en appelant sur elle l'attention de nos lecteurs. « M. Théophile Haury, marchand de bœufs, 38, quai de l'Hôtel-« de-Ville, s'est échappé de Versailles le 15 novembre et est « arrivé à Paris le même jour à 11 heures du soir. Il déclare « avoir vu à Versailles, dans la calèche du roi Guillaume,

« l'ex-empereur des Français. Le général Trochu a été avisé
« de ce fait. »

N'est-ce pas là le *puff* à l'Américaine ?

Partout, dans Paris, des clubs où se débitaient les choses les plus échevelées et où s'essayait déjà l'impiété radicale. « Je voudrais, comme les Titans, escalader le ciel pour poignarder Dieu, » s'écriait un énergumène, qui se croyait orateur.

Le gouvernement, le général Trochu surtout, continuait à piétiner sur place tandis qu'il aurait fallu agir, montrer de l'audace, le succès nous eût récompensé, il n'y a pas lieu d'en douter ; les écrivains militaires de l'Allemagne nous ont depuis fait connaître que nous pouvions, en octobre, rompre sa ligne d'investissement devant Paris. Écoutons encore à ce propos M. J. de Wickede : « Il n'aurait pas été très-difficile aux Français — s'ils avaient eu, sous la direction d'un commandement central intelligent et énergique, une troupe de 4,000 à 5,000 hommes résolus, — de détruire en une seule nuit, au mois d'octobre, avant la capitulation de Metz, les tunnels mal gardés de Saverne et de Toul, ainsi que les ponts de Fontenay et de quelques autres localités bien choisies, de jeter le feu dans le parcs du train de Nancy, Châlons, Reims et Nogent, puis d'exercer de toutes parts, sur les derrières de l'armée d'invasion, des ravages d'une grande étendue. Si cela fut arrivé, le général de Moltke se serait vu contraint à abandonner aussitôt son audacieuse entreprise d'investir, au cœur de la France, une place comme Paris, contenant plus de 150,000 hommes de garnison, aussi longtemps que Metz avec son armée de 160,000 hommes n'était pas tombé en son pouvoir, et que le drapeau tricolore flottait encore sur Toul, Verdun, Langres, Phalsbourg, Montmédy, Longwy, Thionville et mainte autre forteresse.

« Peut-être y eût-il de grandes difficultés à retirer de devant Paris les troupes engagées si avant... Mais Moltke songeait à tout ; son état-major, admirablement instruit, étudiait toutes les dispositions jusque dans leurs plus menus détails ;

le roi Guillaume accompagnait tous les ordres donnés d'une signature qui imposait leur exécution ponctuelle et absolue ; on renvoyait de l'armée avec une juste rigueur tout officier qui prétendait agir à sa guise. Une télégraphie et une poste de campagne, qui faisaient leur œuvre avec une promptitude et une exactitude incomparables, maintenaient heure par heure, pour ainsi dire, les communications de tous les corps avec le quartier général. De la sorte, les généraux placés à leur tête recevaient constamment, et en temps utile, des instructions auxquelles ils n'avaient qu'à se conformer immédiatement pour être des anneaux solides de cette gigantesque chaîne de fer que le génie du grand stratège allemand promenait sur la France de manière à étreindre ce malheureux pays dans des cercles de plus en plus resserrés. »

Nous avons dû rapporter ce témoignage qui, en somme, est peu consolant et ajoute encore aux légitimes griefs amassés contre le gouvernement et principalement contre le général Trochu dont les rêveries et les atermoiements compromirent, dès les premiers jours, la grande œuvre de la défense qu'il semblait, seul alors, capable de mener à bonne fin.

Et d'ailleurs, M. de Moltke, qui avait passé de longues années à préparer son plan d'investissement, ne fut que trop bien servi par les circonstances et les hommes ; ses adversaires manquaient complètement de ce qui fit le succès du général prussien, la ténacité. Puis, chez nos ennemis la discipline était aussi sévère qu'elle l'était peu chez nous ; les Français se faisaient tuer mais ne savaient pas obéir, et dans la guerre comme et peut-être plus encore que dans bien d'autres circonstances, « l'obéissance vaut mieux que le sacrifice, » si héroïque qu'il soit.

Pour en revenir à la situation militaire de Paris, au moment où est parvenu ce récit, il n'y avait plus qu'une lueur d'espérance de salut dans la tentative de jonction de l'armée de la capitale avec celle de la Loire à travers les lignes prussiennes.

Autour de Paris, les troupes allemandes occupaient, à la fin de novembre, toutes les positions importantes. Partout des troupes, et le cercle d'investissement n'avait, sur aucun point, une solution de continuité. « En revanche, — dit un publiciste, — nous gardions l'avantage de pouvoir jeter en moins de temps sur un point donné un plus grand nombre de troupes, les renforts des Prussiens devant décrire, pour arriver, une circonférence autrement grande. Nous pouvions, de la sorte, espérer rompre la ligne ennemie, ou pour mieux dire leurs lignes, car ils avaient depuis septembre établi autour de Paris trois lignes d'ouvrages en quelque sorte concentriques et dont les derniers étaient justement les plus redoutables. Mais que ne fait-on pas avec l'abnégation et la foi ?

« Cette confiance superbe qui transporte les montagnes et accomplit les prodiges, il faut malheureusement reconnaître que le gouverneur de Paris ne la possédait pas. »

L'abnégation et la foi, deux vertus, deux puissants leviers qui manquèrent à Paris dès le premier jour du siége. « Donnez-moi un point d'appui — disait Archimède, — et je soulèverai le monde. » Ce point d'appui la capitale ne l'avait pas; d'abord follement enthousiaste et orgueilleuse, elle tomba bientôt des hauteurs de la présomption dans les profondeurs d'un découragement sans nom. Comment d'ailleurs se remonter le moral quand le chef suprême, le général Trochu déclarait, dès le commencement du siége, dès avant même le désastre de Sedan, que la défense de Paris était *une héroïque folie?* » Ce mot, il le répéta depuis plus d'une fois et il ajoutait que c'était une question d'une quinzaine de jours ; or, il y avait deux mois que cet état de choses durait.

CHAPITRE XI

La guerre se complique de la révolution. — Proclamation de Trochu. — —Enthousiasme provoqué par le général Ducrot. « Mort ou victorieux. » — Echec immense.—La circulaire de M. de Chaudordy aux agents diplomatiques de la France. — Sauvagerie et cruauté des Prussiens. — Double échec de MM. J. Favre et Thiers auprès de M. de Bismarck. — Que veut la Prusse ? — La justice, le droit et la civilisation. — Détails et faits — Sophisme sans nom. — Profanations sacrilèges. —Le droit des gens. — L'anéantissement de Paris rêvé par l'Allemagne. — Champigny. — Froid terrible du 2 au 3 décembre. — Echange de lettres entre le général de Moltke et Trochu. — Confiance opiniâtre des Parisiens. — Dépêches apocryphes. — Pourquoi et toujours pourquoi ? — Une erreur géographique de Gambetta. — Turenne et Trochu. — Ce que valent les renseignements officiels — Distinction subtile d'avocat. — M. de Freycinet au quartier du général d'Aurelles de Paladine. — A Paris. — Récit d'un Allemand. — Bravoure inutile des Français.

Ce qui—jusqu'à un certain point,—expliquerait et excuserait peut-être le découragement du général Trochu ou tout au moins son indécision, c'est que la révolution compliquait, au dedans de Paris, par ses menées, les difficultés déjà immenses d'une situation exceptionnelle et hérissée de tant de dangers. Enfin, le 27 novembre, sur une dépêche de Gambetta annonçant l'arrivée future et certaine de l'armée de la Loire dans la forêt de Fontainebleau, le 6 décembre, le gouverneur de Paris se décida à tenter une sortie.

Les proclamations affichées alors méritent d'être citées ; elles montrent bien quels étaient l'état de l'esprit public en même temps que les craintes légitimes inspirées par la révolution.

« Citoyens, — disait le général Trochu aux Parisiens, —

quelle que soit la violence des émotions qui nous agitent, ayons le courage de demeurer calmes. Quiconque fomenterait le moindre trouble dans la cité trahirait la cause de ses défenseurs et servirait celle de la Prusse... Cherchons surtout notre force dans l'inébranlable résolution d'étouffer, comme un germe de mort honteuse, tout ferment de discorde civile. »

On ne pouvait mieux mettre le doigt sur la plaie, mais qu'étaient-ce autre chose que des révolutionnaires émérites que les hommes qui venaient de rédiger et de signer cette proclamation et qui s'appelaient J. Favre, E. Arago, Jules Ferry, Hérold, etc?

La proclamation suivante du général Ducrot provoqua littéralement un enthousiasme que depuis on a fait payer trop cher à son auteur : « Le moment est venu de rompre le cercle de fer qui nous enserre depuis trop longtemps et menace de nous étouffer dans une lente et douloureuse agonie. A vous est dévolu l'honneur de tenter cette grande entreprise : vous vous en montrerez dignes, j'en ai la certitude...

« Pour moi, j'y suis bien résolu, j'en fais le serment devant vous, devant la nation tout entière : *je ne rentrerai dans Paris que mort ou victorieux;* vous pourrez me voir tomber, mais vous ne me verrez pas reculer. Alors ne vous arrêtez pas, mais vengez-moi... »

Le général Ducrot ne mourut pas et il ne fut pas vainqueur, deux choses que l'injustice des hommes ne lui pardonna pas, et cependant quelle héroïque vaillance il déploya dans cette lutte terrible où il semblait se multiplier et où il s'exposa avec une témérité vraiment chevaleresque. Mais, que peut la bravoure aventureuse en présence de la tactique raisonnée ?

Le soir du 28 novembre, les opérations projetées commençaient par une habile diversion ; l'affaire était vive et chaudement menée, l'entrain et la bravoure de nos soldats et de nos marins étaient admirables et l'on espérait pouvoir passer la Marne presque sans combat. Malheureusement l'opération, d'une audace très heureuse, ne réussit point parce que les ponts de bâteaux, qui devaient être jetés sur la Marne dans la nuit du 28 au 29, n'étaient pas tous prêts. Conçoit-on ce manque de précautions et était-il donc dit que jusqu'à la fin nos chefs supérieurs commettraient les mêmes erreurs et retomberaient dans les mêmes fautes? Il fallut ajourner l'attaque jusqu'au lendemain, et l'ennemi eut vingt-quatre heures pour préparer sa défense. (1)

Le 29 novembre, partait de Tours une circulaire adressée par M. de Chaudordy aux agents diplomatiques de la France; cette pièce trouve ici naturellement sa place dans l'ordre chronologique de cette histoire et surtout dans le tableau des actes nombreux de sauvagerie et de cruauté dont les armées prussiennes semblaient prendre à tâche de compliquer cette guerre déjà si terrible par elle-même. C'est là une peinture fidèle de l'épouvantable situation faite par l'ennemi aux populations de nos départements et aux héroïques défenseurs de notre sol.

« Depuis deux mois environ, — écrivait alors le représentant du ministre des affaires étrangères,—l'Europe épouvantée ne peut comprendre la prolongation d'une guerre sans exemple et qui est devenue aussi inutile que désastreuse. Les ruines qui en sont la conséquence s'étendent sur le monde entier, et l'on se demande à la fois quelle peut être la cause d'une telle lutte et quel en est le but.

« Le 18 septembre dernier, M. J. Favre, vice-président du gouvernement de la défense nationale et ministre des affaires étrangères, se rendit à Ferrières pour demander la paix au roi de Prusse. On sait la hauteur avec laquelle on s'en est expliqué avec lui. Les puissances neutres ayant fait comprendre depuis qu'un armistice militaire était le seul terrain sur lequel il fallait se placer pour arriver ensuite à une pacification, le comte de Bismarck s'y montra d'abord favorable, et des pourparlers s'ouvrirent à Versailles. M. Thiers consentit à y aller pour négocier sur cette base. Vous avez appris quel refus déguisé la Prusse lui a opposé. On doit reconnaître ce-

1. Violet Leduc, *Mémoire sur la défense de Paris.*

pendant que les deux plénipotentiaires ne pouvaient être mieux choisis pour inspirer confiance au quartier général prussien et mener à fin la triste et délicate mission dont ils avaient si noblement pris la responsabilité. La sincérité de leur amour pour la paix n'était pas douteuse. M. de Bismarck savait bien que leur parole avait pour garant le pays tout entier. L'un et l'autre pourtant ont été écartés, et le cours funeste de la guerre n'a pu être suspendu.

« Que veut donc la Prusse? Le souverain auquel il avait été annoncé qu'on faisait exclusivement la guerre est tombé et son gouvernement avec lui. Il ne reste aujourd'hui que les citoyens en armes, ceux-là mêmes que le roi Guillaume déclarait ne vouloir pas attaquer et un gouvernement où siègent des hommes qui tiennent à honneur de s'être opposés de toutes leurs forces à l'entreprise qui devait couvrir de ruines le sol de notre patrie.

« Que faut-il croire? Serait il vrai que nos ennemis veuillent réellement nous détruire? La Prusse n'a plus maintenant devant elle que la France; c'est donc à la France même, à la nation armée pour défendre son existence que la Prusse a déclaré cette nouvelle guerre d'extermination, qu'elle poursuit comme un défi jeté au monde contre la justice, le droit et la civilisation.

« C'est au nom de ces trois grands principes modernes outrageusement violés contre nous que nous en appelons à la conscience de l'humanité, avec la confiance que, malgré tant de malheurs, notre devoir imprescriptible est de sauvegarder la morale internationale. Est-il juste, en effet, quand le but d'une guerre est atteint, que Dieu vous a donné des succès inespérés, que vous avez détruit les armées de votre ennemi, que cet ennemi lui-même est renversé, de continuer la guerre pour le seul résultat d'anéantir ou forcer à se rendre par le feu ou la faim une grande capitale toute pleine de richesses des arts, des sciences et de l'industrie? Y a-t-il un droit quelconque qui permette à un peuple d'en détruire un autre et de vouloir l'effacer? Prétendre à ce but n'est plus qu'un acte sauvage qui nous reporte à l'époque des invasions barbares. La civilisation n'est-elle pas méconnue complètement lorsqu'en se couvrant des nécessités de la guerre on incendie, on ravage la propriété privée, avec les circonstances les plus cruelles? Il faut que ces actes soient connus: nous savons les conséquences de la victoire et les nécessités qu'entraînent d'aussi vastes opérations stratégiques. Nous n'insisterons pas sur ces réquisitions démesurées en matière et en argent, non plus que sur cette espèce de marchandage militaire qui consiste à imposer les contribuables au delà de toutes les ressources. Nous laissons l'Europe juger jusqu'à quel point ces excès furent coupables; mais on ne s'est pas contenté d'écraser ainsi les villes et les villages, on a fait main basse sur la propriété privée des citoyens.

« Après avoir vu leur domicile envahi, après avoir subi les plus dures exigences, les familles ont dû livrer leur argenterie et leurs bijoux. Tout ce qui était précieux a été saisi par l'ennemi et entassé dans ses sacs et ses chariots; des effets d'habillement enlevés dans les maisons et dérobés chez les marchands, des objets de toute sorte, des pendules, des montres ont été trouvés sur les prisonniers tombés entre nos mains. On s'est fait livrer et on a pris au besoin aux particuliers de l'argent. Tel propriétaire arrêté dans son château a été condamné à payer une rançon personnelle de 80 000 fr.; tel autre s'est vu dérober les châles, les fourrures, les robes de soie de sa femme. Partout les caves ont été vidées, les vins empaquetés, chargés sur des voitures et emportés ailleurs, et pour punir une ville de l'acte d'un citoyen coupable uniquement de s'être levé contre les envahisseurs, des officiers supérieurs ont ordonné le pillage et l'incendie, abusant pour cette exécution sauvage, de l'implacable discipline imposée à leurs troupes. Toute maison où un franc-tireur a été abrité et nourri est incendiée. Voilà pour la propriété!

« La vie humaine n'a pas été respectée davantage. Alors que la nation entière est appelée aux armes, on a fusillé impitoyablement, non seulement des paysans soulevés contre l'étranger, mais encore des soldats pourvus de commissions et revêtus d'uniformes légalisés. On a condamné à mort ceux qui tentaient de franchir les lignes prussiennes, même pour leurs affaires privées. L'intimidation est devenue un moyen de guerre. On a voulu frapper de terreur les populations et paralyser en elles tout élan patriotique. Et c'est ce calcul qui a conduit les états-majors prussiens à un procédé unique dans l'histoire : le bombardement des villes ouvertes. Le fait de lancer sur une ville des projectiles explosibles et incendiaires n'est considéré comme légitime que dans les circonstances extrêmes et strictement déterminées. Mais dans ces cas mêmes, il était d'un usage constant d'avertir les habitants, et jamais l'idée n'était entrée jusqu'à présent dans aucun esprit que cet épouvantable moyen de guerre pût être employé d'une manière préventive. Incendier les maisons, massacrer de loin les vieillards et les femmes, attaquer pour ainsi dire les défenseurs dans l'existence de leurs familles, les atteindre dans les sentiments les plus profonds de l'humanité pour qu'ils viennent ensuite s'abaisser devant le vainqueur et solliciter les humiliations de la nation ennemie, c'est un raffinement de violence calculée qui touche à la torture.

« On a été plus loin cependant, et se prévalant par un sophisme sans nom de ces cruautés mêmes, on s'en fait une arme. On a osé prétendre que toute ville qui se défend est une place de guerre et que puisqu'on la bombarde, on a ensuite le droit de la traiter en forteresse prise d'assaut. On y met le feu après avoir inondé de pétrole les portes et les boiseries des maisons. Si on a épargné le pillage, on n'en exploite pas moins contre la cité la guerre qu'elle doit payer en se laissant rançonner à merci. Et même, lorsqu'une ville ouverte ne se défend pas, on a pratiqué le bombardement sans explication préalable et avoué que c'était le moyen de la traiter comme si elle s'était défendue et qu'elle eût été prise d'assaut. Il ne restait plus pour compléter ce code barbare qu'à rétablir la pratique des ôtages. La Prusse l'a fait. Elle a établi partout un système de responsabilité indirecte qui, parmi tant de faits iniques, restera comme le trait le plus caractéristique de sa conduite à notre égard.

« Pour garantir la sûreté de ses transports et la tranquillité de ses campements, elle a imaginé de punir toute atteinte portée à ses soldats ou à ses convois par l'emprisonnement, l'exil ou même la mort d'un des notables du pays. L'honorabilité de ces hommes est devenue un danger pour eux. Ils ont à répondre sur leur fortune et sur leur vie d'actes qu'ils ne pouvaient ni prévenir ni réprimer et qui, d'ailleurs, n'étaient que l'exercice légitime du droit de défense. Elle a emmené quarante otages parmi les habitants notables des villes de Dijon, Gray et Vesoul, sous prétexte que nous ne mettons pas en liberté quarante capitaines de navires fait prisonniers selon les lois de la guerre. Mais ces mesures, de quelques brutalités qu'elles fussent accompagnées dans l'application, laissèrent au moins intacte la dignité de ceux qui avaient à les subir. Il devait être donné à la Prusse de joindre l'outrage à l'oppression. On a exigé de malheureux paysans entraînés par force, retenus sous menace de mort, de travailler à fortifier les ouvrages ennemis et à agir contre les défenseurs de leur propre pays. On a vu des magistrats, dont l'âge aurait inspiré le respect aux cœurs les plus endurcis, exposés sur les machines des chemins de fer à toutes les rigueurs de la mauvaise saison et aux insultes des soldats.

« Les sanctuaires, les églises ont été profanés et matériellement souillés. Les prêtres ont été frappés, les femmes maltraitées, heureuses encore lorsqu'elles n'ont pas eu à subir de plus cruels traitements.

« Il semble qu'à cette limite il ne reste plus dans ce qu'on appelait jusqu'ici du plus beau nom, le droit des gens, aucun article qui n'ait été violé outrageusement par la Prusse. Les actes ont-ils jamais à ce point démenti les paroles ?

« Tels sont les faits. La responsabilité en pèse tout entière sur le gouvernement prussien. Rien ne les a provoqués et aucun d'eux ne porte la marque de ces violences désordonnées auxquelles cèdent parfois les armées en campagne. Il faut qu'on le sache bien, ils sont le résultat d'un système réfléchi, dont les états-majors ont poursuivi l'application avec une rigueur scientifique. Ces arrestations arbitraires ont été décrétées au quartier général, ces cruautés résolues comme un moyen d'intimidation, ces réquisitions étudiées d'avance, ces incendies allumés froidement avec des ingrédients chimiques soigneusement apportés, ces bombardements contre des habitants inoffensifs ordonnés Tout a donc été voulu et prémédité. C'est le caractère propre aux horreurs qui font de cette guerre la honte de notre siècle.

« La Prusse a non-seulement méconnu les lois les plus sacrées de l'humanité, elle a manqué à ses engagements personnels. Elle s'honorait de mener un peuple en armes à une guerre nationale. Elle prenait le monde civilisé à témoin de son bon droit. Elle conduit maintenant à une guerre d'extermination ses troupes transformées en hordes de pillards, elle n'a profité de la civilisation moderne que pour perfectionner l'art de la destruction. Et, comme conséquence de cette campagne, elle annonce à l'Europe l'anéantissement de Paris, de ses monuments, de ses trésors et la vaste curée à laquelle elle a convié l'Allemagne.

« Voilà, Monsieur, ce que je désire que vous sachiez. Nous ne parlons ici qu'à la suite d'enquêtes irrécusables ; s'il faut produire des exemples, ils ne nous manqueront pas, et vous pourrez en juger par les documents joints à cette circulaire. Vous entretiendrez de ces faits les membres du gouvernement auprès duquel vous êtes accrédité.

« Ces appréciations ne sont pas destinées à eux seuls et vous pourrez les présenter librement à tous. Il est utile qu'au moment où s'accomplissent de pareils actes, chacun puisse prendre la responsabilité de sa conduite, aussi bien les gouvernements qui doivent agir que les peuples qui doivent signaler ces faits à l'indignation de leurs gouvernements.

« Pour le ministre des affaires étrangères,

« *Le délégué,*

« CHAUDORDY »

Les combats se poursuivaient cependant avec des fortunes diverses mais avec un égal acharnement des deux côtés ; enfin Champigny était enlevé aux Allemands et nous aurions pu, maîtres de la plaine, rejoindre la division Susbielle qui formait notre droite, si son mouvement de recul n'avait laissé la route de Versailles au pouvoir de l'ennemi. La lutte avait été ardente et un soldat allemand — dont le récit parut dans le *Mercure de Souabe*, — la compara à la bataille de Gravelotte. « Nos pertes (dit-il,) sont épouvantables. »

Ces avantages partiels si chèrement payés par des désastres font penser à une sorte de jeu de hasard ou plutôt encore à un homme qui, poussant les pièces sur un échiquier, gagnerait et perdrait tour à tour la partie, sans pouvoir s'expliquer davantage ses succès que ses fautes.

Le froid intense du 2 au 3 décembre força nos soldats à abandonner une position si vaillamment conquise. On repassa la Marne. On était vaincu après deux jours de victoires. On reculait. Quel écroulement! L'armée française avait perdu 6,030 hommes dont 414 officiers ; les Allemands avaient éprouvé des pertes plus considérables encore. Rien n'était changé dans le sort de Paris. Le blocus continuait. Paris ne pouvait en croire ses yeux, et les assiégés, ne doutant pas que l'armée de la Loire ne fût proche, continuaient à attendre l'arrivée prochaine des soldats d'Aurelles de Paladines.

Tout à coup, le soir du 6 décembre, Paris apprit qu'un échange de lettres avait eu lieu entre le général de Moltke et le général Trochu ; une affiche posée sur tous les murs contenait les faits suivants : « Hier au soir, le gouvernement a reçu une lettre dont voici le texte :

Versailles, le 5 décembre 1870.

« Il pourrait être utile d'informer Votre Excellence que l'armée de la Loire a été défaite hier près d'Orléans et que cette ville est réoccupée par les troupes allemandes.

« Si toutefois Votre Excellence *jugera* à propos de s'en

convaincre par un de ses officiers, je ne manquerai pas de le munir d'un sauf-conduit pour aller et venir.

« Agréez, etc.

Le chef d'état-major,

« Comte de MOLTKE. »

« Le gouverneur a répondu :

« J'ai l'honneur de vous accuser réception de cette communication, que je ne crois pas devoir faire vérifier par les moyens que Votre Excellence m'indique.

« Agréez, etc.

Le gouverneur de Paris,

« Général TROCHU. »

« Cette nouvelle, qui nous vient de l'ennemi, *en la supposant exacte,* ne nous ôte pas le droit de compter sur le grand mouvement de la France accourant à notre secours. Elle ne change rien ni à nos résolutions ni à nos devoirs. Un seul mot les résume : Combattre !... »

« La confiance des Parisiens était si grande que personne n'ajouta foi à la communication de M. de Moltke. On y vit une de ces ruses dont les Allemands sont coutumiers... On crut bien davantage encore que le chef d'état-major de l'armée prussienne avait essayé de tromper la bonne foi du général Trochu, *ce qui, en y réfléchissant, était invraisemblable.* On crut que la nouvelle de cette défaite de l'armée de la Loire était fausse, lorsque deux pigeons, sans doute interceptés par les Prussiens nous arrivèrent, annonçant des succès inouïs des armées allemandes, Rouen occupé, Orléans repris, Bourges et Tours menacés, et cela par deux dépêches signées, l'une *comte de Pujol,* l'autre *A. Lavertujon.* Or, M. Lavertujon était enfermé dans Paris, où il occupait les fonctions de secrétaire du gouvernement. Les dépêches étaient donc une lourde invention de quelques officiers allemands en gaieté.

« Hélas ! si les dépêches apocryphes étaient exagérées, la vérité que Paris allait bientôt apprendre n'en était pas moins terrible. Orléans était en effet repris, et l'armée de la Loire était défaite. Les Prussiens menaçaient d'occuper Rouen, et le gouvernement de Tours se repliait maintenant sur Bordeaux. Quels désastres! Et malgré le ton rassurant de la fin de la dépêche qui apportait la nouvelle de ces déplorables événements, Paris se sentit pour la première fois abandonné et comme perdu... » (1)

Avant d'aller plus loin, il n'est pas inutile de se poser ici une question et surtout d'y répondre catégoriquement; pouvions-nous, malgré l'acharnement de la mauvaise fortune et notre infériorité matérielle, triompher de l'invasion allemande? Au lendemain de la victoire de Coulmiers qui ouvrait au général d'Aurelle de Paladines la route de Paris, pourquoi l'armée de la Loire demeura-t-elle inactive dans les positions qu'elle venait de conquérir, au lieu d'arriver sous les murs de la capitale avant que l'armée du prince Frédéric-Charles ne vînt apporter son secours aux Allemands battus? Est-ce parce que le général français augura peu de la cohésion de ses troupes, de l'état de son matériel de guerre, de l'équipement de ses hommes? Rien de plus vraisemblable, certes. Mais ce fut — avant tout, — la faculté d'oser qui manqua alors au général ainsi qu'à la plupart de nos chefs militaires, et en contraignant ses soldats à s'immobiliser pour ainsi dire pendant de longues journées dans des campements boueux, il tarit leur énergie. Cependant le prince Frédéric Charles s'avançait et il établissait son quartier général à Pithiviers, le 21 novembre, pendant que von der Thann, concentré à Étampes, recevait des secours de l'armée cantonnée autour de Paris. Ainsi se fermaient devant le général d'Aurelle de Paladine les deux routes qui l'auraient conduit à Paris.

En présence de l'attitude menaçante de l'ennemi, il fallait prendre un parti rapide et décisif. Le gouvernement de Tours venait de recevoir la nouvelle de la sortie de Ducrot, et, à cause de l'erreur géographique qui faisait prendre le village

---

1. J. Claretie, tome I, p. 416, col. 1 et 2.

d'Épinay sous Paris pour celui d'Épinay-sur-Orge, il croyait déjà que l'armée prussienne avançait rapidement. On en jugera par la proclamation suivante, élucubration sonore de Gambetta :

« L'affaire a été rapportée à Paris par le général Trochu. Ce rapport, où on fait l'éloge de tous, ne passe sous silence que la grande part du général Trochu à l'action ; *ainsi faisait Turenne*. Il est constant qu'il a rétabli le combat sur plusieurs points en entraînant l'infanterie par sa présence. Durant cette bataille, le périmètre de Paris était couvert par un feu formidable, l'artillerie fouillant toutes les positions de la ligne d'investissement.

« L'attaque de nos troupes a été soutenue pendant toute l'action par des canonnières lancées sur la Marne et sur la Seine. Le chemin de fer circulaire de M. Dorian, dont on ne saurait trop célébrer le génie militaire, a coopéré à l'action à l'aide de wagons blindés faisant feu sur l'ennemi. Cette même journée du 30, dans l'après-midi, a donné lieu à une pointe vigoureuse de l'amiral La Roncière, toujours dans la direction de l'Hay et Chevilly.

« Il s'est avancé sur Longjumeau et a enlevé les positions d'Épinay, au delà de Longjumeau, positions retranchées des Prussiens qui nous ont laissé de nombreux prisonniers et encore deux canons.

« A l'heure où nous lisons la dépêche de Paris, une action générale doit être engagée sur toute la ligne...

« D'aussi considérables résultats n'ont pu être achetés que par de glorieuses pertes : 2,000 blessés... Les pertes prussiennes sont très considérables.

« Tous ces renseignements sont officiels...

« Le génie de la France, un moment voilé, réapparaît.

« Grâce aux efforts du pays tout entier, la victoire nous revient, et, comme pour nous faire oublier la longue série de nos infortunes, elle nous favorise sur presque tous les points. En effet, notre armée de la Loire a déconcerté, depuis trois semaines, les plans des Prussiens et repoussé toutes leurs attaques. Leur tactique a été impuissante sur la solidité de nos troupes....

« Étrépagny a été enlevé aux Prussiens et Amiens évacué à la suite de la bataille de Paris.

« Nos troupes d'Orléans sont vigoureusement lancées en avant. Nos deux grandes armées marchent à la rencontre l'une de l'autre. Dans leurs rangs chaque officier, chaque soldat voit qu'il tient dans ses mains le sort même de la patrie ; cela seul les rend invincibles. Qui donc douterait désormais de l'issue finale de cette lutte gigantesque ?

« Les Prussiens peuvent mesurer aujourd'hui la différence qui existe entre un despote qui se bat pour satisfaire ses caprices et un peuple armé qui ne veut pas périr. Ce sera l'éternel honneur de la République d'avoir rendu à la France le sentiment d'elle-même ; et l'ayant trouvée abaissée, désarmée, trahie, occupée par l'étranger, de lui avoir ramené l'honneur, la discipline, les armes, la victoire.

« L. GAMBETTA. »

Dans la soirée du 30 novembre, M. Freycinet, délégué du ministre de la guerre, arrivait au quartier du général d'Aurelle de Paladines. Il conseillait, il commandait une action générale qui, décisive quinze jours auparavant, était plus douteuse aujourd'hui, à cause de l'accumulation des forces allemandes. Il s'agissait de marcher à la rencontre de Ducrot qui — disait-on, — avait, devant Paris, percé les lignes prussiennes. On se joindrait à Pithiviers. Les généraux d'Aurelle de Paladines, Chanzy et Borel hésitèrent d'abord, puis, convaincus que Ducrot tenait la campagne, ils se résolurent à marcher de l'avant. A cette heure de confiance, malgré notre faiblesse numérique et une artillerie insuffisante, l'armée, enthousiasmée par la nouvelle des victoires de Ducrot, n'eût pas hésité à se jeter sur un ennemi deux fois plus nombreux.

Des avantages brillants répondirent d'abord à la confiance de l'armée de la Loire, et cette confiance fut doublée par la proclamation que le général d'Aurelle de Paladines adressa à ses troupes :

« Paris, par un sublime effort de courage et de patriotisme, a rompu les lignes prussiennes.

« Le général Ducrot à la tête de son armée, marche vers nous.

« Marchons vers lui avec l'élan dont l'armée de Paris nous donne l'exemple.....

« Nous pouvons sauver la France.

« Vous avez devant vous cette armée prussienne que vous venez de vaincre sous Orléans : vous la vaincrez encore.

« Marchons donc avec résolution et confiance en avant, sans calculer le danger... »

Lorsque l'armée française s'ébranla pour attaquer les positions ennemies, il n'y avait qu'un cri dans ses rangs : « A Paris ! Nous allons à Paris. » L'élan fut vraiment irrésistible.

« Des rangées entières de nos troupes — écrit un journaliste allemand, — tombaient les unes sur les autres. Notre attaque avait échoué, et les deux brigades durent retourner à leurs abris. Là, elles se rangèrent de nouveau en ordre, tandis que la 2ᵉ brigade se sépara pour marcher sur la gauche de l'ennemi, au delà de Maladrerie, et empêcher le mouvement tournant. Les 1ʳᵉ, 3ᵉ et 4ᵉ brigades demeurèrent dans le parc et dans les attenants pour soutenir l'attaque de l'ennemi (les Français), qui, à chaque instant, devenait plus fort et plus indomptable.

« C'est à ce moment qu'un nouvel élan en avant fut tenté. L'ennemi entourait tout entier le château de Goury ; sa canonnade s'étendait au-dessus de Loigny, vers Maladrerie, le terrain des environs de Loigny était tout entier dans ses mains et les trois brigades étaient tournées, presque cernées. Notre artillerie était en majeure partie comprise dans la ligne qui nous enveloppait. Les trois brigades furent alors réunies, et on leur dit qu'il fallait briser le cercle de fer que l'ennemi avait tracé autour d'elles.

« Elles s'élancèrent dès lors au galop, s'avancèrent une

centaine de pas et lâchèrent plusieurs salves contre l'ennemi qui ne l'ébranlèrent point dans ses positions. Bien au contraire, elles n'en furent que davantage à la portée des balles de chassepot et des boulets de l'artillerie. Les rangs commencèrent à ployer ; aussitôt l'ennemi se précipita furieux, et, ne pouvant résister à l'effort de ces masses colossales, nos brigades fortement décimées durent se replier sur les bâtiments et dans le parc, toujours poursuivies par le feu ennemi.

« *La situation était des plus périlleuses.* Les munitions en même temps commençaient à manquer dans quelques régiments ; les rangs étaient fortements éclaircis ; des bataillons avaient perdu presque la moitié de leur effectif, et l'ennemi s'approchait toujours en masses de plus en plus compactes.

« *Encore une demi-heure et le corps de von der Tann était anéanti, et la plus grande partie des canons tombaient aux mains de l'ennemi.* L'ordre ne se maintenait plus convenablement, les troupes de divers régiments se trouvaient mêlées, et le découragement commençait à s'emparer des troupes. »

Malheureusement les Français ne soupçonnèrent pas le danger que courut alors l'armée tout entière de von der Tann qu'ils auraient pu achever d'écraser. Mais, vers deux heures de l'après-midi, une forte canonnade se fit entendre à la gauche de Goury. Les Prussiens accouraient, et la victoire allait nous échapper.

CHAPITRE XII

Le général Gaston de Sonis. — Belle parole. — Chanzy et *la retraite infernale.* — Ce que l'ennemi pensait de l'armée de la Loire.—Gambetta continue à déguiser la vérité. — Progrès de l'invasion en province. — Situation de plus en plus critique de Paris. — Une affiche aux Parisiens. — Incurable orgueil de la grande ville. — Des paroles et pas d'actions. — Pourquoi ? — Manque de vigueur et d'audace. — Rien que des promesses. — Froid terrible. — L'ivrognerie à l'ordre du jour. — Vains efforts du général Clément Thomas. — Le 1er janvier 1871, à Bordeaux. — Gambetta au balcon de la préfecture. — Son discours à la foule. — « L'empire c'est la paix ! » — Souvenir du 4 septembre. — La république est immortelle. — La liberté et l'opinion. — Outrecuidance et mensonge. — L'arbitraire d'abord, puis la tyrannie. — Le bombardement de Paris.— Encore des bravades. — Combattre et vaincre. — Appel à l'armée de la Loire et à l'armée du Nord.—Simulacre d'opération offensive.—Réquisitoire de Delescluze contre Trochu et ses collègues. — On jongle avec les chiffres. — La Commune s'accentue de plus en plus. — Appel au *grand peuple de 89.* — " Place au peuple ! place à la Commune ! » — " Le gouverneur de Paris ne capitulera pas. » — Le commerce des obus.— Le moment psychologique. — Projets désespérés et insensés.

Cependant, on se battait toujours devant Loigny ; le général Gaston de Sonis était là, et on savait de lui ce mot : « En partant pour l'armée, je me condamne à mort. » Il amenait avec lui cette poignée héroïque de volontaires de l'Ouest qui, arborant un étendard sacré, étaient guidés par le colonel Athanase de Charette. C'étaient les zouaves pontificaux. Après un effort désespéré, admirable, écrasés par les bataillons ennemis et ayant perdu 198 des leurs sur 300 qu'ils étaient, ils durent battre en retraite. M. de Charette était tombé, blessé d'une balle à la cuisse.

Ce ne fut plus qu'une série de désastres navrants ; l'armée de la Loire repoussée, l'ennemi rentrait à Orléans. Le spectacle fut lugubre, au dire d'un témoin.

Dans cette retraite, un homme nouveau venait de se révéler ; on a nommé le général Chanzy : jeune encore (quarante-sept ans), profondément sympathique, il exerça une grande et salutaire influence sur le moral du soldat français. A Coulmiers, il avait contribué pour sa bonne part au succès de la journée. Il enlevait, à la tête du 16e corps, les fortes positions occupées à Patay par l'armée ennemie. Enfin, sa retraite, où pendant plus d'un mois presque chaque jour il livra bataille à un ennemi supérieur en nombre, qu'il arrêta presque toujours et qu'il battit quelquefois, a pu être surnommée par l'étranger *la retraite infernale*.

L'armée de la Loire, maintenant séparée en deux tronçons, l'un reformé à Bourges, sous Bourbaki, l'autre, demeuré entre les mains de Chanzy, devait encore inquiéter l'ennemi. Ce qui manqua ici, comme partout et toujours en France, ce fut l'organisation solide des cadres ; tout fut abandonné à l'improvisation, or

>   Le temps consacre peu ce que l'on fait sans lui.

Voici quelques lignes du témoignage non suspect d'un Allemand ; il écrivait, le 3 décembre, à la *Gazette de Cologne* dont il était le correspondant : « Je ne suis pas loin de croire que cette armée (celle de la Loire), sous la direction d'un général habile, aurait pu faire beaucoup. Son attitude militaire, son armement, notamment le chassepot, est parfait, et si cette armée avait encore eu quatre semaines pour se former complétement, elle serait devenue pour nous un adversaire dangereux.....

« L'armée de la Loire se compose d'un grand nombre d'éléments distincts.... Il est très dur de venir à bout d'une armée composée de tant de variétés qui se réunissent tous dans un même sentiment de patriotisme.

« Ils sont tous très habiles dans l'art de tirer, et le bruit du fusil semble leur produire un vif plaisir..... »

Que n'eût-on pas fait avec de tels hommes bien commandés et surtout régulièrement organisés !

Le mois de décembre commencé sous les plus tristes auspices fut terrible pour le pays ; les revers semblaient s'accumuler fatalement. Cependant Gambetta, grisé par ses illusions, télégraphiait de Bourges, où se reformait l'armée de Bourbaki :

« L'armée de la Loire est loin d'être anéantie, elle est séparée en deux armées d'égale force.

« *Le mouvement de retraite des Prussiens s'est accentué. Ils paraissent las de la guerre. Si nous pouvons durer, et nous le pouvons si nous le voulons énergiquement, nous triompherons d'eux.* Ils ont déjà éprouvé des pertes énormes, suivant des rapports qui m'ont été faits ; *ils se ravitaillent difficilement...* »

A qui espérait-on en imposer avec de pareilles assurances que chaque jour démentait cruellement ?

Tandis qu'en province l'invasion faisait des progrès quotidiens, dans Paris la situation devenait, pour les assiégés, de plus en plus critique. Chaque jour voyait diminuer les ressources dont pouvait disposer la défense. Depuis la sortie tentée du côté de la Marne l'inaction prolongée semblait être à l'ordre du jour et cependant la famine poursuivait son œuvre lente et sûre, elle allait bientôt arriver à son apogée, à sa crise suprême. C'était bien là où l'ennemi attendait la capitale, comme d'ailleurs M. de Bismarck le déclarait à Jules Favre, dans les derniers jours de septembre. Pour faire patienter la population, le gouvernement, le 12 décembre, s'exprimait ainsi dans une affiche *aux habitants de Paris :*

Hier, des bruits inquiétants répandus dans la population ont fait affluer les consommateurs dans certaines boulangeries.

« On craignait le rationnement du pain.

« *La consommation du pain ne sera pas rationnée.*

« Le gouvernement a le devoir de veiller à la subsistance de la population : c'est un devoir qu'il remplit avec la plus grande vigilance. *Nous sommes encore fort éloignés du terme où les approvisionnements deviendraient insuffisants.*

« La plupart des sièges ont été troublés par des paniques. La population de Paris est trop intelligente pour que ce fléau ne nous soit pas épargné. »

Tout cela, c'était des phrases et de vagues promesses peu faites pour rassurer l'esprit public, et d'ailleurs la faim ne se paie pas de banalités de cette sorte. Cependant, on continuait à avoir une confiance dont la perte serait terrible; car, on allait bientôt apprendre que ces approvisionnements *assurés* ne l'étaient que pour un mois. Le pain, cet aliment indispensable, devenait de plus en plus mauvais.

Paris recevait, depuis les combats de Loigny et d'Artenay, des nouvelles inquiétantes des armées de province. Mais, tel était son incurable orgueil que rien ne pouvait l'abattre, même l'évidence la plus patente; malgré des revers de plus en plus accumulés, le mot d'ordre était toujours le même, en décembre comme en septembre : « Pas un pouce de notre territoire ! pas une pierre de nos forteresses ! »

Cependant le gouvernement de Paris, se dépensant en paroles, n'agissait pas. Qu'attendait-il donc ? Le colonel Rüstow a donné une des causes — la principale, — de nos échecs successifs et presqu'incessants : « Le peu de mobilité des masses françaises qui (dit-il,) obligeait les chefs supérieurs à s'occuper des plus petits détails avait nécessairement pour conséquences que les troupes françaises devaient toujours être mises en mouvement de très bonne heure, ce qui n'avait jamais lieu sans beaucoup de bruit, de sorte que les Prussiens étaient toujours promptement informés des grands mouvements et que les troupes françaises étaient très fatiguées par les seuls préparatifs de ces mouvements (1).

Nos généraux, d'ailleurs, pour la plupart, manquaient de vigueur et d'audace. Ce furent les deux causes principales de l'insuccès de la tentative de sortie par le nord de Paris, qui

1. Le colonel Rüstow, *La guerre des frontières du Rhin.*

semblait avoir pour but de répondre aux mouvements de l'armée de Faidherbe qui combattait vers Amiens.

Le lendemain du jour ou l'on entamait cette campagne, tant de fois désastreuse, du Bourget, une note officielle annonçait à la population de Paris que la journée du 21 décembre n'était que le commencement d'une série d'opérations. « A l'heure où nous écrivons, — ajoutait la note, — le général, gouverneur de Paris, a réuni les chefs des corps, pour se concerter avec eux sur les opérations ultérieures. » Aucun résultat ne sortit de ces conférences qui ressemblèrent fort à certaines commissions où l'on se dépense en paroles, tandis qu'il faudrait agir avec rapidité et énergie.

Le général Trochu a expliqué ainsi le but de cette journée: « Je méditais une entreprise nouvelle ; j'étais désespéré de ne voir de l'ennemi que ses canons. J'ai espéré pouvoir faire mesurer mon infanterie avec celle de l'ennemi, de là l'origine de la bataille livrée près de la Ville Evrard et du Bourget, le 21 décembre

« Cette fois encore, l'ennemi ne nous opposa que son artillerie, et le soir de cette journée difficile, où nous ne pûmes joindre l'ennemi et où nous eûmes à lutter contre un froid glacial, je constatai dans les tranchées 900 cas de congélation: c'était plus que ne pouvaient en supporter nos soldats improvisés. »

Le froid fut en effet terrible après la journée du 21 décembre.

Ajoutez à cela le malheureux entraînement de la plupart des gardes nationaux à l'ivrognerie que constatait, en une circonstance grave, une lettre du commandant en chef de la garde nationale, Clément Thomas, au général Trochu, — lettre rendue publique et où nous trouvons cette dépêche d'un officier supérieur : « Chef de bataillon du 200e ivre! la moitié au moins des hommes ivres! Impossible d'assurer le service avec eux... Dans ces conditions, la garde nationale est un danger de plus. »

« C'est ce désir d'introduire une discipline, même énergiquement sévère, dans la garde nationale, dont on fit plus tard un crime à Clément Thomas. Les journaux radicaux désapprouvèrent ces mesures qui partaient cependant d'un sentiment de viril devoir. La moindre infraction à la tempérance ou à l'obéissance est en effet doublement coupable devant l'ennemi. Le devoir fait partie du patriotisme » (1).

L'année 1870 se termina par la terrible et meurtrière canonnade du plateau d'Avron, prélude sinistre du bombardement de Paris lui-même.

Cependant le 1er janvier 1871 s'était levé, sans rien changer à l'indomptable espérance de Paris; ce jour-là, à Bordeaux, en présence de plus de 50,000 personnes se pressant autour de la préfecture, Gambetta, du haut du balcon, harangua en ces termes cette foule anxieuse qu'il allait tromper encore, comme par le passé :

« A la vue de ce magnifique spectacle, en face de tous ces citoyens assemblés pour saluer l'aurore d'une année nouvelle, qui n'aurait confiance dans le succès dû à la persévérance et à la ténacité de nos efforts ? Succès mérité pour deux raisons : la première, c'est que la France n'a pas douté d'elle-même ; la seconde, c'est que, seule dans l'univers entier, la France représente aujourd'hui la justice et le droit.

« Oui, qu'elle soit à jamais close, qu'elle soit à jamais effacée de notre mémoire, si faire se peut, cette terrible année 1870 qui, si elle nous a fait assister à la chute du plus imposteur et du plus corrupteur des pouvoirs, nous a livrés à l'insolente fortune de l'étranger ! Il ne faut pas l'oublier, citoyens, cette fortune contre laquelle nous nous débattons aujourd'hui, elle est l'œuvre même des intrigues de Bonaparte au dehors. A chacun ses responsabilités devant l'histoire. C'est dans cette ville, c'est ici même que l'homme de décembre, l'homme de Sedan, l'homme qui a tenté de gangrener la France, prononça cette mémorable imposture : « L'empire, c'est la paix ! »

« Et tout ce règne subi (il faut le reconnaître pour notre

---

1. J. Claretie, tome I, p. 444, col. 2.

propre expiation,) nous sommes coupables de l'avoir si longtemps toléré, et rien, dans l'histoire, n'arrive de juste ou d'injuste qui ne porte ses fruits. Ce règne de vingt ans, c'est parce que nous l'avons subi qu'il nous faut aujourd'hui subir l'invasion étrangère jusque sous les murs de notre glorieuse capitale. Et, c'est parce qu'on avait altéré systématiquement, dans ce pays, toutes les sources de la force et de la grandeur, c'est parce que nous avions perdu le ressort sans lequel rien ne peut durer ni triompher dans ce monde, l'idée du devoir et de la vertu, qu'on a pu croire un moment que la France allait disparaître....

« C'est à ce moment que la République, apparaissant pour la troisième fois dans notre histoire, a assumé le devoir, l'honneur et le péril de sauver la France.

« Ce jour-là, c'était le 4 septembre, l'ennemi s'avançait à grandes journées sur Paris ; nos arsenaux étaient vides, notre armée à moitié prisonnière, nos ressources de tous côtés disséminées, éparpillées ; deux pouvoirs, un pouvoir captif, un pouvoir fuyard ; une Chambre que sa servilité passée rendait incapable de saisir le gouvernail.... Oh ! ce jour-là nul ne contestait la légitimité de la République. Ce fut plus tard, lorsque la République eût mis Paris dans cet état d'inviolabilité sacrée, lorsqu'il fut établi que la République avait tenu sa promesse du 4 septembre, sauvé l'honneur du pays, organisé la defense et maintenu l'ordre, lorsqu'il fut démontré, grâce à la République, que la France ne saurait périr, qu'elle doit triompher, que par elle, le droit doit finir par primer la force ; ce fut alors que ses adversaires, dont elle assure aujourd'hui la quiétude et la sécurité, commencèrent à contester sa légitimité et à discuter ses origines.

« La République liée, associée comme elle l'est à la défense et au salut de la patrie, la République est hors de question, elle est immortelle.

« Ne confondez pas, d'ailleurs, la République avec les hommes de son gouvernement, que le hasard des événements a portés passagèrement au pouvoir. Ces hommes, lorsqu'ils auront rempli leur tâche, qui est d'expulser l'étranger, ils descendront du pouvoir et ils se soumettront au jugement de leurs concitoyens.

« Cette tâche, cette mission qu'il faut conduire jusqu'au bout, qu'il faut accomplir à tout prix jusqu'à l'entière immolation de soi-même, ce succès qu'il faut atteindre, sous peine de périr déshonorés, implique deux conditions essentielles : la première, la garantie et le respect de la liberté de tous, la liberté complète, la liberté jusqu'au dénigrement, jusqu'à la calomnie, jusqu'à l'injure ; la seconde, le respect par tous, amis et dissidents, du droit et de la puissance gouvernementale. Le langage doit être libre comme la pensée, respecté dans ses écarts jusqu'à cette limite fatale où il deviendrait une résolution et engendrerait des actes. Si on franchissait cette borne, et j'exprime ici l'opinion de tous les membres du gouvernement, vous pouvez compter sur une énergique répression.

« Je ne veux pas terminer sans vous dire que le gouvernement ayant pour unique base l'opinion, nous n'exprimons, nous ne servons et n'entendons servir que l'opinion, à l'encontre des gouvernements despotiques qui nous ont précédés et n'ont servi que leur convoitise dynastique. Je remercie la patriotique population de Bordeaux, ainsi que la population des villes et campagnes voisines, du secours éclatant qu'elles apportent au gouvernement républicain dans l'imposante manifestation de ce premier jour de l'année 1871. Je les remercie surtout au nom de nos chers assiégés, au nom de notre héroïque Paris, dont l'exemple nous soutient, nous guide et nous enflamme.

« Ah ! que ne sont-ils témoins, nos chers assiégés, de toutes les sympathies, de tous les dévouements que suscite leur vaillance ! Leur foi dans le succès s'en accroîtrait encore, si toutefois elle peut s'accroître. Nous lui transmettons vos vœux, citoyens; puissions-nous bientôt, nous frayant un passage à travers les lignes ennemies, les leur porter de vive voix, avec l'expression de l'admiration du monde et de la profonde et impérissable gratitude de la France. »

Il est difficile d'imaginer plus d'outrecuidance et de mensonge que n'en réunissent ces lignes ; de chaque phrase part comme une mousqueterie d'injures ou de bravades à l'endroit de l'opinion publique se laissant ainsi insulter par l'homme qui ne sut organiser que la défaite, en faisant vibrer les grands mots de lutte à outrance, de défense nationale et le reste.

Le tableau de l'Empire déchu, tracé par Gambetta, c'est le plan de ce despotisme bien autrement funeste que le même tribun et ses séides allaient inaugurer dans notre pauvre France et qui pèse sur elle, de plus en plus lourd et intolérable, depuis treize ans.

A l'arbitraire s'essayant timidement d'abord allait succéder bientôt la tyrannie n'ayant pas même l'hypocrisie de ses actes et donnant, dès lors, son programme autoritaire. Et pendant ce temps là, Paris agonisait sous la triple étreinte de l'investissement, du froid et de la faim arrivés à leur apogée.

Le bombardement des forts de Paris, commencé à la fin de décembre 1870, fut continué par les Prussiens avec une certaine intensité pendant les premiers jours de janvier 1871. Bientôt ce bombardement allait redoubler, et les Prussiens allaient traiter Paris comme ils avaient traité Strasbourg, Belfort et Mézières et faire payer à la population civile la résistence des défenseurs militaires. Les batteries prussiennes, installées au plateau de Châtillon d'un côté, au moulin d'Orgemont de l'autre, pouvaient facilement atteindre au cœur même de Paris. L'Allemagne avait maintes fois, avec énergie, réclamé le bombardement de Paris.

Pendant que les habitants des faubourgs atteints par les projectiles se réfugiaient dans le centre de la ville, les autres allaient assister, comme à un spectacle, au bombardement de Montparnasse et de Montrouge. Ivre d'orgueil jusqu'au bout et perdant la tête, le gouvernement fit aussitôt afficher la proclamation pleine de bravade que voici :

« Le bombardement de Paris est commencé.

« L'ennemi ne se contente pas de tirer sur nos forts, il

lance des projectiles sur nos maisons, il menace nos foyers et nos familles.

« Sa violence redoublera la résolution de la cité qui veut combattre *et vaincre.*

« Les défenseurs des forts couverts de feux incessants ne perdent rien de leur calme et sauront infliger à l'assaillant de *terribles représailles.*

« La population de Paris accepte vaillamment cette nouvelle épreuve. L'ennemi croit l'intimider, il ne fera que rendre son élan plus vigoureux Elle se montrera digne de l'armée de la Loire, *qui a fait reculer l'ennemi,* de l'armée du Nord, *qui marche à notre secours...* »

C'est le comble du délire et du rabachâge. *Vaincre,* dans ces conditions ! Menacer l'ennemi de *représailles,* mais par quel moyen donc ? Et toujours l'armée de la Loire, qui, loin de faire reculer l'ennemi, avait été contrainte de battre en retraite, comme allait le faire, à son tour, l'armée du Nord qui ne devait et ne pouvait pas plus secourir Paris que ne l'avait fait l'armée de la Loire ! Et les Parisiens acceptaient de pareilles bourdes !....

En dépit de l'ardeur que le gouvernement semblait vouloir réveiller, ce ne fut que quinze jours après que cette proclamation eût été affichée dans tout Paris que l'on tenta un simulacre d'opération offensive contre l'ennemi. L'irritation contre le gouvernement était parvenue à son comble et déjà, à la fin de décembre 1870, le 30, dans la réunion des maires que présidait M. J. Favre, Delescluze avait lu contre le gouverneur de Paris et ses collègues un réquisitoire foudroyant. Le 4 janvier, dans une nouvelle réunion des maires, Delescluze, récapitulant une fois encore les fautes de la défense de Paris, conclut en demandant, au nom du salut de la patrie, *l'adoption immédiate et sans réserve* des mesures ci-après :

« Démission des généraux Trochu, Clément Thomas et le Flô ;

« Renouvellement des comités de la guerre et rajeunissement des états majors :

« Renvoi au conseil de guerre des généraux et officiers de tout grade qui prêchent le découragement dans l'armée ;

« Mobilisation successive de la garde nationale parisienne ;

« Institution d'un conseil suprême de défense où l'élément civil ne soit plus subalternisé à l'élément militaire ;

« Intervention directe et permanente de Paris dans la question de ses propres affaires si intimement liées aux intérêts de la défense ;

« Enfin adoption de *toute mesure de salut public*, soit pour assurer l'alimentation de Paris, soit pour adoucir les cruelles souffrances imposées à la population de Paris par l'état de siège et aussi par la regrettable incurie du pouvoir. »

Naturellement cette proposition fut écartée ; elle était modérée cependant, si on la compare à celle qui fut affichée, sur papier rouge, le 6 janvier sur les murs de Paris :

AU PEUPLE DE PARIS,

Les délégués des vingt arrondissements de Paris.

« Le gouvernement qui, le 4 septembre, s'est chargé de la défense nationale a-t-il rempli sa mission ? — Non !

« Nous sommes 500,000 combattants et 200,000 Prussiens nous étreignent ! A qui la responsabilité, sinon à ceux qui nous gouvernent ? Ils n'ont pensé qu'à négocier, au lieu de fondre des canons et de fabriquer des armes.

« Ils se sont refusés à la levée en masse.

« Ils ont laissé en place les bonapartistes et mis en prison les républicains.

« Ils ne se sont décidés à agir enfin contre les Prussiens qu'après deux mois, au lendemain du 31 octobre.

« Par leur lenteur, leur indécision, leur inertie, ils nous ont conduits jusqu'au bord de l'abîme : ils n'ont su ni administrer ni combattre, alors qu'ils avaient sous la main toutes les ressources, les denrées et les hommes.

« Ils n'ont pas su comprendre que, dans une ville assiégée, tout ce qui soutient la lutte pour sauver la patrie possède un droit égal à recevoir d'elle la subsistance ; ils n'ont su rien prévoir ; là où pouvait exister l'abondance, ils ont fait la misère ; on meurt de froid, déjà presque de faim : les femmes souffrent ; les enfants languissent et succombent.

« La direction militaire est plus déplorable encore : *sorties sans but ; luttes meurtrières sans résultats : insuccès répétés*, qui pouvaient décourager les plus braves ; Paris bombardé. — *Le gouvernement* a donné sa mesure ; il *nous tue*. — Le salut de Paris exige une décision rapide. — *Le gouvernement ne repond que par la menace aux reproches de l'opinion*.....

« Si les hommes de l'Hôtel-de-Ville ont encore quelque patriotisme, leur devoir est de se retirer, de laisser le peuple de Paris prendre lui-même le soin de sa délivrance.

« La municipalité ou la Commune, de quelque nom qu'on l'appelle, est l'unique salut du peuple, son seul recours contre la mort.

« Toute adjonction ou immixtion au pouvoir actuel ne serait rien qu'un replâtrage perpétuant les mêmes errements, les mêmes désastres. — Or, la perpétuation de ce régime, c'est la capitulation.....

« *Le grand peuple de* 89, qui détruit les Bastilles et renverse les trônes, attendra-t-il dans un désespoir inerte que le froid et la famine aient glacé dans son cœur, dont l'ennemi compte les battements, sa dernière goutte de sang ? — Non !

« La population de Paris ne voudra jamais accepter ces misères et cette honte. Elle sait qu'il en est temps encore, que des mesures décisives permettront aux travailleurs de vivre, à tous de combattre.

« Réquisitionnement général. — Rationnement gratuit. — Attaque en masse.

« La politique, la stratégie, l'administration du 4 septembre, continuées de l'Empire, sont jugées. *Place au peuple ! place à la Commune !* »

Il y a dans ce manifeste de cruelles vérités, mais il ne devait pas plus être donné à la Commune qu'au gouvernement de la Défense de sauver Paris ; le mal était trop grand et par conséquent irrémédiable.

L'affiche rouge répondait à une note du gouvernement promettant, à la date du 1ᵉʳ janvier, de *maintenir l'ordre avec énergie*. Ému du manifeste de la future Commune, le général Trochu lui opposa une proclamation désespérée dont a survécu une déclaration typique. « Rien — disait-il, — ne fera tomber les armes de nos mains. Courage, confiance, patriotisme.

« *Le gouverneur de Paris ne capitulera pas...* »

Et moins de deux mois après, on sait si cette promesse — comme tant d'autres, à la Jules Favre, — ne devenait pas une triste contre-vérité. —

A travers tout cela et en dépit du bombardement de plus en plus terrible, l'insouciance parisienne suivait son cours habituel, malgré le sang que les obus faisaient couler. « On se précipitait sur les éclats d'obus à peine refroidis ; on les vendait. Un commerce nouveau naissait de ce désastre. L'obus chaud se vendait 4 fr. 25 c., l'obus froid, 3 fr 50 c. Le prix du débris de bombe variait entre 50 centimes et 2 francs. Il fallut, pour éviter les graves accidents amenés par cette recherche curieuse, que le *Journal officiel* publiât une note interdisant de ramasser les obus entiers. » — (J. Claretie.)

L'état physiologique de Paris présentait alors à l'œil de l'observateur un douloureux et curieux spectacle. Réduit à se nourrir de ce pain rare et sans nom que lui fabriquait la Défense, le Parisien semblait se montrer insensible aux horreurs et aux désastres du bombardement. Il paraissait blasé sur l'infortune comme d'autres le sont sur les plaisirs, et cependant, c'étaient ses concitoyens, ses propres enfants, ses amis que la faim et la mort frappaient ainsi, à coups redoublés. Une incurable confiance, malgré tout motif réel d'espoir, soutenait et galvanisait, pour ainsi dire, le cadavre anticipé de la grande ville qui s'était habituée à vivre d'illusion et de mensonge comme certains buveurs d'absinthe et de liqueurs frelatées et corrosives. Paris était en proie à un délire atone qui faisait frémir l'observateur. La vie ou le battement du cœur de Paris s'était réfugiée dans les clubs où l'on entendait les plus prodigieuses assertions se produire. Nous ne les rapporteront pas ici ; quand l'accès est passé, on ne redit pas au fiévreux ce que le délire lui dictait l'instant d'avant.... (1)

Le bombardement continuait, de plus en plus furieux, faisant de nombreuses victimes dans l'intérieur de Paris ; rien n'était respecté par l'ennemi, ni les églises, ni les monuments, ni les hôpitaux, ni les asiles de la science, ni les musées. Ce n'était plus la guerre, c'était le vandalisme, précurseur de la Commune qui allait bientôt renouveler ces horeurs et en commettre de plus grandes encore.

Cependant le moment approchait où Paris se déciderait à tenter un dernier effort, cette définitive opération qui devait, croyait-il, lui livrer la route de Versailles. Depuis les conseils de guerre tenus le 30 décembre et le 1er janvier, il avait été décidé qu'une suprême bataille serait livrée, et, dit le *Journal officiel* : « Le conseil avait été unanime dans l'adoption des mesures qui associaient la garde nationale, la garde mobile et l'armée à la défense la plus active. Ces mesures exigeront le concours de la population tout entière. Le gouvernement sait qu'il peut compter sur son courage et sur sa volonté inflexible de combattre jusqu'à la délivrance. Il rappelle à tous les citoyens que, dans les moments décisifs que nous allons traverser, l'ordre est plus nécessaire que jamais. »

Affolée au dernier degré, l'opinion publique se déclarait pour l'action ; les projets les plus insensés furent successivement présentés et rejetés : on avait d'abord proposé de lancer la garde nationale et l'armée de ligne à l'assaut du plateau de Châtillon et des batteries ennemies, puis on rêva de pénétrer par les catacombes jusque sous ce plateau et de le faire sauter, etc. A quoi se décider cependant, ne fût-ce que pour faire diversion aux rumeurs alarmantes qui circulaient de trahison, un mot dont on abusa largement pendant toute la durée de cette guerre à jamais néfaste. On disait, dans Paris,

1. De Molinari, *Les clubs pendant le siège*.

que le chef d'état major du général Trochu avait été arrêté. Les clubs répétaient que les chefs militaires allemands, *déguisés en curés,* avaient assisté aux conseils de guerre et mille autres bruits absurdes que le gouvernement crut devoir démentir officiellement.

Ce qui perdit ou au moins compromit tout, ce furent les incroyables tergiversations du général Trochu, plus homme de théorie que de pratique, orateur et non homme d'action, enfin, un rêveur dans toute la force du mot.

CHAPITRE XIII

La trouée. — L'inévitable proclamation. — « Souffrir et mourir, mais vaincre. » — Mot de M. de Bismarck sur la garde nationale. — Buzenval et Montretout. — Héroïsme en pure perte. — Le brouillard pris à partie. — Suprême illusion. — « A Versailles ! » — Parole de Trochu. — La vérité sur la garde nationale. — Vaut mieux *jamais* que *tard*. — Les Prussiens profitent de nos fautes. — Dépêche incroyable de la délégation de Tours. — La guerre touche à son terme. — Suite de combats en province. — Incurable optimisme de Gambetta. — Les *hordes* allemandes. — Les princes d'Orléans expulsés de l'armée française. — Un simple rapprochement. — Paris, Bitche et Belfort. — Garibaldi et ses bandes compliquent la situation. — Gambetta peu sympathique au héros d'Aspromonte. — *L'oncle* Garibaldi et *le père* Moltke. — Une proclamation insensée. — Galimatias double. — Trop de pittoresque. — Ce que Garibaldi venait faire en France. — Comment les Allemands l'ont jugé. — Sa conduite à Autun. — Prologue de la Commune du 18 mars. — Ces pauvres mobiles ! — Mot du *Times*. — Encore l'organisation militaire prussienne. — Bourbaki et ses exploits. — Il est obligé de se rejeter en Suisse. — La situation, à Paris. — Le commandement en chef de l'armée de Paris est donné à Vinoy. — L'apologie de Trochu faite par lui-même. — Il explique une de ses paroles.

Enfin, le 18 décembre la grande et suprême sortie, *la trouée*, comme on disait, allait être tentée. La veille de ce jour, M. Cléray, adjoint de la mairie du 3ᵉ arrondissement, était parti en ballon pour aller porter à Gambetta la nouvelle de cette tardive résolution. L'inévitable proclamation à l'usage du gouvernement fut lancée sur le ton le plus retentissant :
« L'ennemi tue nos femmes et nos enfants ; il nous bombarde jour et nuit ; il couvre d'obus nos hôpitaux. Un cri : « Aux armes ! » est sorti de toutes les poitrines.
« Ceux d'entre nous qui peuvent donner leur vie sur le

champ de bataille marcheront à l'ennemi ; ceux qui restent, jaloux de se montrer dignes de l'héroïsme de leurs frères, accepteront au besoin les plus durs sacrifices comme un autre moyen de se dévouer pour la patrie.

« Souffrir et mourir, s'il le faut : mais vaincre. »

La sortie qu'on allait tenter avait pour objectif Versailles. Le bruit de l'artillerie, le bourdonnement des gardes nationaux avaient averti les Prussiens, déjà à demi instruits par la fermeture des portes qu'une attaque se préparait. M. de Bismark, parlant des gardes nationaux, a dit depuis à M. J. Favre : « Oh ! ce sont des combattants très braves, *très crânes*. Mais quand ils vont au feu, ils sont si heureux d'y aller, qu'ils nous en préviennent une heure d'avance. » Il y a du vrai sous cet ironique compliment à l'adresse de la garde citoyenne ; on n'a jamais pu lui faire garder le silence sous les armes, c'est pourtant un des premiers éléments de la discipline militaire dans tous les pays.

Ce qui fut dépensé en pure perte d'héroïsme individuel dans les attaques de Buzenval, de Montretout et d'autres points difficiles est incalculable et ne sera jamais bien connu, mais c'était une partie mal engagée et qui devait se terminer par des pertes énormes comme d'ailleurs toutes les entreprises militaires de cette campagne, depuis le début jusqu'au dernier jour.

Les diverses dépêches parvenues à Paris et affichées aux mairies vers 3 heures sont curieuses à transcrire ; elles ne reflètent que trop fidèlement le manque de plan d'attaque et basent l'insuccès sur une excuse peu admissible, le brouillard intense qui régnait, disaient-elles, alors et nuisait singulièrement à la régularité et à la sûreté des opérations militaires.

Première dépêche.

Mont-Valérien, 19 janvier, 10 h. 10 matin.

« Concentration très-difficile et laborieuse pendant une **nuit obscure**.

« Retard de deux heures de la colonne de droite. Sa tête arrive en ligne en ce moment....

« Long et vif combat autour de la redoute de Montretout; nous en sommes maîtres.

« La colonne Bellemare a occupé la maison du curé et pénétré par brèche dans le parc de Buzenval. Elle tient le point 112, le plateau 155, le château et les hauteurs de Buzenval. Elle va attaquer la maison Craon.

« La colonne de droite (général Ducrot) soutient, vers les hauteurs de la Jonchère, un fier combat de mousqueterie. Tout va bien jusqu'à présent. »

Deuxième dépêche.

10 h. 39 du matin.

« Montretout occupé par nous à 10 h. L'artillerie reçoit l'ordre d'occuper le plateau à côté et de tirer sur Garches.

« Bellemare entre dans Buzenval, attaque maintenant vers la Bergerie; fusillade très vive. *Brouillard intense, observation très-difficile.* Je n'ai pas encore entendu un coup de canon prussien. »

Troisième dé che.

10 h. 50 matin.

« Un épais brouillard me dérobe absolument *les phases de la bataille. Les officiers porteurs d'ordres ont de la peine à trouver les troupes.* C'est *très-regrettable* et il me devient difficile de centraliser l'action comme je l'avais fait jusqu'ici. *Nous combattons toute la nuit.* »

L'officier d'ordonnance, dont émane la deuxième dépêche, aurait dû cependant entendre les pièces du 4ᵉ corps allemand qui canonnait le général Ducrot. Quant au brouillard, il n'était pas si intense qu'il est dit dans les dépêches officielles et, en descendant du Mont-Valérien, on pouvait, au contraire, parfaitement distinguer et suivre les phases de la bataille.

On avait cependant atteint Garches et Vaucresson, lorsque les réserves allemandes arrivèrent et firent reculer nos soldats excédés de fatigue par les longs préparatifs de la veille et un combat qui durait depuis le matin.

Grand et immense fut le désespoir des Parisiens, en apprenant l'insuccès de cette entreprise sur laquelle reposaient leurs dernières illusions. « Demain, — se disait-on déjà, — nous serons à Versailles, » à la nouvelle d'une première lueur de succès. Le gouvernement essaya d'abord de dissimuler la cruelle vérité qu'il fallut cependant enfin se décider à faire connaître, car il n'y avait plus moyen de la cacher.

Ainsi, se réalisait la parole désespérée du général Trochu, au moment d'engager cette affaire dont il ne prévoyait que trop bien l'issue : « Ce sera un massacre. » Il a d'ailleurs essayé d'expliquer le but de cette journée du 19 janvier, dans son discours mémoire à l'Assemblée nationale (juin 1871) : « Le général Ducrot me dit que nous n'avions plus qu'à rester sur la défensive jusqu'au moment où nous aurions mangé notre dernier morceau de pain. Mais je pensais qu'il ne fallait pas manger ce dernier morceau de pain sans tenter un dernier effort, l'effort du désespoir. Je réunis donc nos officiers généraux et leur proposai une attaque hardie et aventureuse par Châtillon, avec Versailles pour objectif ultérieur. Je recueillis les avis de tous, et à l'unanimité ils me proposèrent d'attaquer Versailles par le Mont-Valérien. Telle est l'origine de la bataille de Buzenval, où j'appelai *la garde nationale de Paris* qui, je dois le dire, *déploya en cette circonstance une bravoure incomparable. Mais la bravoure ne suffit pas*, et c'est là ce que la garde nationale n'a pas su juger. *Dans son inexpérience*, elle arrivait sur le champ de bataille avec un excès de bagages et d'impédiments, et *elle manquait aussi d'esprit d'ensemble.....* »

Ce qui est surtout hors de doute, c'est l'inutilité de cette trouée dernière. En dépit d'un adage populaire : « Mieux vaut tard que jamais, » il valait mieux *jamais* que si tard. On ne pouvait, d'un seul élan, aller à Versailles, comme l'a très-bien démontré Viollet Leduc, dans son livre sur la *Défense de Paris* :

« Instruit par la première affaire de la Malmaison, qui jeta un instant l'alarme au quartier général de Versailles, l'ennemi avait bien reconnu l'importance pour lui de conserver les hauteurs de Saint Cucufat et y avait accumulé les obstacles, en profitant des moindres mouvements de terrain, des murs existants, des bois.... Si, par aventure, nous fussions parvenus à faire une brèche dans ce mur (du parc de Buzenval) et à y précipiter une colonne d'attaque, il n'est pas douteux que cette colonne, engagée dans le cirque de Saint-Cucufa, eût été vigoureusement accueillie par l'artillerie de campagne que les Prussiens avaient pu mettre en batterie, dans une position dominante, le long du mur des Haras. Cet emplacement excellent franchi, — chose difficile, — nous trouvions d'autres pièces en retraite balayant tout le plateau.... En supposant que notre gauche eût pu parvenir à Villeneuve l'Étang et tourner cette belle position de la Bergerie et du Haras, elle était prise en écharpe par des batteries placées sur les hauteurs du parc de Marnes, et de face par celles établies en avant du bois des Hubies, au-dessus du château de la Marche. Il n'était donc possible de tourner les hauteurs de Saint-Cucufa qu'en engageant une action qui eût pu tourner également celles de Marnes et de la Marche...; mais au-dessus de Chaville, sur la hauteur, une forte batterie défendait le vallon de Sèvres, et ainsi, de proche en proche, nous ne pouvions tourner un plateau qu'en ayant sur notre flanc et même à dos l'artillerie ennemie ».

La France ne connut la bravoure de la garde nationale que par une dépêche exagérée, incroyable, de la légation de Tours. Aussi, lorsque les hauts faits annoncés par cette dépêche furent démentis, la France se montra hostile à cette armée de Paris qui n'avait point précipité l'ennemi dans la Seine. Voici cette dépêche extravagante :

BATAILLE DE TROIS JOURS.

« 17, 18 et 19 janvier 1871, mercredi, jeudi et vendredi.

« Vendredi, dernière journée, grande sortie : 200,000 hommes par Saint-Cloud et hauteurs de Garches, troupes commandées par Trochu. Les Prussiens ont été repoussés du parc de Saint-Cloud, où un affreux carnage a eu lieu. Les Français se sont avancés jusqu'aux portes de l'octroi de Versailles. Résultat : 25,000 Prussiens hors de combat, tous les ouvrages détruits, canons pris et encloués, jetés dans la Seine ; gardes nationaux étaient en première ligne » (1).

Le lendemain de la bataille de Montretout et Buzenval, des dépêches arrivaient à Paris, annonçant à la fois le succès de l'armée de Bourbaki à Willersexel et la défaite de l'armée de Chanzy au Mans. On ignorait encore la bataille de Saint-Quentin, livrée le 19 janvier et perdue par l'armée de Faidherbe. La guerre touchait évidemment à son terme ; il était inutile de prolonger une lutte, non-seulement stérile, mais de plus en plus meurtrière.

Après la retraite très prudente et très belle qu'il avait conduite au lendemain de l'échec d'Orléans, Chanzy s'était retiré, en combattant presque chaque jour, sur Vendôme et de là sur le Mans, excellente position. Tout d'abord, quel que fût l'état de délabrement de la deuxième armée de la Loire, les Allemands semblèrent renoncer à l'idée de la poursuivre plus avant. D'ailleurs, l'autre armée de la Loire, réunie à Bourges, sous les ordres de Bourbaki et lancée en ce moment vers l'est, les préoccupait vivement.

Il y eut jusqu'au 10 janvier une suite de combats, souvent honorables, sur l'Huisne et le Loir et au sud-est du Mans. Gambetta, emporté par son incurable optimisme, adressait dépêches sur dépêches à Chanzy, le conjurant de redoubler d'activité ; il lui disait : « Vous avez décimé les Mecklembourgeois, les Bavarois n'existent plus ; le reste de l'armée

---

1. A. de la Rüe, *Sous Paris pendant l'invasion*.

est déjà envahi par la lassitude. Persistons et nous renverrons *ces hordes* hors du sol, les mains vides. »

Ces hordes, c'est bientôt venu au bout de la plume d'un homme aussi peu versé dans la langue française qu'expert en géographie ; des ennemis fortement disciplinés comme l'étaient les Allemands ne ressemblaient en rien aux troupes de barbares dont ils éveillaient l'idée dans l'esprit du jeune tribun.

D'ailleurs, l'homme qui télégraphiait, vers la même époque, que les Allemands avaient perdu 500,000 hommes depuis leur entrée en France, croyait que de tels mensonges suffiraient à remonter le moral considérablement ébranlé des chefs militaires et de la nation.

Ici se place un fait important qui témoigne assez de l'étroitesse des idées de Gambetta à l'égard du patriotisme. Les princes d'Orléans servaient dans le corps d'armée de Chanzy, sous des noms de guerre ; — le duc de Chartres s'appelait Robert-le-Fort, le prince de Joinville le colonel Lutherott. Ces princes français qui, vainement avaient demandé à l'Empire de combattre pour la France, arrivés à Paris le lendemain du 4 septembre, en étaient partis quatre jours après sur le désir que M. de Kératry, préfet de police, leur avait fait transmettre de ne les voir donner aucun prétexte à une agitation périlleuse. Ils s'étaient dirigés vers l'Angleterre, puis ils étaient venus s'engager dans l'armée de la Loire. Ce fut alors que le patriote Gambetta, qui faisait si haut appel à tous les dévouements du pays, envoya au camp M. Ranc qui dit au prince de Joinville que sa présence pouvait constituer un danger, l'arrêta et le conduisit à Saint-Malo où il l'embarqua pour l'Angleterre. Dans une lettre adressée au journal anglais, le *Times*, le prince de Joinville écrivait à la suite du récit des faits ci-dessus énoncés : « Je n'ai pas besoin d'ajouter que, quels que soient les sentiments que j'ai éprouvés en étant arraché d'une armée française la veille d'une bataille, je n'ai tenu aucun des propos que l'on me prête sur M. Gambetta, que je n'ai jamais vu. »

Ce fait peut servir de point de départ et de jalon à la conduite que le gouvernement de la République a tout récemment tenue à l'égard des princes d'Orléans, saisissant pour prétexte le manifeste du prince Jérôme Napoléon.

Après une lutte disproportionnée où les soldats de la France firent preuve d'une héroïque bravoure, il fallut céder devant le nombre, à la suite de la terrible bataille du Mans (10 janvier 1871). Faidherbe n'était pas plus heureux à Saint-Quentin (19 janvier,) mais sa résistance n'avait pas été moins glorieuse que celle de Chanzy.

La plume se lasse à n'enregistrer désormais que des faits aussi douloureux.

Il ne restait plus debout, de toutes nos citadelles assiégées, que Paris, Bitche et Belfort, — Paris affamé, Bitche invincible et Belfort qui résistait depuis si longtemps au bombardement et aux assauts, avec le colonel Denfert-Rochereau pour chef de place. C'était pour délivrer Belfort, pour forcer les armées à lever ce siége et en même temps pour menacer leurs communications avec leur pays, que l'armée de Bourbaki, réunie et formée à Bourges, avait été dirigée sur notre frontière de l'est: c'est pour sauver Belfort, pour intimider l'Allemagne, pour tenter une vaillante diversion, que cette entreprise avait été organisée. Elle échoua, comme toutes les autres, et ce fut-là peut-être l'épisode le plus poignant de toute cette guerre si terrible compliquée encore par la présence de Garibaldi et de ses bandes indisciplinées, étranges auxiliaires que crut devoir accueillir la délégation de Tours et qui firent autant de mal aux pays qu'ils occupèrent que les Allemands dont ils semblaient s'être faits les complices.

De Marseille où il était arrivé, mandé par les comités révolutionnaires de Lyon et de Marseille, et précédé d'une réputation militaire que rien cependant ne justifiait, Garibaldi, patroné par l'ex-pharmacien Bordone, qui allait être improvisé général, entrait à Tours, le 8 octobre 1870. Le même jour, Gambetta descendait de son ballon dans la même ville et, peut-être embarrassé d'y rencontrer un tel hôte, il ne lui fit offrir tout d'abord que le commandement d'un détachement de volontaires rassemblés à Chambéry. Garibaldi, froissé dans sa vanité, annonçait l'intention de repartir immédiatement pour son île de Capréra qu'il n'aurait jamais dû quitter. Gambetta répondit, non sans un sentiment d'impatience : « Mais enfin, que le général me donne le temps de lui trouver quelque chose de convenable. »

Ce que Gambetta offrit à Garibaldi, ce fut le commandement de tous les corps francs de la zône des Vosges, depuis Strasbourg jusqu'à Paris et d'une brigade de garde mobile. Le général accepta ; il reçut sa commission et partit pour Dôle, où son armée devait être réunie, avec l'ex-pharmacien Bordone pour chef d'état-major élu au grade de général (1).

Les Prussiens, gens pratiques, narquois dans leur positivisme, disaient avec raison : « *L'oncle* Garibaldi ne battra jamais *le père* Moltke. »

Dans sa première proclamation, intitulée *Appel aux nations*, et qui est un vrai chef-d'œuvre de galimatias à la Victor Hugo (le Victor Hugo de la dernière manière), Garibaldi s'exprimait ainsi :

« Volontaires de l'armée des Vosges,

« Le noyau des forces cosmopolites que la République française réunit en ce moment, formé d'hommes choisis dans l'élite des nations, représente l'avenir de l'humanité, et sur la bannière de ce noble groupe vous pourrez lire la devise d'un peuple libre, qui sera bientôt le mot d'ordre de la famille humaine : « Tous pour un, un pour tous ! » L'égoïsme gouverne le monde, et l'autocratie combat certainement dans la République française le germe des droits de l'homme qu'elle abhorre : génie du mal, elle fait tous ses efforts pour se maintenir.

« Et le peuple ? Les républiques modernes, comme l'ancienne Carthage, nagent dans l'or et le sybaritisme, tandis

---

1. Bordone, *Garibaldi et l'armée des Vosges*.

que les despotes se donnent la main dans les ténèbres qui sont leur vie et profitent des malheurs d'un peuple frère...

« Et toi (l'Italie), noble et classique terre, refuge des exilés, qui la première a proclamé l'émancipation des races, et qui maintenant jouis du triomphe de ta courageuse initiative, laisseras-tu seule, dans sa lutte gigantesque, cette nation sœur, qui comme toi marche et marchera en tête du progrès de l'humanité ?

« Dans la lutte héroïque que soutient la France, on ne retrouve plus que les débris d'une armée d'hommes vaillants que le plus stupide des tyrans a conduits à un désastre.

« Mais la nation est là. Levée comme un seul homme, elle forcera bientôt le vieil autocrate à se repentir de sa détermination de continuer cette boucherie humaine.

« Quelle noble mission est donc la nôtre, fils de la liberté, élite de tous les peuples! Oh ! non, je ne voudrais pas changer pour une couronne mon titre de volontaire de la République !

« Apôtres de la paix et de la fraternité des peuples, nous sommes forcés de combattre, et nous combattrons avec la conscience fière de notre droit, consacrant les paroles de l'illustre Chénier :

> Les républicains sont des hommes,
> Les esclaves sont des enfants.

« De votre courage je ne doute pas. Tout ce que je vous demande, c'est du sang-froid et de la discipline, indispensables dans la guerre.

« GARIBALDI. »

Cela peut vraiment s'appeler du *galimatias double*, galimatias dans les idées, galimatias dans l'expression, sans oublier une tendance marquée au coq à l'âne; rien ne manque à cette phraséologie prudhommesque. Il est peu flatteur pour les républiques modernes de se voir comparées à Carthage et à Sybaris. Que dire de ce parallèle entre l'Italie et la France, où notre pays ne vient qu'au deuxième rang des peuples émancipateurs et émancipés? Chénier brochant sur le tout, le Don Quichotte de Cabréra — chose ineffable, — réclame de ses bandes formées au hasard la discipline, comme si la discipline se décrétait et s'improvisait.

Ce style du chef se reflétait dans les costumes divers et trop voyants de ses hommes; feutres retroussés, plumes au vent, bottes au mollet, vraie mise en scène d'opéra comique. Il y avait là plus d'audacieux que de braves (1), pas mal de pillards; cela promettait, et cela tint tout ce que cela promettait. D'après le témoignage du général Bordone lui-même, les francs-tireurs garibaldiens avaient tout d'abord été assez peu sympathiques aux populations de l'Est; le général Cambriels ne les voyait pas d'un trop bon œil, et l'on hésitait à donner des cartouches à ces aventuriers dont la mine était loin d'être rassurante.

En somme, Garibaldi avait été appelé en France par les comités révolutionnaires de Lyon et de Marseille (2), il venait en France moins pour nous défendre que pour profiter des circonstances, travailler avec ses bandes à l'établissement de la république universelle et surtout pour continuer avec elles cette vie d'aventures qui rappelle celle des condottiere des quatorzième et quinzième siècles. « La révolution européenne et l'internationale se donnaient rendez-vous en France, et, sous prétexte de combattre les Prussiens, organisaient leurs armées dans notre malheureux pays destiné à devenir le foyer de nouvelles insurrections...

« En attendant qu'elles entrassent à Paris et s'y joignissent à leurs coreligionnaires politiques, les bandes garibaldiennes se rassemblèrent dans l'Est, où accoururent tous les révolutionnaires de l'Europe : Italiens, Polonais, Hongrois, Espa-

---

1. Le nombre des combattants sérieux était de 2 à 3,000. On comptait dit-on, deux cents colonels pour ces 12,000 hommes, dont 4,000 étaient étrangers. Des femmes servaient en qualité d'officiers dans ces bandes : l'une d'elles, Pepita, était capitaine de cavalerie. — (L. Dussieux, tome II, p. 75 et 76.)

2. Sur l'anarchie dans le Midi, voyez L. Dussieux, tome II, p. 143-155.

gnols, Albanais, Grecs, des déserteurs de tous pays, des francs-tireurs français et bon nombre de repris de justice... (1). »

Veut-on savoir ce que les Allemands pensent de ce personnage : « De tous les chefs un peu notables de cette lutte gigantesque, — dit M. de Wickede, — le vieux Garibaldi a bien prononcé le plus de paroles inutiles, et, en réalité, fait le moins d'exploits ; il mérite, par son excès de négligence, d'être vraiment honni. Au lieu de faire la petite guerre avec énergie en octobre ou novembre, où il pouvait nous nuire extrêmement,... il ne bougea pas, se bornant à lancer les proclamations les plus ampoulées et les plus folles. Il nous a plutôt été utile que nuisible, et si les autres généraux et les autres armées avaient ressemblé à lui et à ses bandes, notre victoire ne nous aurait pas coûté aussi cher. »

Dans ses proclamations aussi absurdes que violentes, Garibaldi insultait les puissances dont la France recherchait l'appui. Étranger, à la solde de la France, il jugea et condamna à mort des citoyens français.

« Établis à Autun, Garibaldi et son état-major firent surtout la guerre aux *cléricaux* : ils se livrèrent à toutes sortes de violences contre le clergé ; ils pillèrent, envahirent et profanèrent les maisons religieuses, les séminaires et les églises. On a à Autun le prologue de la Commune du 18 mars (2). »

Au mois de décembre 1870, M. Challemel-Lacour télégraphiait à Gambetta ; « Il y a depuis longtemps ici neuf cents Garibaldiens que l'on paie et qui ne font rien. Ils sont là errants, sous prétexte de former une armée, et se livrent à tous les désordres. Ils viennent d'assassiner deux hommes dans la même nuit. Je demande qu'on m'en débarrasse.

« On annonce de tous côtés la venue à Lyon de Garibaldi. Dans les réunions publiques, on décide qu'il sera nommé général en chef des armées de la République... Sa venue à Lyon serait le signal de l'anarchie immédiate... »

. L. Dussieux, tome II, p. 73.
2. Id., Ibid., p. 75.

Et deux ou trois jours plus tard :

« Veuillez donc donner l'ordre à tous les prétendus Garibaldiens qui sont ici d'aller s'organiser ailleurs. Il faut à tout prix que Lyon soit purifié de cette engeance. »

Plus tard, M. de Freycinet écrivait à Garibaldi lui-même :

« Tours, 19 janvier 1871.

« Je ne comprends pas les incessantes questions que vous me posez pour savoir qui commande, non plus que les difficultés qui surgissent au moment où, dites-vous, vous allez faire quelque chose... Vous êtes le seul qui invoquiez sans cesse ces difficultés et des conflits pour justifier sans doute votre inaction... Vous n'avez donné à l'armée de Bourbaki aucun appui ; votre présence à Dijon a été absolument sans résultat pour la marche de l'ennemi de l'ouest et à l'est. En résumé moins d'explications et plus d'actes. Voilà ce qu'on vous demande. »

Garibaldi et ses bandes étaient venus non pas servir mais piller la France. Ils se conduisaient à notre égard comme les Prussiens. Et comment en aurait-il été autrement ? Garibaldi n'a-t-il pas avoué plus tard qu'il avait désiré la victoire de nos ennemis ? Il a travaillé, dans la mesure de sa haine, à la leur assurer.

« Caprera, 6 septembre 1874.

« Français, Scandinaves, *Allemands,* tous sont nos frères. *Si j'ai désiré le triomphe des armées prussiennes,* mon unique motif a été le désir de voir la chute du plus exécrable tyran des temps modernes.

« GARIBALDI. »

A côté de ces fantaisistes étrangers et comme contraste empruntons à un témoin oculaire justement indigné le tableau navrant des malheureux mobiles, si braves, si héroïques et si délaissés. « Ces malheureux mobiles, — dit M. J. Claretie, — et surtout ces mobilisés armés et équipés en hâte, allaient au combat, par ces rudes nuits d'un hiver sinistre, dans un équipage inquiétant. Mal vêtus, pauvrement couverts d'étoffes sans consistance, on les logeait, on les couchait comme au hasard, dans des bâtiments aux fenêtres sans vitres, sur des bottes de paille, sans toiles, sans couvertures, avec moins de soin qu'on n'en prendrait pour des troupeaux. Leurs casernes? des fabriques abandonnées ou des maisons neuves à peine bâties. Leur vêtement? il fut presque partout le même, pantalon et vareuse d'un tissu léger, mal cousu, les boutons tombant, les habits se déchirant et s'effiloquant. On croirait qu'on a calomnié les fournisseurs en disant qu'ils ont fourni des souliers garnis de carton. Cela est vrai cependant. Des gens ont condamné de pauvres diables à marcher avec de telles chaussures, dans la boue, dans la neige (1). »

Le *Times* disait de ceux qui spéculaient sur ces détresses : « Il n'y aura jamais de potence assez haute pour pendre ces fournisseurs. »

Quand on réfléchit à l'étonnante organisation prussienne, on se demande comment nos malheureuses armées improvisées pouvaient espérer de vaincre et purent résister.

La campagne de l'Est s'ouvrait cependant pleine de promesses pour nous. La bataille de Villersexel, dont Bourbaki et Werder se disputèrent le résultat dans leurs bulletins, fut une victoire pour nos armes. Cette journée du 9 janvier semblait présager des jours de succès. On se battit bien, on enleva des positions, on bombarda les Prussiens, on les brûla dans le château. On avançait enfin.

Le 15 janvier, après s'être battu le 13 à Arcey, on établissait le quartier général à Trémoins. Alors commençaient ces rudes affaires entre Montbéliard et Belfort qui devaient débloquer Belfort. En dépit d'efforts héroïques et faute d'ensemble dans les opérations, le 18 commençait la plus triste peut-être des retraites que l'histoire ait jamais eu à enregistrer.

1. Claretie, tome I, p. 510, col. 2.

« Comment avait-on pu jeter dans ces montagnes, par ce temps, des troupes qui manœuvraient si difficilement dans les plaines de la Loire ? Tandis que les chevaux prussiens, ferrés avec des fers à crampon, à clous d'acier, galopaient sans broncher, notre cavalerie glissait, périssait dans ces routes qui étaient des gouffres. Nos soldats allaient pieds nus, d'autres sabots aux pieds. Jamais nulle armée ne supporta de plus horribles douleurs. C'était la retraite de la Bérésina, mais en France, sur notre sol, la famine, la misère chez soi. L'horreur en paraissait doublée (1). »

Bourbaki dut alors songer à se rejeter en Suisse ; ce fut le dernier et le plus lamentable épisode de cette douloureuse campagne qui avait duré près de trois mois, du 15 octobre 1870 au 11 janvier 1871.

Revenons à Paris. Le triste résultat de l'affaire du 19 janvier sonna le glas funèbre pour la capitale ; d'ailleurs plus de pain, plus de munitions, le sombre et incurable désespoir se résumant en un nom fatal : *Buzenval!* A cet affaissement succéda bientôt un sentiment galvanique, celui de l'insurrection contre ce que les masses appelaient *trahison* et qui était le résultat de l'incurie la plus déplorable. Le mot de Commune, qui signifiait pour la foule revanche et direction meilleure, revenait maintenant sur les lèvres, dans les clubs. L'*Alliance républicaine* adressait alors *au peuple de Paris* la proclamation suivante ;

« Les revers continus de l'armée de Paris, le défaut de mesures décisives, l'action mal dirigée succédant à l'inertie, un rationnement insuffisant, tout semble calculé pour lasser la patience.

« Et cependant le peuple veut combattre et vaincre.

« S'y opposer serait provoquer la guerre civile que les républicains entendent éviter.

« En face de l'ennemi, devant le danger de la patrie, Paris assiégé, isolé, devient l'unique arbitre de son sort.

---

1. J. Claretie, tome I, p. 511, col. 2.

« A Paris de choisir les citoyens qui dirigeront à la fois son administration et sa défense.

« A Paris de les élire, non par voie plébiscitaire ou tumultuaire, mais par scrutin régulier.

« *L'Alliance républicaine* s'adresse à l'ensemble des citoyens ;

« Invoque le péril public ;

« Demande que dans les quarante-huit heures les électeurs de Paris soient convoqués afin de nommer une assemblée souveraine de deux cents représentants élus proportionnellement à la population...

« *Vive la République une et indivisible !* »

L'opinion publique, unanime cette fois, se prononçait contre la direction militaire donnée au siége. En conséquence, le 2 janvier, le gouvernement de la défense décidait que le commandement en chef de l'armée de Paris serait désormais séparé de la présidence du gouvernement. Le général Vinoy fut nommé au poste militaire occupé jusqu'alors par Trochu dont la popularité d'abord excessive fut sans retour perdue ; on ne lui pardonnait pas de n'avoir pas réussi, et il y avait beaucoup à dire sur ses hésitations cependant légitimées jusqu'à un certain point par les craintes qu'inspiraient les symptômes de révolution toujours prêts à paralyser l'activité même la plus énergique. En dépit de la défaveur qui accueillit le plaidoyer de Trochu, il y a du vrai, beaucoup de vrai dans le tableau qu'il présente de la situation critique où il se trouvait alors. Récapitulant les faits, le général dit :

« La population, la presse, la garde nationale, le gouvernement se prononcèrent contre moi d'une manière définitive. Je reçus des députations des gardes nationaux qui me proposèrent de faire sortir des masses, même non armées, afin de livrer une bataille torrentielle. Et cette adresse de gardes nationaux était faite dans de bons sentiments ; le gouvernement, à des degrés divers, y était tout entier rallié. J'étais pressé par tous de livrer la bataille définitive.

« Je déclarai qu'il y avait là un crime militaire à commettre, et je ne voulus pas le commettre.

« Alors arriva que de toutes parts on cria contre le général en chef, et l'on chercha un général en chef qui voulut bien livrer la grande bataille décisive. On chercha un homme hardi pour cette grande espérance. On ne trouva même pas un chef de bataillon. Mais l'autorité du général en chef était perdue.

« Les maires de Paris, et M. Vacherot avait, je crois, la parole, les maires de Paris me dirent et je reconnus avec eux que ma situation n'était plus possible.

« Je répondis que je ne donnerais jamais ma démission. Mais j'ajoutai, en m'adressant au gouverneur : « Vous êtes « le gouvernement, vous avez le droit de me destituer. » On me destitua. On n'a pas manqué de dire que c'était chose arrangée. J'avais dit auparavant que le gouverneur de Paris ne capitulerait pas, et l'on m'a reproché cette parole. Le gouvernement savait bien que je répondais aux hommes des émeutes, auxquels il ne fallait donner aucun prétexte d'agitation.

« On me destitua et peut-être, après cinq mois de martyre, je méritais de mieux finir. Quand je disais que le gouverneur de Paris ne capitulerait pas, je voulais dire assurément que je ne capitulerais devant aucun effort de l'ennemi, mais je ne voulais pas dire que je ne capitulerais pas devant la famine d'une ville de deux millions d'hommes. »

CHAPITRE XIV

Impopularité prétendue du général Vinoy. — Ex-sénateur de l'empire. — Républicain avant tout. — Sagesse de la proclamation de Vinoy. — Pas d'illusion. — Le moment critique. — Le désordre dans Paris. — Rien que trois jours ! — Terrible insurrection. — Etrange inquiétude des Parisiens. — Protestation de M. Tirard contre la proposition de capituler. — Rêve d'une sortie formidable et désespérée. — Le bombardement continue. — La chimie au service de la revanche révolutionnaire. — « Nous attendrons. » — J. Favre retourne à Versailles. — Mot de M. de Bismarck. — Les prétentions de la Prusse. — Les otages demandés. — Conditions de la convention entre la France et la Prusse. — La république avant tout. — Encore des bravades. — La lutte à venir. — Opposition au gouvernement. — Toujours la garde nationale en avant. — Illusion flagrante. — Le texte définitif de la convention. — Armistice général. — Positions respectives des armées belligérantes. — Convocation d'une Assemblée. — Remise de tous les forts de Paris. — Privilège accordé à la garde nationale. — Le ravitaillement. — Le permis de circulation. — Contribution municipale de Paris. — Echange des prisonniers de guerre. — L'article 2. — La France sacrifiée à Paris. — Justes griefs de la province contre la capitale. — Gambetta est bien vivant. — Sa ingue dépêche — « Les forces militaires et révolutionnaires de Paris. » —ugement sur Trochu. — En quoi consiste la tradition révolutionnaire.

Le général de Bellemare fut pressé par Trochu, au lendemain de Buzenval, d'accepter le commandement militaire de Paris. Devant la déclaration du gouvernement, qui avouait que sous peu de jours Paris allait mourir de faim, M. de Bellemare refusa. Il n'eût voulu, dit-il, commander que pour continuer la lutte. Le général Vinoy accepta, quoiqu'il sût bien que tout était fini.

On a prétendu que ce choix était impopulaire, pourquoi? Parce que — qui le croirait? — le général avait été sénateur de l'Empire et que, par conséquent, il était soupçonné de peu ou point de républicanisme. Pitoyable conclusion. Comme si, par contre, il suffisait de mettre les épaulettes de général à un homme qui n'aurait d'autre titre que celui de républicain, pour en faire un chef militaire éprouvé. Et cependant quoi de plus démocratique que le début de Vinoy dans la carrière des armes qu'il avait illustrée! Parti simple soldat, il s'était d'abord fait remarquer en Crimée où il commandait la 2ᵉ brigade de la division de Mac-Mahon, au moment du siége de Sébastopol. Alors qu'il n'était que capitaine adjudant-major au 1ᵉʳ régiment de la légion étrangère, Vinoy s'était distingué pendant les campagnes d'Algérie, en 1842 notamment. Mais le mérite et les services du général étaient effacés par les opinions politiques qu'on lui attribuait. Bonapartiste, songez donc!...

Au contraire des autres proclamations fanfaronnes ou ultra-confiantes, celle de Vinoy, calme et froide, ne cachait rien de la vérité, et ce fut un tort vis-à-vis d'hommes qui voulaient être entretenus dans leurs illusions et trompés jusqu'à la fin.

« Le gouvernement de la défense nationale — disait Vinoy à l'armée de Paris, — vient de me placer à votre tête; il fait appel à votre patriotisme et à mon dévouement; je n'ai pas le droit de m'y soustraire. C'est une charge bien lourde: je n'en veux accepter que le péril, et *il ne faut pas se faire d'illusion*.

« Après un siége de plus de quatre mois, glorieusement soutenu par l'armée et par la garde nationale, virilement supporté par la population de Paris, *nous voici arrivés au moment critique*.

« Refuser le dangereux honneur du commandement dans une semblable circonstance serait ne pas répondre à la confiance qu'on a mise en moi. Je suis soldat et ne sais pas reculer devant les dangers que peut entraîner cette grande responsabilité.

« A l'intérieur, le parti du désordre s'agite, et cependant le canon gronde. Je veux être soldat jusqu'au bout, j'accepte ce danger, bien convaincu que le concours des bons citoyens, celui de l'armée et de la garde nationale ne me feront pas défaut pour le maintien de l'ordre et le salut commun. »

Oui, ce n'était que trop vrai, le parti du désordre s'agitait au cœur de Paris; le 21 janvier, vers minuit, la prison de Mazas, où se trouvaient réunis plusieurs détenus politiques, entr'autres G. Flourens, était forcée par les gardes nationaux, et les prisonniers étaient mis en liberté. Flourens monte à Belleville, à la tête des émeutiers, il reprend, au nom de la Commune, possession de la mairie du 20e arrondissement et « envoie alors, — c'est lui qui parle, — au nom du peuple, ordre aux chefs de bataillon de l'arrondissement de prendre position sur le boulevard de Puebla. Il voulait, dès qu'il aurait eu ces bataillons à sa disposition, s'emparer, avec l'un de l'état-major de la garde nationale, avec les autres de l'Hôtel-de-Ville et de la Préfecture de police. Il était temps encore de tout sauver, réorganiser l'armée *révolutionnairement* en trois jours, puis marcher aux Prussiens et vaincre, cela était possible. (1)

Quelle folie ou quel délire !

Le 22 janvier, éclata une terrible insurrection dont l'Hôtel-de-Ville fut l'objectif et la place de Grève le théâtre ; ce fut une grande paralysie du mouvement de sortie contre l'ennemi; il fallut faire rentrer les mobiles et la garde nationale dans Paris, et le canon gronda contre les coupables perturbateurs de l'ordre public, dans des circonstances déjà si pénibles par elles-mêmes.

Malgré tant de déceptions, en dépit de la clarté sinistre qui déchirait tous les voiles de l'illusion, la population de Paris cependant n'avait qu'une inquiétude, c'est que le gouvernement voulût entrer en négociation avec l'ennemi. Malgré l'ordre du jour de Vinoy, on comptait qu'il tenterait encore une grande sortie, le dernier effort. Les vivres touchaient à leur fin, ainsi qu'il résulte d'une note officielle sur l'état des subsistances à cette date.

---

1. G. Flourens, *Paris livré.*

Dans une réunion, tenue le 21 janvier, au gouvernement, et à laquelle les maires assistaient, les chefs supérieurs de l'armée avaient déclaré qu'il était impossible de prolonger davantage la résistance et qu'il fallait songer à capituler. M. Tirard, maire du 2ᵉ arrondissement, condamna alors vigoureusement l'inactivité dans laquelle la garde nationale avait été maintenue. Beaucoup des assistants civils de la réunion pensaient qu'il était impossible de capituler sans tenter un dernier et suprême effort; E Arago demandait une sortie *formidable* et *désespérée*. Une telle manifestation eut été plus désespérée que formidable; c'eût été un horrible écrasement de nos dernières forces.

Tous les officiers, depuis le premier jusqu'au dernier, se montrèrent absolument opposés à une grande action qu'ils considéraient avec raison comme devant être désastreuse et dans tous les cas stérile au point de vue du résultat à atteindre.

Cependant le bombardement continua jusqu'au 26 janvier, à minuit. Les pourparlers commencèrent et la presse, sur l'invitation du ministre de l'intérieur, fit tous ses efforts pour calmer les esprits profondément irrités par nos malheurs et surtout par leurs propres désillusions. L'heure était passée de récriminer; c'eût été aussi criminel qu'inutile.

Après la presse, c'était la révolution qu'il fallait désarmer ou tout au moins enchaîner pour le moment. Flourens et ses amis voulaient tenter une dernière manifestation; M. Dorian fut chargé par le gouvernement d'aller à Belleville, où il trouva Flourens, Millière et d'autres réunis. Le projet nouveau de ces irréconciliables consistait, non plus à attaquer l'Hôtel-de-Ville par la force, mais à s'emparer *chimiquement* des ministères, au moyen du feu au besoin. Flourens dit à M. Dorian : « Nous renonçons à continuer la lutte avec le gouvernement qui livre Paris. *Nous attendrons.* » Sinistre parole dont la signification devait éclater bientôt aux lueurs du pétrole réalisant le programme de la Commune.

M. J. Favre s'était rendu à Versailles et lorsqu'il parut devant M. de Bismarck, le chancelier lui dit: « Je vous attendais. » Puis, l'impitoyable vainqueur énuméra et posa les conditions de l'armistice. Il fallait livrer les forts et donner les canons; un moment même, M de Bismarck réclama des otages, afin de s'assurer de l'occupation des forts et craignant qu'Issy, Vanves, Montrouge ne fussent minés. Ces otages étaient les maires de Paris d'abord, puis les journalistes. « Vingt pris au hasard, dit M. de Bismarck. Sa Majesté l empereur est indigné contre la presse française tout entière qui l'a calomnié et insulté. »

Qui le croirait? Sous le coup de la menace de capitulation qui pesait sur Paris, l'*Union républicaine centrale* se réunissait et examinait la question de savoir si nous avions les subsistances nécessaires pour prolonger la résistance.

Mais c'en était fait et l'arrêt fatal était prononcé contre Paris. La proclamation suivante, publiée par le *Journal officiel*, était affichée le matin du 28 janvier sur tous les murs de Paris:

« La convention qui met fin à la résistance de Paris n'est pas encore signée, mais ce n'est qu'un retard de quelques heures.

« La garde nationale conservera son organisation et ses armes. (1)

« Une division de 12,000 hommes demeure intacte; quant aux autres troupes, elles resteront dans Paris, au milieu de nous, au lieu d'être, comme on l'avait d'abord proposé, cantonnées dans la banlieue. Les officiers garderont leur épée.

« Nous publierons les articles de la convention aussitôt

---

1. " M. de Bismark engageait M. J. Favre à désarmer la garde nationale tout entière ; M. J. Favre refusa et obtint qu'elle conserverait ses armes. Quand il rendit compte au conseil de cette partie de la négociation, le général Trochu, bien avisé cette fois, regretta vivement qu'on n'eut point exigé que la garde nationale fut dissoute et réorganisée de manière à en éliminer tous les éléments perturbateurs et ajouta qu'il n'y avait pas de gouvernement possible avec cette garde nationale. Le conseil protesta contre les sages paroles du général Trochu. C'est ainsi que les procès-verbaux du gouvernement de la Défense nous montrent sans cesse le bon sens honni et repoussé, d'où qu'il vienne. » — L. Dussieux, tome I, p. 273 et 274.)

que les signatures auront été échangées, et nous ferons en même temps connaître l'état exact de nos subsistances.

« Paris peut être sûr que la résistance a duré jusqu'aux dernières limites du possible. Les chiffres que nous donnerons en seront la preuve irréfragable, et nous mettrons qui que ce soit au défi de les contester.

« Nous montrerons qu'il nous reste tout juste assez de pain pour attendre le ravitaillement et que nous ne pouvions prolonger la lutte sans condamner à une mort certaine deux millions d'hommes, de femmes et d'enfants.

« Le siége de Paris a duré quatre mois et douze jours; le bombardement un mois entier. Depuis le 15 janvier la ration de pain est réduite à 300 grammes. La mortalité a plus que triplé. Au milieu de tant de désastres *il n'y a pas eu un seul jour de découragement.*

« L'ennemi est le premier à rendre hommage à l'énergie morale et au courage dont *la population parisienne tout entière* vient de donner l'exemple. Paris a beaucoup souffert; mais *la République profitera de ses longues souffrances*, si noblement supportées. Nous sortons de la lutte qui finit *retrempés pour la lutte à venir*. Nous en sortons avec tout notre honneur, *avec toutes nos espérances*, malgré les douleurs de l'heure présente; *plus que jamais nous avons foi dans les destinées de la patrie.* »

Toujours la bravade, sans doute pour adoucir l'amertume d'un si douloureux dénouement, après tant de promesses et d'illusions de victoire éclatante.

Pas un seul jour de découragement; il nous semble que c'est beaucoup trop dire, les manifestations et les émeutes dans Paris, qui paralysèrent certaines mesures énergiques, ne sont pas précisément des preuves de courage et surtout de confiance. D'où il s'ensuit que *la population parisienne tout entière* n'a pas été aussi patriote que le gouvernement voulait bien le dire, peut-être était-ce pour l'encourager à racheter le passé par l'avenir. Mais, peu importait aux chefs politiques d'alors, pourvu que *les longues souffrances de Paris* eussent *profité* à la République qu'elles ont enracinée depuis treize ans dans le sol de la France.

La lutte à venir. Toujours l'indomptable espoir de la revanche militaire! *La foi dans les destinées de la patrie* est bien robuste dans ces esprits et cependant jusqu'ici rien ne semble lui donner raison, en présence des fautes et des tracasseries incessantes que le gouvernement de la République accumule de plus en plus chaque jour à son actif.

Loin de calmer les esprits chauffés à blanc par les menées révolutionnaires des clubs qui s'acharnaient à battre en brèche les hommes du gouvernement, cette proclamation augmenta, s'il est possible, l'irritation publique qui se produisit sous des formes insensées et une affectation ridicule de résistance quand même. On parlait de lutter malgré le gouvernement, d'occuper les forts et de les défendre; des artilleurs de la garde nationale avaient inscrit sur des bannières: « Ne rendons pas les forts. » C'était un écho de la fameuse bravade de J. Favre: « Pas un pouce de notre territoire! pas une pierre de nos forteresses! »

L'agitation allait grandissant, le tocsin fut sonné; dans la nuit, des gardes nationaux parcouraient les rues, frappant aux portes et appelant leurs camarades aux armes, le clairon sonnait le rappel. C'était du délire, de la démence. Par bonheur, cette manifestation n'aboutit point, grâce à l'énergique attitude du général Clément Thomas.

Mais, sur quels motifs avait donc pu se baser cet élan intempestif l'esprit d'insurrection qui animait la garde nationale et une assez grande partie de la population parisienne. Des orateurs de clubs affirmaient que Paris avait encore assez de vivres pour aller un mois et même quarante jours. Sans doute, c'était une illusion flagrante, mais à laquelle la vue soudaine des provisions avarement cachées jusque là par les épiciers et brusquement mises en montre, à l'annonce d'un prochain ravitaillement, donnait quelque apparence de fondement.

Enfin, le 29 janvier 1871, le gouvernement publia la convention pour l'armistice, dont nous empruntons le texte au

Journal officiel; ce document mérite d être reproduit intégralement.

« Entre M. le comte de Bismarck, chancelier de la Confédération germanique, stipulant au nom de S. M. l'Empereur d'Allemagne, roi de Prusse, et M. J. Favre, ministre des affaires étrangères du gouvernement de la défense nationale, munis de pouvoirs réguliers,

« Ont été arrêtées les conventions suivantes:

« Article 1er. — Un armistice général, sur toute la ligne des opérations militaires en cours d'exécution entre les armées allemandes et les armées françaises, commencera pour Paris aujourd'hui même, pour les départements dans un délai de trois jours; la durée de l'armistice sera de vingt et un jours, à dater d'aujourd'hui, de manière que, sauf le cas où il serait renouvelé, l'armistice se terminera partout le 19 février à midi.

« Les armées belligérantes conserveront leurs positions respectives qui seront séparées par une ligne de démarcation. Cette ligne partira du Pont l'Évêque, sur les côtes du département du Calvados, se dirigera sur Lignières, dans le nord-est du département de la Mayenne, en passant entre Briouze et Fromentet; en touchant au département de la Mayenne à Lignières, elle suivra la limite qui sépare ce département de celui de l'Orne et de la Sarthe, jusqu'au nord de Norannes, et sera continuée de manière à laisser à l'occupation allemande les départements de la Sarthe, Indre-et-Loire, Loir-et-Cher, du Loiret, de l'Yonne, jusqu'au point où, à l'est de Quarré-les-Tombes, se touchent les départements de la Côte-d'Or, de la Nièvre et de l'Yonne. A partir de ce point, le tracé de la ligne sera réservé à une entente qui aura lieu aussitôt que les parties contractantes seront renseignées sur la situation actuelle des opérations militaires en exécution dans les départements de la Côte-d'Or, du Doubs et du Jura Dans tous les cas, elle traversera le territoire composé de ces trois

7.

départements, situés au nord, à l'armée française ceux situés au midi de ce territoire.

« Les départements du Nord et du Pas-de-Calais, les forteresses de Givet et de Langres, avec le terrain qui les entoure à une distance de dix kilomètres, et la péninsule du Havre jusqu'à une ligne à tirer d'Étretat, dans la direction de Saint-Romain, resteront en dehors de l'occupation allemande.

« Les deux armées belligérantes et leurs avant-postes, de part et d'autre, se tiendront à une distance de 10 kilomètres au moins des lignes tracées pour séparer leurs positions.

« Chacune des deux armées se réserve le droit de maintenir son autorité dans le territoire qu'elle occupe et d'employer les moyens que ses commandants jugeront nécessaires pour arriver à ce but.

« L'armistice s'applique également aux forces navales des deux pays, en adoptant le méridien de Dunkerque comme ligne de démarcation, à l'ouest de laquelle se tiendra la flotte française, et à l'est de laquelle se retireront, aussitôt qu'ils pourront être avertis, les bâtiments de guerre allemands qui se trouvent dans les eaux occidentales. Les captures qui seraient faites après la conclusion et avant la notification de l'armistice, seront restituées, de même que les prisonniers qui pourraient être faits de part et d'autre, dans l'intervalle indiqué.

« Les opérations militaires sur le terrain des départements du Doubs, du Jura et de la Côte-d'Or, ainsi que le siége de Belfort, se continueront, indépendamment de l'armistice, jusqu'au moment où on se sera mis d'accord sur la ligne de démarcation dont le tracé à travers les trois départements mentionnés a été réservé à une entente ultérieure.

« Article 2. — L'armistice ainsi convenu a pour but de permettre au gouvernement de la défense nationale de convoquer une Assemblée librement élue qui se prononcera sur la question de savoir si la guerre doit être continuée ou à quelles conditions la paix doit être faite.

« L'Assemblée se réunira dans la ville de Bordeaux.

« Toutes les facilités seront données par les commandants des armées allemandes pour l'élection et la réunion des députés qui la composeront.

« Article 3. — Il sera fait immédiatement remise à l'armée allemande, par l'autorité militaire française, de tous les forts formant le périmètre de la défense extérieure de Paris, ainsi que de leur matériel de guerre. Les communes et les maisons situées en dehors de ce périmètre ou entre les forts pourront être occupées par les lignes allemandes, jusqu'à une ligne à tracer par des commissaires militaires. Le terrain restant entre cette ligne et l'enceinte fortifiée de la ville de Paris sera interdit aux forces armées des deux parties. La manière de rendre les forts et le tracé de la ligne mentionnée formeront l'objet d'un protocole à annexer à la présente convention.

« Article 4. — Pendant la durée de l'armistice, l'armée allemande n'entrera pas dans la ville de Paris.

« Article 5. — L'enceinte sera désarmée de ses canons.

« Article 6. — Les garnisons (armée de ligne, garde nationale et marins) des forts et de Paris seront prisonnières de guerre, sauf une division de 12,000 hommes que l'autorité militaire dans Paris conservera pour le service intérieur.

« Les troupes prisonnières de guerre déposeront leurs armes, qui seront réunies dans des lieux désignés et livrées suivant règlement par commissaires suivant l'usage ; ces troupes resteront dans l'intérieur de la ville dont elles ne pourront pas franchir l'enceinte pendant l'armistice. Les autorités françaises s'engagent à veiller à ce que tout individu appartenant à l'armée et à la garde mobile reste consigné dans l'intérieur de la ville. Les officiers des troupes prisonnières seront désignés par une liste à remettre aux autorités allemandes.

« A l'expiration de l'armistice, tous les militaires appartenant à l'armée consignée dans Paris auront à se constituer prisonniers de guerre de l'armée allemande, si la paix n'est pas conclue jusque là.

« Les officiers prisonniers conserveront leurs armes.

« Article 7.—La garde nationale conservera ses armes; elle sera chargée de la garde de Paris et du maintien de l'ordre. Il en sera de même de la gendarmerie et des troupes assimilées, employées dans le service municipal, telles que garde républicaine, douaniers et pompiers : la totalité de cette catégorie n'excèdera pas 3,500 hommes.

« Tous les corps de francs-tireurs seront dissous par une ordonnance du gouvernement français.

« Article 8. — Aussitôt après la signature des présentes et avant la prise de possession des forts, le commandant en chef des armées allemandes donnera toutes facilités aux commissaires que le gouvernement français enverra, tant dans les départements qu'à l'étranger, pour préparer le ravitaillement et faire approcher de la ville les marchandises qui y sont destinées.

« Article 9. — Après la remise des forts et après le désarmement de l'enceinte et de la garnison, stipulés dans les articles 5 et 6, le ravitaillement de Paris s'opérera librement par la circulation sur les voies ferrées et fluviales. Les provisions destinées à ce ravitaillement ne pourront être prises dans le terrain occupé par les troupes allemandes, et le gouvernement français s'engage à en faire l'acquisition en dehors de la ligne de démarcation qui entoure les positions des armées allemandes, à moins d'autorisation contraire donnée par les commandants de ces dernières.

« Article 10. — Toute personne qui voudra quitter la ville de Paris devra être munie de permis réguliers délivrés par l'autorité militaire française et soumis au visa des avant-postes allemands. Ces permis et visas seront accordés de droit aux candidats à la députation en province et aux députés de l'Assemblée.

« La circulation des personnes qui auront obtenu l'autorisation indiquée ne sera admise qu'entre six heures du matin et six heures du soir.

« Article 11. — La ville de Paris paiera une contribution

municipale de guerre de la somme de 200 millions de francs. Ce paiement devra être effectué avant le quinzième jour de l'armistice. Le mode de paiement sera déterminé par une commission mixte allemande et française.

« Article 12. — Pendant la durée de l'armistice, il ne sera rien distrait des valeurs publiques pouvant servir de gages au recouvrement des contributions de guerre.

« Article 13. — L'importation dans Paris d'armes, de munitions ou de matières servant à leur fabrication, sera interdite pendant la durée de l'armistice.

« Article 14. — Il sera procédé immédiatement à l'échange de tous les prisonniers de guerre qui ont été faits par l'armée française depuis le commencement de la guerre. Dans ce but, les autorités françaises remettront, dans le plus bref délai, des listes nominatives des prisonniers de guerre allemands aux autorités militaires allemandes à Amiens, au Mans, à Orléans et à Vesoul. La mise en liberté des prisonniers de guerre allemands s'effectuera sur les points les plus rapprochés de la frontière. Les autorités allemandes remettront en échange, sur les même points et dans le plus bref délai possible, un nombre pareil de prisonniers français, de grades correspondants, aux autorités militaires françaises.

« L'échange s'étendra aux prisonniers de condition bourgeoise, tels que les capitaines de navire de la marine marchande allemande et les prisonniers français civils qui ont été internés en Allemagne.

« Article 15. — Un service postal pour des lettres non cachetées sera organisé entre Paris et les départements, par l'intermédiaire du quartier général de Versailles...

« Fait à Versailles, le 28 janvier 1871.

« *Signé* : Jules Favre.   Bismarck. »

Cependant, Paris, réduit par la famine, commençait à se ravitailler. Les chemins de fer étant coupés, la Seine obstruée, ce fut une longue opération. On pillait, aux Halles, les boutiques des revendeurs qui spéculaient sur la faim. On rencontrait, errant par bandes, désarmés, sordides, les soldats et les mobiles de province. Toute discipline avait cessé.

Nul ne faisait attention à la clause dernière de l'article 2 de la convention qui condamnait toute une armée à la destruction et une ville assiégée à la chute : « Les opérations militaires sur le terrain des départements du Doubs, du Jura et de la Côte-d'Or, ainsi que le siége de Belfort, se continueront *indépendamment de l'armistice*. . »

« Paris traitait ainsi pour toute la France. Cette clause insolente, barbare, avait été contresignée par une main française. Faute impardonnable... Mais à cette heure, tout semblait étouffé sous l'immense fracas de la capitulation de Paris (1). »

En ce moment, après quatre mois de terrible séparation, la France et Paris se retrouvaient, mais dans quel sentiment? La province surprise, irritée de la capitulation de Paris, ne pardonnait point un tel dénouement à ce long siège. Les uns, qui eussent voulu la paix à tout prix, reprochaient à la capitale d'avoir, par sa résistance, fait durer la guerre; les autres, partisans de la guerre à outrance, lui faisaient un grief d'avoir, par sa chute, rendu la paix nécessaire. Paris, qui devait jusqu'au bout persister dans d'étranges illusions, croyait que Gambetta s'était suicidé, à la suite de la défaite du Mans. C'était pousser un peu loin le patriotisme. Aussi le grand organisateur de la victoire qui s'était — comme Hamlet, — résigné à vivre, donnait-il signe de vie par une longue dépêche dont l'ensemble résume la situation humiliante faite à la France par l'esprit révolutionnaire, qu'il exaltait pourtant si haut sous le nom de République.

« Nous ignorons encore — écrivait-il au gouvernement de Paris, — quelle est la vérité officielle, relativement à l'armistice annoncé par les journaux anglais, et, jusqu'à ce que nous ayons reçu de vous l'assurance que vous êtes décidé à une si lamentable fin, nous tenons les bruits anglais pour mal

---

1. J. Claretie, tome I, p. 534, col. 1 et 2.

fondés... Toutefois, *la situation intérieure de Paris apparaît comme fortement troublée ;* l'expulsion du général Trochu de toutes ses fonctions,.. le choix ridicule d'un sénateur de soixante-quinze ans pour présider aux suprêmes efforts de l'héroïque capitale ; la suppression du droit de réunion et des journaux révolutionnaires, ainsi que les tentatives faites sur Mazas et l'Hôtel de Ville, *tout accuse clairement que, dans la population, comme dans le gouvernement, il n'y a plus ni accord, ni fermeté, ni clairvoyance.*

« Je ne puis croire cependant que ces négociations pour la reddition de notre capitale aient pu être entamées sans qu'on ait fait *ce gigantesque et puissant effort* qu'on promet et qu'on annonce depuis quatre mois et qui n'a pu être retardé, incessamment ajourné que par incapacité ou esprit de méfiance, mais *qu'il faut faire*, pour pouvoir arborer avec honneur, s'il échoue, le drapeau parlementaire...

« Si cette province, qui depuis trois mois prodigue son sang et son or, supporte l'invasion et l'invasion de ses villes, apprenait que Paris a été systématiquement amolli, énervé, découragé par ceux qui le gouvernent et dont le mandat n'était sacré que parce qu'il avait pour but *d'organiser et employer les forces militaires et révolutionnaires de Paris* c'est l'indignation chez les uns, la défaillance chez les autres qui feraient place à l'enthousiasme qu'excitait parmi eux le gouvernement du 4 septembre.

« Que dira cette province, si surtout elle apprend que ce *chef militaire*, introduit dans le gouvernement civil et doté de la prépotence, *n'était qu'un discoureur infatigable et un militaire irrésolu...* ; et c'est ainsi que vous vous êtes laissé conduire jusqu'aux derniers jours subissant, vous républicains, un pouvoir personnel, méconnaissant *la première règle de la tradition révolutionnaire* qui *est de subordonner les chefs militaires*, quels qu'ils soient, *à la magistrature politique et civile...*

« Vous changerez les généraux qui manquent de cœur, et ce ne sera qu'après une grande bataille perdue que vous vous résignerez sous la force... »

Toujours la folie de la guerre à outrance, des sorties sans rime ni raison ! *Les forces révolutionnaires,* voilà bien le programme avoué des hommes qui, en 1871 ainsi qu'en 1848 et toujours, rêvaient de faire l'ordre avec le désordre et, encore tout épris des absurdes théories de 1793, rêvaient de *subordonner les chefs militaires à la magistrature civile.*

CHAPITRE XV

« La politique de la guerre à outrance. » — Prolonger l'occupation. — « Le souffle de la révolution française. — Encore l'article 2. — Incroyable oubli de J. Favre. » — L'armée de Bourbaki se réfugie en Suisse. — Chûte de Belfort et de Bitche. — Les élections. — La guerre ou la paix. — Etrange proclamation de Gambetta. — Aux armes ! — Comment les républicains comprennent la liberté. — Les Bonapartistes hors de la loi. — *Son Excellence* J. Favre et *Monsieur* Gambetta. — M. de Bismarck, défenseur de la liberté. — Dure leçon donnée par un ennemi. — Protestation de J. Simon contre la proclamation de Gambetta. — **Grand succès électoral pour M. Thiers.** — Réunion de l'Assemblée, à Bordeaux. — Ledru Rollin à ses électeurs. — Sa façon de comprendre le suffrage universelle. — M. J. Grévy apparaît à l'horizon. — Sa proposition historique. — Composition du ministère. — Rapport sur l'état des forces militaires de la France. — Jugement de l'amiral Jauréguibéry sur la garde nationale. — Impossibilité d'une plus longue résistance. — Le traité de paix. — Une rançon de cinq milliards. — Evacuation successive du territoire français. — Les prisonniers de guerre. — Apparition de Raoul Rigault. — Les Prussiens se préparent à entrer dans Paris. — Appel à la modération. — Toujours la mise en scène patriotique. — La paix est votée. — Les représentants de l'Alsace et de la Lorraine donnent leur démission. — Leur protestation. — Obsèques du dernier maire français de Strasbourg. — Encore la parole à Gambetta. — Le comble du pathos. — La définition du républicain. — L'aurore de la Commune.

Après un tableau de plus en plus sombre de la situation militaire en France, Gambetta, revenant encore à sa marotte, concluait ainsi :

« Cependant il ne faut pas se laisser aller au découragement, car plus que jamais j'ai la conviction que la prolongation de la lutte, en nous ramenant la fortune, épuisera nos envahisseurs... Donnons leur la conviction que nous resterons inflexibles dans *la politique de la guerre à outrance*, et nous aurons gagné sur eux une grande victoire. Le printemps viendra, et ils n'auront pas réalisé le fruit de leur conquête... Nous les condamnons à *une occupation aussi ruineuse pour eux que pour nous*, et nous n'aurons pas compromis l'intégrité de la France, et, à la première occasion de trouble ou de conflit européen, nous serons l'allié nécessaire de tous ceux qui auront à se venger des prétentions germaniques...

« Seul, le souffle de la révolution française peut encore nous sauver. C'est lui que j'appelle et que j'invoque. C'est par lui seul que je compte vivifier ce qui reste encore dans le pays de virilité et d'énergie. »

C'est peut-être lyrique, mais c'est absurde, et le souffle de la révolution appelé et invoqué par Gambetta ne devait servir bientôt qu'à allumer et attiser les incendies de la Commune aux quatre coins de Paris. Mais ce souffle ne fera et ne saura jamais faire autre chose que cela.

Revenant avec raison et y insistant à l'incroyable clause de l'article 2 de la convention, M. J. Claretie dit : « Grâce à l'incurie, coupable en pareil cas, du gouvernement de Paris, grâce à l'ignorance des signataires français de l'armistice, il avait été stipulé, à la demande de M. de Bismarck, qu'en dépit de la convention du 28 janvier les opérations militaires se continueraient, *indépendamment de l'armistice*, dans les départements du Doubs, du Jura et de la Côte-d'Or. En outre, le siège de Belfort serait continué par les Allemands. Conçoit-on que M. J. Favre ait consenti à signer une telle clause et que, l'ayant fait, il n'ait point, en annonçant l'armistice à la délégation de Bordeaux, fait connaître cette restriction imposée par l'ennemi ? Le télégramme de M. Favre disait : « *Un armistice de vingt et un jours est convenu, faites le exécuter.* » Il en résulta que l'ordre fut donné à Garibaldi et à Bourbaki, comme à tous les généraux, de cesser les opérations militaires et que cet ordre fut suivi par nos chefs, tandis que les armées prussiennes, instruites des conditions stipulées à Versailles, continuèrent, malgré les protestations de nos généraux, leurs opérations vers Besançon et Dijon, et même vers le Hâvre, qu'elles menaçaient sérieusement, et que le général Loysel était chargé de couvrir.

« L'ignorance dans laquelle le gouvernement de Paris laissa, pendant deux jours, les autorités militaires, est un des griefs les plus graves que lui adressera l'histoire. Les Prussiens étaient décidés à anéantir notre malheureuse armée de l'Est, et, chose triste à reconnaître, pour arriver à ce but ils trouvèrent un aide involontaire dans l'impardonnable oubli de notre ministre des affaires étrangères. »

Victime de l'incroyable négligence de M. J. Favre, l'armée de Bourbaki se réfugia en Suisse, et c'est ainsi que 85,000 hommes, armes et bagages, 11,000 chevaux et 202 pièces de canon furent sauvés.

La chûte héroïque de Belfort et de Bitche suivit de près le désastre de l'armée de l'Est; jetons un voile de deuil sur ces vaillantes forteresses et passons à d'autres tableaux.

Les élections des députés à l'Assemblée nationale allaient mettre à nu les différences d'opinions, le chaos des idées, la débâcle même des esprits. Ce qui les caractérise d'un mot, c'est le désarroi. A Paris, on vota surtout contre le gouvernement de la défense nationale; en France, presque partout, on vota contre la continuation de la guerre, en dépit des objurgations de Gambetta dont la nation était enfin lasse, — elle y avait mis le temps.

La guerre ou la paix, tel était le dilemne que le pays entendait poser à ses futurs mandataires; tout à coup une proclamation de Gambetta, du 31 janvier, vient compliquer la situation déjà si violemment tendue et remettre en question l'avenir tout entier de la France.

« Citoyens, — disait le fougueux outrancier, — l'étranger vient d'infliger à la France la plus cruelle injure qu'il lui ait été donné d'essuyer dans cette guerre maudite...

« Comme si la mauvaise fortune tenait à nous accabler, *quelque chose de plus sinistre et de plus douloureux nous attendait* : on a signé, *à notre insu, sans nous en avertir*, un armistice dont nous n'avons connu que tardivement la coupable légèreté, qui livre aux troupes prussiennes des départements occupés par nos soldats...

« La Prusse compte sur l'armistice pour amollir, énerver, dissoudre nos armées; la Prusse espère qu'une assemblée réunie à la suite des revers successifs et sous l'effroyable chûte de Paris, sera nécessairement tremblante et prompte à subir une paix honteuse.

« Il dépend de nous que ses calculs avortent et que les instruments mêmes qui ont été préparés pour tuer l'esprit de résistance le raniment et l'exaltent.

« De l'armistice faisons une école d'instruction pour nos jeunes troupes; employons ces trois semaines à préparer, à pousser avec plus d'ardeur que jamais l'organisation de la défense et de la guerre.

« A la place de la Chambre réactionnaire et lâche que rêve l'étranger, installons une Assemblée vraiment nationale, *républicaine*, voulant la paix, si la paix assure l'honneur, le rang et l'intégrité de notre pays, mais capable de vouloir aussi la guerre et prête à tout plutôt que d'aider à l'assassinat de la France...

« Aux armes! Aux armes! » tel était le cri deux fois répété par lequel Gambetta scellait en quelque sorte cette proclamation ardente. Cet appel au peuple et aux bayonnettes était accompagné d'une circulaire aux préfets et sous-préfets, dans laquelle le ministère de Bordeaux s'écriait : « Guerre à outrance! Résistance jusqu'à complet épuisement! »

Bientôt après paraissait — sortant de la même officine, — un décret brutal, qui souleva une grande opposition et qu'on appela un véritable et autoritaire coup d'État. Voici les articles de ce décret draconien :

« Article 1ᵉʳ. — Ne pourront être élus représentants du peuple à l'Assemblée nationale les individus qui, depuis le 2 décembre 1851 jusqu'au 4 septembre 1870, ont accepté les fonctions de ministre, sénateur, conseiller d'État et préfet.

« Article 2. — Sont également exclus de l'éligibilité à l'Assemblée nationale les individus qui, aux assemblées législatives qui ont eu lieu depuis le 2 décembre 1851 jusqu'au 4 septembre 1870, ont accepté la candidature officielle et dont les noms figurent dans les listes des candidatures recommandées par les préfets aux suffrages des électeurs et ont été au *Moniteur officiel* avec les mentions :

« Candidats du gouvernement ;

« Candidats de l'administration ;

« Candidats officiels.

« Article 3. — Sont nuls, de nullité absolue, les bulletins de vote portant les noms des individus compris dans les catégories ci-dessus désignées.

« Ces bulletins ne seront pas comptés dans la supputation des voix. »

Ce décret, qui créait en quelque sorte une classe de parias du suffrage universel, eut pour effet d'attirer l'intervention de l'étranger dans nos affaires, et M. de Bismarck, profitant de cette mesure profondément entachée d'illégalité et d'arbitraire, s'empressa d'écrire — à ce sujet, — deux lettres, l'une à *Son Excellence* (sic) M. J. Favre, l'autre à *Monsieur* (sic) L. Gambetta.

A J. Favre, en date du 3 février 1871, le chancelier disait :

« On me communique d'Amiens le contenu d'un décret émanant de la délégation du gouvernement de la défense nationale de Bordeaux, qui exclut formellement de la faculté d'être nommés députés à l'Assemblée tous ceux qui ont servi l'Empire en qualité de ministres, sénateurs, conseillers d'État ou préfets, ainsi que toutes les personnes qui ont figuré, comme candidats du gouvernement, au Moniteur, depuis 1851. Un extrait de la circulaire se trouve joint en copie.

« J'ai l'honneur de demander à Votre Excellence si Elle croit que l'exclusion décrétée par la délégation de Bordeaux est compatible avec les dispositions de l'article 3 de la convention, d'après lequel l'Assemblée doit être *librement* élue.

« Permettez-moi de vous rappeler les négociations qui ont précédé la convention du 28 janvier. Dès le début, j'exprimai la crainte qu'il serait difficile, dans les circonstances présentes, d'assurer la liberté entière des élections et de prévenir toutes tentatives contre la liberté des élections. Inspiré par cette appréhension, à laquelle la circulaire de M. Gambetta semble donner raison aujourd'hui, j'ai posé la question s'il ne serait pas plus juste de convoquer le Corps législatif qui représente une autorité légalement élue par le suffrage universel. Votre Excellence déclina cette proposition, en me donnant l'assurance formelle qu'aucune pression ne serait exercée sur les électeurs et que la plus entière liberté resterait assurée aux élections.

« Je m'adresse à la loyauté de Votre Excellence pour décider si l'exclusion prononcée en principe par le décret en question contre des catégories entières de candidats est compatible avec la liberté des élections, telle qu'elle a été garantie par la convention du 28 janvier. *Je crois pouvoir espérer avec certitude que ce décret,* dont l'application me paraîtrait se trouver en contradiction avec les stipulations de la convention, *sera immédiatement révoqué* et que le gouvernement de la défense nationale adoptera les mesures nécessaires pour garantir l'exécution de l'article 2, en ce qui concerne les élections. Nous ne saurions reconnaître aux personnes élues sous le régime de la circulaire de Bordeaux les priviléges accordés aux députés à l'Assemblée par la convention d'armistice. »

La leçon peut sembler dure, venant d'un ennemi, mais elle était juste et l'on en fit son profit.

Voici maintenant ce que — le même jour, — M. de Bismarck disait, en termes très brefs, à M. L. Gambetta :

« *Au nom de la liberté des élections,* stipulée par la convention d'armistice, *je proteste contre les dispositions émises en votre nom* pour priver du droit d'être élus à l'Assemblée des catégories nombreuses de citoyens français. Des élections faites sous *un régime d'oppression arbitraire* ne pourront pas conférer les droits que la convention d'armistice reconnaît aux *députés librement élus.* »

C'est sec, mais précis et relègue M. L. Gambetta à son

rang d'où il n'aurait jamais dû sortir dans l'intérêt de son pays et surtout de la liberté dont il se posait cependant si fièrement en champion inflexible.

Déjà, d'ailleurs, au nom du gouvernement de Paris, M. Jules Simon avait protesté avec énergie contre le décret de la délégation de Bordeaux ; il avait dit : « Mutiler le suffrage universel, c'est renoncer au principe républicain. Je ne le puis ni ne le dois. » Au nom de la liberté, — telle que l'entendaient Gambetta et ses amis, — M. Jules Simon s'était vu sur le point d'être arrêté, lorsque, le 5 février, M. E. Arago, Garnier-Pagès et Pelletan arrivaient à Bordeaux, apportant un décret signé des membres du gouvernement de la défense qui annulait le décret de Bordeaux. M. Gambetta avait trouvé son maître, lui qui trop longtemps l'avait été et le devait être encore ; au décret de Paris, il répondit par sa démission. Et comme il se croyait indispensable au salut de la France, il jugea à propos d'adresser aux préfets et sous-préfets la dépêche suivante en manière d'adieu d'un homme qui prépare sa rentrée, à la première occasion :

« Malgré les objections graves et les résistances légitimes que soulevait l'exécution de la convention de Versailles, je m'étais résigné, pour donner, comme je le disais, un gage incontestable de modération et de bonne foi et pour ne pas quitter le poste sans en avoir été relevé, à faire procéder aux élections.

« Vous connaissez, Monsieur le Préfet, par les divers documents qui vous ont été transmis, quels devaient être la nature et le caractère de ces élections : je persiste à croire qu'il en peut sortir, malgré les difficultés matérielles de toutes sortes dont nous accable l'ennemi, une Assemblée fière et résolue. Le décret qui, selon moi, satisfaisait à un besoin de justice à l'égard des coopérateurs responsables du régime impérial et à un sentiment de prudence vis-à-vis des intrigues étrangères, a excité *une injurieuse protestation de M. de Bismarck*. Depuis lors, à la date du 4 février 1871, les membres du gouvernement de Paris ont, par une mesure législative, rapporté notre décret... Il y a là tout à la fois un désaveu et une révocation du ministre de l'intérieur et de la guerre.

« La divergence des opinions sur le fond des choses, au point de vue extérieur et intérieur, se manifeste ainsi de manière à ne laisser aucun doute. Ma conscience me fait un devoir de résilier mes fonctions de membre du gouvernement avec lequel je ne suis plus en communion d'idées ni d'espérances. J'ai l'honneur de vous informer que j'ai remis ma démission aujourd'hui même...

« Je vous prie d'agréer l'expression de mes sentiments *fraternels*.

« L. GAMBETTA. »

M. E. Arago, qui succédait à M. Gambetta, adressait à son tour cette dépêche aux préfets :

« Je porte à votre connaissance que je viens d'être appelé par mes collègues au poste de ministre de l'intérieur... Rien n'est changé aux instructions que vous avez reçues. Faites seulement savoir que *le suffrage universel peut agir dans la plénitude de son droit, sans aucune exclusion ni catégorie.* »

Ainsi, il avait fallu l'intervention de l'autocratie pour rappeler les républicains à la notion vraie de la liberté et de justice qu'ils s'apprêtaient à fouler aux pieds, sous l'inspiration malencontreuse de Gambetta.

Pour être plus qu'un roi, tu te crois quelque chose,

eut-on pu lui dire avec le grand Corneille. La protestation de M. de Bismarck *injurieuse* pour le jeune tribun fut seule capable d'assurer l'entière liberté des élections.

Bientôt le résultat fut connu et, pendant que dans les départements la légitimité et la monarchie avaient un large succès, — à Paris, le radicalisme absolu triomphait; parmi les ultra-révolutionnaires, citons L. Blanc, V. Hugo, Gambetta, Garibaldi, Rochefort, Delescluze, Schœlcher, F. Pyat, Lockroy, Ranc, Clémenceau, Floquet, Tolain, Ledru-Rollin, Millière, etc.

Le plus grand succès électoral fut pour M. Thiers; il fut élu dans plus de vingt départements.

Le 13 février, l'Assemblée se réunit à Bordeaux, dans la magnifique salle du grand théâtre. Un incident marqua cette séance d'ouverture ; Garibaldi donna sa démission de député à la suite d'interpellations sur sa conduite pendant la guerre et reprit le chemin de Caprera. Ledru-Rollin ne tarda pas, lui aussi, à résilier son mandat, en lançant une protestation contre l'état de choses actuel. Il disait à ses électeurs :

« Sous la main de l'ennemi, au milieu des nécessités désastreuses, inéluctables où nous a jetés une série de perfidies et de trahisons, le vote des dernières élections ne pouvait et n'a pu présenter les conditions d'indépendance et de spontanéité qui sont l'essence même du suffrage universel.

« Puisqu'il m'a été donné de présider à son organisation première, il m'était imposé de faire en son nom cette réserve qui, isolée aujourd'hui, sera, contre ce qui va s'accomplir de déchirant et de funeste, la protestation unanime de l'avenir.

« Cette réserve, c'est pour la mieux caractériser, pour la rendre plus saisisissable et plus tangible, c'est pour dégager plus irrémissiblement la grande et tutélaire institution du suffrage universel que je n'ai pas hésité à immoler une fois de plus l'homme au principe... »

Ainsi, d'après M. Ledru-Rollin, c'était pour maintenir le principe du suffrage *universel*, qui admet tout le monde à la candidature, qu'il eut fallu exclure une immense classe d'individus du mandat de député. Singulière logique que celle-là et qui ne faisait alors que de s'essayer pour triompher enfin, à force d'invalidations.

M. Jules Grévy était nommé président de la Chambre.

Combattant de 1830, il était l'auteur de cette fameuse proposition qui eût supprimé le poste de président de la République et mis l'armée, le pouvoir entre les mains de la représentation nationale et non du président de la République. On lui savait gré, depuis longtemps, de cette proposition désormais historique.

M. Thiers fut nommé chef du pouvoir exécutif de la République française, président du conseil des ministres. Le ministère que formait aussitôt M. Thiers était ainsi composé:

Affaires étrangères,	M. J. Favre.
Intérieur,	M. Picard.
Justice,	M. Dufaure.
Guerre,	Le général Le Flô.
Marine,	Vice-amiral Pothuau.
Commerce,	M. Lambrecht.
Travaux publics,	M. de Larcy.
Instruction publique,	M. J. Simon.
Finances,	M. Pouyer-Quertier.

L'Assemblée chargea MM. Thiers, J. Favre et E. Picard de se rendre à Versailles pour traiter avec M. de Bismarck.

Une question capitale de vie ou de mort se posait et s'imposait en ces termes pour la France: Quel choix ferait le pays entre la paix et la guerre? Le 19 février, l'Assemblée nommait une commission chargée de l'éclairer sur l'état des forces militaires du pays, le personnel, le matériel, les services administratifs. Le rapport, terminé dès le 26, fut présenté à l'Assemblée par l'amiral Jauréguibery.

« D'après les revues passées le 3 février, les divers corps prêts à être opposés à l'ennemi, au nombre de douze, présentaient un effectif total de 534,452 hommes. Sur les 354,000 hommes comprenant les troupes existant dans les divisions territoriales, dans les dépôts, en Algérie, dans les camps d'instruction (gardes mobilisés), 53,087 seulement pouvaient entrer en ligne; les autres n'étaient ni armés, ni équipés, ni instruits.

« La France ne pouvait donc compter dans ce moment que sur les troupes entrant dans la composition des armées actives, troupes formées, pour l'infanterie, de régiments de marche provenant des dépôts et des restes des divers régiments d'infanterie, des régiments de garde mobile, des légions de gardes nationaux mobilisés, enfin de quelques bataillons de chasseurs à pied de formation récente. Tous ces corps — dit l'amiral Jauréguibery, — ont des cadres pour la plupart nouveaux, dont la capacité et l'expérience laissent trop souvent à désirer. Cependant, si, une fois amenés au feu, les bataillons de mobiles se battent généralement avec autant de vigueur que les régiments de marche, il faut reconnaître que ces derniers résistent mieux aux fatigues de la guerre et savent se plier plus facilement aux exigences de la vie de campagne.

« Quant aux gardes nationaux mobilisés, dont tous les cadres sont le produit de l'élection, on est malheureusement forcé d'admettre qu'ils n'ont généralement rendu presque aucun service et que leur ignorance du métier de la guerre, leur indiscipline et leur manque de fermeté en présence de l'ennemi ont fréquemment été la cause d'échecs sérieux. Quelques glorieuses exceptions doivent être cependant signalées. .

« Nous possédons encore, il est vrai, dans nos armées, 14,474 marins ou soldats d'infanterie de marine et quelques centaines de zouaves remarquables par leur courage et leur fermeté. *Reste glorieux de 55,000 combattants, ce petit nombre témoigne hautement de la valeur et du dévouement de ces troupes d'élite.*

« La cavalerie et l'artillerie, dont l'effectif, pour la première de ces deux armes dépassait 20,000 hommes, et pour la seconde 33,931, y compris 2,931 artilleurs de la marine, étaient dans un état assez satisfaisant. Les chevaux cependant, et particulièrement ceux de l'artillerie, souffraient du froid et de la rareté des fourrages.

« Il devenait de plus en plus presque impossible d'augmenter le nombre des batteries existant déjà, par suite de la difficulté que présentait le recrutement du personnnel indispensable; à peine, en pressant l'instruction des batteries de mobilisés, aurait-on trouvé quelques canonniers ; quant aux officiers et aux cadres, on ne pouvait obtenir que des résultats médiocres,

« En résumé, — conclut le rapporteur, — notre matériel d'armement et d'équipement, nos approvisionnements de vivres et de munitions de guerre sont dans un état satisfaisant, et le gouvernement est en mesure de les accroître...

« Le personnel de nos armées laisse, au contraire, beaucoup à désirer. Sur les 888,000 hommes dans ce moment sous les drapeaux, 534,000 seulement ont pu être incorporés dans les armées actives, et, dans ces dernières, 250,000 mobilisés n'offrent encore aucune garantie sérieuse. Il ne nous reste donc, en dehors des armes spéciales, que 222,000 hommes d'infanterie capables d'opposer quelque résistance.

« Cette résistance sera-t-elle couronnée du succès que nous désirons si ardemment? *Nous n'osons même pas l'espérer*, car, il ne faut pas se le dissimuler, pour vaincre des armées aussi nombreuses, aussi bien organisées que le sont, à tous égards, celles contre lesquelles nous sommes appelés à lutter, il est indispensable que nos troupes soient, non successivement instruites et bien armées, mais surtout animées d'un esprit de tenacité indomptable, d'un mépris du danger, d'un sentiment exalté de patriotisme que malheureusement toutes ne possèdent pas. »

« Ainsi, — dit M. J. Claretie, à l'ouvrage duquel nous venons d'emprunter cette analyse fort bien faite, — ainsi, le héros de Villepiou et de Loigny, Jauréguibery le reconnaissait lui-même. Il fallait traiter... » (1)

Sans nous attarder ici à reproduire les impitoyables exigences formulées d'abord par M. de Bismarck et contre lesquelles M. Thiers dût lutter pied à pied, qu'il nous suffise de reproduire le texte intégral des préliminaires de cette paix si chèrement achetée:

« Article 1er. — La France renonce, en faveur de l'empire allemand, à tous ses droits et titres sur les territoires situés à l'est de la frontière ci-après désignée...

---

1. J. Claretie, tome I, p. 567, col. 1.

« Article 2. — La France payera à S. M. l'empereur d'Allemagne la somme de cinq milliards de francs.

« Le payement d'au moins un milliard de francs aura lieu dans le courant de l'année 1871, et celui de tout le reste de la dette dans un espace de trois années, à partir de la ratification du présent article.

« Article 3. — L'évacuation des territoires français occupés par les troupes allemandes commencera après la ratification du présent traité par l'Assemblée nationale siégeant à Bordeaux.

« Immédiatement après cette ratification, les troupes allemandes quitteront l'intérieur de la ville de Paris ainsi que les forts situés à la rive gauche de la Seine; et dans le plus bref délai possible, fixé par une entente entre les autorités militaires des deux pays, elles évacueront entièrement les départements du Calvados, de l'Orne, de la Sarthe, d'Eure-et-Loir, du Loiret, de Loir-et-Cher, d'Indre-et-Loire, de l'Yonne, et de plus les départements de la Seine-Inférieure, de l'Eure, de Seine-et-Oise, de Seine-et-Marne, de l'Aube et de la Côte-d'Or, jusqu'à la rive gauche de la Seine.

« Les troupes françaises se retireront en même temps derrière la Loire qu'elles ne pourront dépasser avant la signature du traité de paix définitif. Sont exceptées de cette disposition la garnison de Paris, dont le nombre ne pourra pas dépasser 40,000 hommes, et les garnisons indispensables à la sûreté des places fortes.

« L'évacuation des départements situés entre la rive droite de la Seine et les frontières de l'Est, par les troupes allemandes, s'opèrera graduellement après la ratification du traité définitif et le paiement du premier demi-milliard de la contribution stipulée par l'article 2, en commençant par les départements les plus rapprochés de Paris, et se continuera au fur et à mesure que les versements de la contribution seront effectués; après le premier versement d'un demi-milliard, cette évacuation aura lieu dans les départements suivants: Somme, Oise et les parties des départements de la

Seine-Inférieure, Seine-et-Oise, Seine-et-Marne, situées sur la rive droite de la Seine, ainsi que la partie du département de la Seine et les forts situés sur la rive droite.

« Après le paiement de deux milliards, l'occupation allemande ne comprendra plus que les départements de la Marne, des Ardennes, de la Haute-Marne, de la Meuse, des Vosges, de la Meurthe, ainsi que la forteresse de Belfort avec son territoire, qui serviront de gages pour les trois milliards restants, et où le nombre des troupes allemandes ne dépassera pas 50,000 hommes.

« S. M. l'empereur sera disposé à substituer à la garantie territoriale, consistant en l'occupation partielle du territoire français, une garantie financière, si elle est offerte par le gouvernement français dans des conditions reconnues suffisantes par S. M. l'empereur et roi pour les intérêts de l'Allemagne. Les trois milliards, dont l'acquittement aura été différé, porteront intérêt à 5 pour cent, à partir de la ratification de la présente convention.

« Article 4. — Les troupes allemandes s'abstiendront de faire des réquisitions, soit en argent, soit en nature, dans les départements occupés. Par contre, l'alimentation des troupes allemandes qui restent en France aura lieu aux frais du gouvernement français, dans la mesure convenue avec l'intendance militaire allemande.

« Article 5. — Les habitants des territoires cédés par la France, en tout ce qui concerne leur commerce et leurs droits civils, seront réglés aussi favorablement que possible lorsque seront arrêtées les conditions de la paix définitive.

« Il sera fixé, à cet effet, un espace de temps pendant lequel ils jouiront de facilités particulières pour la circulation de leurs produits. Le gouvernement allemand n'opposera aucun obstacle à la libre émigration des habitants des territoires cédés et ne pourra prendre contre eux aucune mesure atteignant leurs personnes ou leurs propriétés.

« Article 6 — Les prisonniers de guerre, qui n'auraient pas déjà été mis en liberté par voie d'échange, seront rendus immédiatement après la ratification des présents préliminaires. Afin d'accélérer le transport des prisonniers français, le gouvernement français mettra à la disposition des autorités allemandes, à l'intérieur du territoire allemand, une partie du matériel roulant de ses chemins de fer dans une mesure qui sera déterminée par des arrangements spéciaux et aux prix payés en France par le gouvernement français pour les transports militaires.

« Article 7. — L'ouverture des négociations, pour le traité de paix définitif à conclure sur la base des présents préliminaires, aura lieu à Bruxelles immédiatement après la ratification de ces derniers par l'Assemblée nationale et par S. M. l'empereur d'Allemagne.

« Article 8 — Après la conclusion et la ratification du traité de paix définitif, l'administration des départements devant encore rester occupés par les troupes allemandes sera remise aux autorités françaises ; mais ces dernières seront tenues de se conformer aux ordres que le commandant des troupes allemandes croirait devoir donner dans l'intérêt de la sûreté, de l'entretien et de la distribution des troupes.

« Dans les départements occupés, la perception des impôts, après la ratification du présent traité, s'opèrera pour le compte du gouvernement français et par le moyen de ses employés.

« Article 9. — Il est bien entendu que les présentes ne peuvent donner à l'autorité militaire allemande aucun droit sur les parties du territoire qu'elles n'occupent point actuellement..... »

Telles étaient les conditions définitives acceptées par le gouvernement français et relativement modérées, si l'on se rappelle que, dans le premier moment, les Prussiens avaient demandé, comme indemnité de guerre, *dix milliards*. Rien de plus exact, si exagéré que cela semble et presque incroyable. Au point de vue du territoire, M. de Bismarck avait d'abord demandé, avec Metz et Nancy, notre colonie de Pondichéry, une partie de notre flotte; en outre, un traité de commerce et l'entrée à Paris sans conditions.

Ce dernier article et cette prétention avaient exaspéré Paris. Le comité central apparaissait déjà et semblait vouloir diriger la population. Le 8 février, une affiche était apposée contenant un réquisitoire contre le gouvernement de la défense et concluant à la mise en accusation de ce gouvernement par la prochaine Assemblée, « laquelle devra demander la guerre et donner sa démission plutôt que de traiter des conditions de paix. » L'affiche était signée : *Pour le comité, le président*: Raoul Rigault. Le 24 février eurent lieu, sur la place de la Bastille, de grandes manifestations auxquelles s'associa la garde nationale; la colonne de Juillet fut couverte de couronnes et sur le faîte on vit se dresser le drapeau rouge.

« Les Prussiens allaient entrer dans Paris, » répétait-on de toutes parts; alors furent imaginées des protestations extravagantes qui, par bonheur, ne furent pas réalisées.

Dans la nuit du dimanche 26 au lundi 27, sur la nouvelle de l'arrivée des Prussiens, près de 50,000 gardes nationaux se rendaient dans les Champs-Elysées, prêts à défendre l'avenue contre l'ennemi. C'était une fausse alerte, mais un coup de feu, un seul, eût amené un massacre. Ce n'est que le 26 que fut signée entre M. de Bismarck et MM. Thiers et J. Favre la prolongation de l'armistice qui portait pour condition : « La « partie de la ville de Paris, à l'intérieur de l'enceinte « comprise entre la Seine, la rue du faubourg St-Honoré et « l'avenue des Ternes, sera occupée par les troupes alle- « mandes dont le nombre ne dépassera pas 30,000 hommes. »

Le lendemain, le gouvernement expliquait ainsi à la population de Paris cette nécessité :

« Le gouvernement fait appel à votre patriotisme et à votre sagesse; vous avez dans vos mains le sort de Paris et de la France elle-même. Après une résistance héroïque, la faim vous a contraints de livrer vos forts à l'ennemi victorieux.

« Les armées qui pouvaient venir à notre secours ont été rejetées derrière la Loire. Ces faits incontestables ont obligé le gouvernement et l'Assemblée nationale à ouvrir des négociations de paix. Pendant six jours vos négociateurs ont disputé le terrain pied à pied. Ils ont fait tout ce qui était humainement possible pour obtenir les conditions les moins dommageables.

« Ils ont signé des préliminaires de paix qui vont être soumis à l'Assemblée nationale. Pendant le temps nécessaire à l'examen de ces préliminaires, les hostilités eussent recommencé et le sang aurait inutilement coulé, sans une proclamation d'armistice.

« Cette prolongation n'a pu être obtenue qu'à la condition d'une occupation partielle et très momentanée d'un quartier de Paris. Cette occupation sera limitée au quartier des Champs-Élysées. Il ne pourra entrer dans Paris que 30,000 hommes, et ils devront se retirer dès que les préliminaires de la paix auront été ratifiés, ce qui ne peut exiger qu'un petit nombre de jours.

« Si cette convention n'était pas respectée, l'armistice serait rompu.

« L'ennemi, déjà maître de nos forts, occcuperait de vive force la cité tout entière. Vos propriétés, vos chefs-d'œuvre, vos monuments, garantis aujourd'hui par la convention, cesseraient de l'être. Ce malheur atteindrait toute la France. Les affreux ravages de la guerre, qui n'ont pas encore dépassé la Loire, s'étendraient jusqu'aux Pyrénées.

« Il est donc absolument vrai de dire qu'il s'agit du salut de Paris et de la France. N'imitez pas la faute de ceux qui n'ont pas voulu nous croire lorsque, il y a huit mois, nous les adjurions de ne pas entreprendre une guerre qui devait être funeste... »

Thiers, J. Favre, E. Picard.

Le mercredi 29, vers trois heures de l'après-midi, entrèrent les Prussiens après la revue que l'empereur d'Allemagne passa à Longchamps. La curiosité parisienne prit bientôt le dessus et prima les résolutions stoïques et absentéistes de la veille et des jours précédents.

La mise en scène patriotique tint aussi sa place en cette circonstance ; les statues de pierre de la place de la Concorde avaient été voilées de noir et l'Arc-de-Triomphe barricadé.

Dans la journée du 2 mars, une clause verbale de la convention qui stipulait le droit pour les Allemands de visiter, par détachements et sans armes, le Louvre et les Invalides, faillit faire éclater le conflit tant redouté entre la population et les soldats ennemis. Le général prussien dut renoncer à la visite aux Invalides ; celle du Louvre, commencée vers midi, n'avait duré que deux heures et demie. (1)

La paix devait être votée le 1er mars 1871. Cinq cent quarante-six voix se prononcèrent pour la paix, 107 protestèrent, parmi lesquelles il faut citer celles d'Arago, de L. Blanc, de Brisson, de Clémenceau, de Delescluze, de Floquet, de Gambetta, de Lockroy, de F. Pyat, d'Edgard Quinet, de Ranc, de Rochefort, de Tirard, de Tolain, de V. Hugo, etc.

A la fin de cette triste séance, M. Grosjean, député de l'Alsace, montait à la tribune et s'exprimait en ces termes émus et émouvants :

« Messieurs, je suis chargé par tous mes collègues des départements de la Moselle, du Bas-Rhin et du Haut-Rhin, présents à Bordeaux, de déposer sur le bureau, après en avoir donné lecture, la déclaration suivante :

« Les représentants de l'Alsace et de la Lorraine ont
« déposé, avant toute négociation de paix, sur le bureau de
« l'Assemblée nationale, une déclaration affirmant de la
« manière la plus formelle, au nom de ces provinces, leur
« volonté et leur droit de rester françaises.

« Livrés, au mépris de toute justice et par un odieux abus
« de la force, à la domination de l'étranger, nous avons un
« dernier devoir à remplir.

---

1. Ch. Yriarte, *Les Prussiens à Paris et le 18 mars.*

« Nous déclarons encore une fois nul et non avenu un
« pacte qui dispose de nous sans notre consentement.

« La revendication de nos droits reste à jamais ouverte à
« tous et à chacun dans la forme et dans la nature que notre
« conscience nous dictera.

« Au moment de quitter cette enceinte, où notre dignité
« ne nous permet plus de siéger, et malgré l'amertume de
« notre douleur, la pensée suprême que nous trouvons au
« fond de nos cœurs est une pensée de reconnaissance pour
« ceux qui, pendant six mois, n'ont pas cessé de nous dé-
« fendre, et d'inaltérable attachement à la patrie dont nous
« sommes violemment arrachés.

« Nous vous suivrons de nos vœux et nous attendrons, avec
« une confiance entière dans l'avenir ; que la France régé-
« nérée reprenne le cours de sa grande destinée.

« Vos frères d'Alsace et de Lorraine, séparés en ce moment
« de la famille commune, conserveront à la France, absente
« de leurs foyers, une affection filiale jusqu'au jour où elle
« viendra y reprendre sa place. »

A cette heure même, M. Küss, le dernier maire français de Strasbourg, mourait à Bordeaux, comme allait mourir bientôt M. Félix Maréchal, le dernier maire français de Metz.

Devant le cercueil de M. Küss, Gambetta, saisissant l'occasion qui s'offrait d'affirmer la République, pour lui l'idéal des gouvernements, s'écriait, en s'adressant au député alsacien:

« Dites à vos compatriotes, dites qu'ils soient et qu'ils demeurent républicains. Être républicain, c'est avoir en soi, avec la science de la justice, l'esprit d'immolation et le mépris de la mort. L'Alsace républicaine, c'est l'Alsace en lutte morale avec l'Allemagne, c'est l'annexion empêchée à son point de départ, c'est le césarisme allemand limité dans sa puissance, c'est le maintien de toutes les affinités sociales qui unissent le membre amputé au tronc sanglant de la patrie, ce sont les deux mains tendues l'une vers l'autre jusqu'au jour où la revanche permettra l'étreinte suprême... »

Quel pathos!... La définition du républicain est la plus

sanglante condamnation que Gambetta lui-même ait pu infliger à sa vie et à ses actions politiques pendant les années de son omnipotence si fatale à notre pays qu'il avait, une première fois, mis à deux doigts de sa perte avec sa folie furieuse de la guerre à outrance, digne prélude de sa haine et de ses complots contre les droits les plus sacrés de la conscience humaine.

Un dernier mot et nous avons terminé cette rapide esquisse historique de la guerre de 1870-1871, — le 17 mars 1871 voyait s'inaugurer le règne sanglant de la Commune parisienne qui n'avait cessé d'essayer ses forces pendant le long siége de la grande ville déjà si fertile en épreuves auxquelles la justice divine réservait ce suprême et épouvantable couronnement.

FIN

TABLE DES MATIÈRES

Pages.

Préface.. v

CHAPITRE PREMIER

La philosophie et le roman de l'Histoire. — Notre but. — Les guerres du deuxième Empire. — L'Europe méfiante. — Mort de Morny. — L'Empire est perdu! — Le carnaval des rois, en 1867. — Candidatures de Gambetta et de Rochefort. — Aveu de M. Pietri. — Opinion de Walewski. — L'ex-républicain M. Rouher. — Hier et aujourd'hui, 1848 et 1863. — Le couronnement de l'édifice. — Emile Olivier. — Le libéralisme du deuxième Empire. — Une pensée de Gambetta. — César ou Marat. — Un mot de M. Thiers. — Le cadavre de Victor Noir. — La grève du Creuzot. — Le cercle fatal du césarisme. — Assi et M. Schneider. — L'heure du plébiscite. — Jules Ferry, avocat de la liberté. — Le plan de Gustave Flourens. — La nécessité du régicide. — L'enthousiasme de la peur. — Le rêve de la paix universelle. — Liberté, licence. — Propagande révolutionnaire dans l'armée. — Un trait de lumière pour la Prusse. — Des mots, des mots, des mots! — Le programme de la dernière heure. — Tout promettre pour ne rien donner. — Ce qu'il faut penser du vote des paysans. — Le salut par la guerre. — Comment Gambetta appréciait le plébiscite. — Un programme qui n'est pas neuf. — La pétition des princes d'Orléans. — La candidature d'un Hohenzollern au trône d'Espagne. — La main de Bismarck. — La revanche de Tolbiac et d'Iéna... 1

CHAPITRE II

Haine de l'Allemagne contre la France. — Le poète Arndt. — Fureur et chauvinisme d'outre-Rhin. — Avertissements inutiles. — La guerre prévue dès 1868. — L'ombre de Sadowa. — Déclaration d'E. Olivier, au Corps législatif. — Trop de zèle! — M. Thiers et la vérité. — Son discours, fureurs qu'il soulève. — A Berlin! — Encore et toujours les courtisans. — Napoléon III ment à la France. — Exagération du *Journal officiel*. — Fantaisie trop brillante sur l'armée française. —

L'empereur réfuté par lui-même. — *Go a head!* — Tactique du deuxième Empire. — Les soldats d'Iéna et *la Marseillaise*. — L'ennemi héréditaire. — Une manœuvre de M. de Bismarck. — Protestations inutiles. — Ivresse de la population parisienne. — Dispositions réelles de l'armée. — Proclamation emphatique de Napoléon III. — Toujours le mensonge ! — La garde nationale et son passé. — Triste prophétie. — Il est trop tard ! — Effectif réel de l'armée française. — L'escarmouche de Niederbronn. — La frontière allemande franchie. — Victoire ! victoire ! — La cruelle réalité. — Wissembourg et Forbach.................. 16

CHAPITRE III

La défaite de Wissembourg. — Témoignage d'un de nos combattants. — Mort du général Douay. — Commencement de la campagne de France. — Reischoffen. — Héroïsme de Mac-Mahon. — Dévouement sublime des cuirassiers français. — La frontière de l'Est en feu. — Triste cause de nos défaites. — L'Alsace et la Moselle perdues en un jour. — Le mouvement révolutionnaire. — Les Athéniens de Paris. — Une fausse nouvelle. — Terrible désillusion. — Mœurs théâtrales de Paris. — Une maladresse gouvernementale. — Les dépêches de Napoléon III. — Paris est mis en état de siège. — Rhétorique et chauvinisme. — Le peuple frémissant. — Jules Favre propose d'armer tout le monde. — Un mot de Granier de Cassagnac. — Encore et toujours *la Marseillaise !* — Inconscience des masses. — Dilemme prévu. — Le camp de Châlons. — Aveux d'un ennemi. — Coup d'œil du camp de Châlons. — Le chic, quand même. — Espoir de revanche. — Progrès de l'invasion allemande. — Discours du roi Guillaume. — Sa proclamation aux Français. — Hypocrisie suprême. — Une distinction subtile. — Caractère de Guillaume. — Ses motifs de vengeance contre la France. — Le gouvernement impérial continue à mentir...... 32

CHAPITRE IV

Batailles autour de Metz. — Première apparition du général Trochu. — Sa proclamation aux Parisiens. — Lettres échangées entre le journal *le Temps* et le général. — Une explication demandée et donnée. — La doctrine de *la force morale*. — Trop de proclamations ! — Encore une. — Affinités entre Trochu et Napoléon III. — Situation des esprits à Paris. — L'ennemi s'approche. — Nouveaux aveux des Allemands. — Coup d'œil sur les opérations militaires. — Curieuses confidences d'un officier. — Ce qu'aurait dû faire Bazaine. — Possibilité de faire lever le siège de Strasbourg. — Metz négligé. — Mot imprudent d'un général. — Engouement du public pour Bazaine. — Ce qu'était son armée. — Napoléon III, à Metz. — Pertes considérables des Prussiens, à Borny. — Fatale négligence. — On bat en retraite. — Le roman des carrières de Jaumont. — L'invasion allemande s'étend de plus en plus. — Résistance héroïque de Phalsbourg et de Toul. — Un rapprochement historique. — Un plan manqué.. 47

CHAPITRE V

Ce que devait faire Mac-Mahon. — Déroute sur déroute. — Arrivée du général de Wimpfenn. — Un télégramme de Napoléon III. — Investissement complet de Sedan. — Bazeilles. — Grave blessure de Mac-Mahon. — Un cri d'admiration du roi Guillaume. — Napoléon III capitule. — Son billet au roi de Prusse. — Entrevue du général de Wimpfenn avec MM. de Bismarck et de Moltke. — L'épée de la France ou celle de l'Empereur ? — Dures conditions. — Rapport de Bismarck au roi Guillaume. — Amples détails. — M. de Bismarck et Napoléon III. — L'empereur se défend d'avoir voulu la guerre. — Hommage rendu au général de Wimpfenn et aux officiers français. — Cause de la guerre. — Capitulation de Sedan. — L'arrêt de l'histoire. — Eloge de la bravoure des troupes françaises. — Manque d'ensemble dans le commandement. — Victoires de Frédéric Charles sur Bazaine. — Double rencontre en Belgique. — « L'empire, c'est la paix ! » — République ou plutôt anarchie. — Napoléon III arrive en Allemagne. — On continue à tromper les Parisiens. — La vérité vraie. — Jules Favre inaugure le système de la résistance à outrance. — Mensonges sur mensonges. — Réponse de Paris. — La révolution du 4 septembre. — Gambetta proclame la République, à l'Hôtel-de-Ville. — Un problème.. 62

CHAPITRE VI

Trochu historien. — La journée du 4 septembre. — Le général Trochu se rend à l'Assemblée envahie. — Effervescence des esprits. — Vive la Sociale ! — Désespoir de Jules Favre. — Trochu est mandé à l'Hôtel-de-Ville. — Ses adieux à sa famille. — Un pastiche de la Convention. — Le gouvernement de la Défense nationale. — Les oracles de Gambetta. — Remède pire que le mal. — Un écho de 1793. — Les vengeurs de la patrie. — Détestable faiblesse du nouveau gouvernement. — Circulaire de Jules Favre. — Comment on écrit l'histoire. — Où est la vérité ? — Sensiblerie et admiration outrées. — Nouvelle condamnation de la guerre. — Une fanfaronade impardonnable. — Le culte de la statue de Strasbourg. — Appel aux barricades. — Un écho de chanson socialiste. — Sophisme prudhomesque. — Jules Favre et *les forces morales*. — Des armes pour tous. — Organisation inconsciente de la Commune par le gouvernement. — Adresse des socialistes français à la démocratie allemande. — Lyrisme à faux. — Vive la république universelle ! — L'armée et la garde nationale. — Toujours des proclamations! — Contradiction flagrante. — Trop de fleurs! — Ce que parler veut dire. — Plus de police! — « L'égide des libertés républicaines. » — La centralisation à outrance. — Les éléments de la défense militaire de Paris. — Exagération. — Les chiffres réels. — Danger de la garde nationale. — Ignorance profonde des hommes du 4 septembre.. 77

CHAPITRE VII

L'abus des programmes. — L'amour du mensonge. — Les partis politiques. — Retour de Victor Hugo de l'exil. — Jamais! jamais! — Appel de V. Hugo aux Allemands. — Définition de Paris. — Un mal-entendu sinistre. — Fraternité universelle — Les Tuileries, ambulance internationale. — Un simple renseignement. — Le cri du sépulcre. — Les peuples qui meurent et les rois qui tuent. — Le comble du *delirium tremens*. — Faut-il en rire ou en pleurer ? — Les clubs et les journaux radicaux. — Une ruse de Gambetta. — La fétiche de la place de la Concorde. — Funèbre parole de Trochu. — L'ennemi s'approche de plus en plus. — La délégation de Tours. — L'Internationale, à Montmartre. — Les Allemands devant Paris. — La France en proie aux optimistes. — Habile retraite de Vinoy sous Paris. — Mauvais début des opérations militaires. — Combats de Châtillon et de Clamart. — Panique terrible. — Nouvelles bravades. — Sensation douloureuse. — Jules Favre se rend au quartier général prussien. — Un gouvernement de publicité. — La paix et la liberté. — « Notre glorieux Bazaine. » — L'humanité et l'intérêt. — Promesses nuageuses. — Premières difficultés de la part de M. de Bismarck. — Un secret bien gardé. — A la recherche de M. de Bismarck. — Lettre de J. Favre au chancelier allemand. — Réponse du chancelier. — Explications. — Le gouvernement du 4 septembre jugé par M. de Bismarck. — La populace ! — Indignation de J. Favre. — Les conditions de M. de Bismarck. — Théories sentimentales de J. Favre. — La suite à demain..... 94

CHAPITRE VIII

Suite de l'entrevue de J. Favre avec M. de Bismarck. — Dures conditions de l'armistice. — Demande du mont Valérien. — Projet de réunir l'Assemblée à Tours. — M. de Bismarck réclame Strasbourg. — Indignation de J. Favre. — Ses larmes. — Conclusion de son récit. — Dépêche à M. de Bismarck. — Griefs énumérés contre le roi Guillaume. — Les deux antipodes. — Ce qu'il faut penser de la démarche de J. Favre auprès du M. de Bismarck. — « La force prime le droit. » — Résultat nul de l'entrevue de Ferrières. — Nouvelle bravade de J. Favre. — Le combat des Hautes-Bruyères. — Le mensonge continue à régner dans Paris. — La Commune apparaît à l'horizon. —

TABLE DES MATIÈRES.   241

Pages.

Illusions et fureur des Parisiens. — Toujours la statue de Strasbourg. — La famine — Détails navrants. — Un rêve de Félix Pyat. — L'instruction civique. — « Paris fera pleurer Berlin. » — L'odieux et le ridicule. — Le gouvernement débordé par les idées révolutionnaires. — Programme du Comité central républicain. — Habiletés de Gambetta. — Plus de préfecture de police. — Les exigences de G. Flourens. — Un nouveau cliché de Gambetta. — Son ascension en ballon. — Sa proclamation de Tours. — Mensonges sur mensonges. — « Le génie du combat des rues. » — Tableau fantaisiste de la situation de Paris. — Avant tout, fonder la République. — Toujours la guerre à outrance. — Le provisoire devenu le définitif........ 112

CHAPITRE IX

Des armes pour tout le monde. — La république une et indivisible. — Appel à la guerre civile. — Le Comité central réclame la Commune. — De belles paroles. — Les impatients. — Une réponse de Rochefort. — Départ de M. de Kératry pour Tours. — Petites opérations militaires autour de Paris. — Les lenteurs de Trochu. — Un mot de M. de Moltke. — Panique au quartier général prussien de Versailles. — Le plan de Trochu. — Le faux et le vrai. — Première apparition de l'armée de la Loire. — Résistance héroïque de Châteaudun et de Saint-Quentin. — L'invasion grandit de plus en plus. — M. Thiers en tournée diplomatique. — L'affaire du Bourget. — Historique et détails. — Héroïsme du commandant Brasseur. — Le prince de Wurtemberg et le Journal officiel. — Différence de leurs témoignages. — Paroles énigmatiques du général de Bellemare. — La capitulation de Metz. — Un jeu de mots de J. Favre. — La Commune grandit de plus en plus. — Un nouveau manque d'intelligence. — L'Hôtel de ville est envahi. — Improvisation d'un gouvernement. — Pastiche de 1792 et de 1793. — La nuit du 31 octobre. — Conditions d'un armistice. — Les exploiteurs de la misère publique. — Résultat du voyage de M. Thiers à l'étranger. — Entrevue de M. Thiers avec M. de Bismarck... 125

CHAPITRE X

Objet de la mission de M. Thiers auprès de M. de Bismarck. — Projet et conditions d'un armistice. — Objections et discussion de part et d'autre. — Principe et durée de l'armistice. — Liberté des élections. — Conduite des armées belligérantes. — Le ravitaillement des forteresses et de Paris. — Sur la durée de l'armistice. — La question des élections. — Influence de l'émeute du 31 octobre sur M. de Bismarck. — Difficultés soulevées. — Equivalents militaires. — La Prusse demande l'occupation d'un fort. — Protestation de M. Thiers. — L'esprit militaire et l'esprit politique de la Prusse. — Concession de M. de Bismark. —

Pages.

Conclusion philosophique de cette entrevue. — M. Thiers défenseur des fortifications de Paris. — Triste influence de l'évolution du 31 octobre. — Période active du siège de Paris. — Etonnement étonnant de Trochu. — Le général d'Aurelles de Paladine. — Manque d'initiative. — Résignation fataliste. — Les horreurs de la faim. — Prix élevé des denrées. — Encore les fausses nouvelles. — Les aveux de l'ennemi. — Ce que Trochu aurait dû faire. — Ce qu'il ne fit pas. — L'organisation militaire prussienne. — Paris complétement cerné. — L'abnégation et la foi. — Une héroïque folie........................... 140

CHAPITRE XI

La guerre se complique de la révolution. — Proclamation de Trochu. — Enthousiasme provoqué par le général Ducrot. — « Mort ou victorieux. » — Echec immense. — La circulaire de M. de Chaudordy aux agents diplomatiques de la France. — Sauvagerie et cruauté des Prussiens. — Double échec de MM. J. Favre et Thiers auprès de M. de Bismarck. — Que veut la Prusse ? — La justice, le droit et la civilisation. — Détails et faits. — Sophisme sans nom. — Profanations sacriléges. — Le droit des gens. — L'anéantissement de Paris rêvé par l'Allemagne. — Champigny. — Froid terrible du 2 au 3 décembre. — Echange de lettres entre le général de Moltke et Trochu. — Confiance opiniâtre des Parisiens. — Dépêches apocryphes. — Pourquoi et toujours pourquoi ? — Une erreur géographique de Gambetta. — Turenne et Trochu. — Ce que valent les renseignements officiels. — Distinction subtile d'avocat. — M. de Freycinet au quartier du général d'Aurelles de Paladine. — A Paris. — Récit d'un Allemand. — Bravoure inutile des Français................ 155

CHAPITRE XII

Le général Gaston de Sonis. — Belle parole. — Chanzy et *la retraite infernale*. — Ce que l'ennemi pensait de l'armée de la Loire. — Gambetta continue à déguiser la vérité. — Progrès de l'invasion en province. — Situation de plus en plus critique de Paris. — Une affiche aux Parisiens. — Incurable orgueil de la grande ville. — Des paroles et pas d'actions. — Pourquoi ? — Manque de vigueur et d'audace. — Rien que des promesses. — Froid terrible. — L'ivrognerie à l'ordre du jour. — Vains efforts du général Clément Thomas. — Le 1er janvier 1871, à Bordeaux. — Gambetta au balcon de la préfecture. — Son discours à la foule. — « L'empire c'est la paix ! » — Souvenir du 4 septembre. — La république est immortelle. — La liberté et l'opinion. — Outrecuidance et mensonge. — L'arbitraire d'abord, puis la tyrannie. — Le bombardement de Paris. — Encore des bravades. — Combattre et vaincre. — Appel à l'armée de la Loire et à l'armée du Nord. — Simulacre d'opération offensive. — Réquisitoire de Delescluze contre Trochu et ses collègues. — On jongle avec les chiffres. — La Commune s'accentue de plus en plus. — Appel au *grand peuple de 89*. — « Place au peuple ! place à la Commune ! » — « Le gouverneur de Paris ne capitulera pas. » — Le commerce des obus. — Le moment psychologique. — Projets désespérés et insensés.   170

CHAPITRE XIII

La trouée. — L'inévitable proclamation. — « Souffrir et mourir mais vaincre. » — Mot de M. de Bismarck sur la garde nationale. — Buzenval et Montretout. — Héroïsme en pure perte. — Le brouillard pris à partie. — Suprême illusion. — « A Versailles ! » — Parole de Trochu. — La vérité sur la garde nationale. — Vaut mieux *jamais* que *tard*. — Les Prussiens profitent de nos fautes. — Dépêche incroyable de la délégation de Tours. — La guerre touche à son terme. — Suite de combats en province. — Incurable optimisme de Gambetta. — Les *hordes* allemandes. — Les princes d'Orléans expulsés de l'armée française. — Un simple rapprochement. — Paris, Bitche et Belfort. — Garibaldi et ses bandes compliquent la situation. — Gambetta peu sympathique au héros d'Aspromonte. — *L'oncle* Garibaldi et *le père* Moltke. — Une proclamation insensée. — Galimatias double. — Trop de pittoresque. — Ce que Garibaldi venait faire en France. — Comment les Allemands l'ont jugé. — Sa conduite à Autun. — Prologue de la Commune du 18 mars. — Ces pauvres mobiles — Mot du *Times*. — Encore l'organisation militaire prussienne. — Bourbaki et ses exploits. — Il est obligé de se rejeter en Suisse. — La situation à Paris. — Le commandement en chef de l'armée de Paris est donné à Vinoy. — L'apologie de Trochu faite par lui-même. — Il explique une de ses paroles...................   185

CHAPITRE XIV

Impopularité prétendue du général Vinoy. — Ex-sénateur de l'empire. — Républicain avant tout. — Sagesse de la proclamation de Vinoy. — Pas d'illusion. — Le moment critique. — Le désordre dans Paris. — Rien que trois jours ! — Terrible insurrection. — Etrange inquiétude des Parisiens. — Protestation de M. Tirard contre la proposition de capituler. — Rêve d'une sortie formidable et désespérée. — Le bombardement continue. — La chimie au service de la revanche révolutionnaire. — « Nous attendrons. » — J. Favre retourne à Versailles. — Mot de M. de Bismarck. — Les prétentions de la Prusse. — Les otages demandés. — Conditions de la convention entre la France et la Prusse. — La république avant tout. — Encore des bravades. — La lutte à venir. — Opposition au gouvernement. — Toujours la garde nationale en avant. — Illusion flagrante. — Le texte définitif de la convention. — Armistice général.

— Positions respectives des armées belligérantes. —Convocation d'une Assemblée. — Remise de tous les forts de Paris. — Privilège accordé à la garde nationale. — Le ravitaillement. — Le permis de circulation. — Contribution municipale de Paris. — Echange des prisonniers de guerre. — L'article 2. — La France sacrifiée à Paris. — Justes grefs de la province contre la capitale. — Gambetta est bien vivant. — Sa longue dépêche. — « Les forces militaires et révolutionnaires de Paris. » — Jugement sur Trochu. — En quoi consiste la tradition révolutionnaire.. 202

CHAPITRE XV

« La politique de la guerre à outrance. » — Prolonger l'occupation. — « Le souffle de la révolution française. — Encore l'article 2. — Incroyable oubli de J. Favre. — L'armée de Bourbaki se réfugie en Suisse. — Chûte de Belfort et de Bitche. — Les élections. — La guerre ou la paix. — Etrange proclamation de Gambetta. — Aux armes ! — Comment les républicains comprennent la liberté. — Les Bonapartistes hors de la loi. — *Son Excellence* J. Favre et *Monsieur* Gambetta. — M. de Bismarck, défenseur de la liberté. — Dure leçon donnée par un ennemi. — Protestation de J. Simon contre la proclamation de Gambetta. — Grand succès électoral pour M. Thiers. — Réunion de l'Assemblée, à Bordeaux. — Ledru Rollin à ses électeurs. — Sa façon de comprendre le suffrage universelle. — M. J. Grévy apparaît à l'horizon. — Sa proposition historique. — Composition du ministère. — Rapport sur l'état des forces militaires de la France. — Jugement de l'amiral Jauréguibéry sur la garde nationale. — Impossibilité d'une plus longue résistance. — Le traité de paix. — Une rançon de cinq milliards. — Evacuation successive du territoire français. — Les prisonniers de guerre. — Apparition de Raoul Rigault. — Les Prussiens se préparent à entrer dans Paris. — Appel à la modération. — Toujours la mise en scène patriotique. — La paix est votée. — Les représentants de l'Alsace et de la Lorraine donnent leur démission. — Leur protestation. — Obsèques du dernier maire français de Strasbourg — Encore la parole à Gambetta. — Le comble du pathos. — La définition du républicain. — L'aurore de la Commune...................................... 217

2939. — ABBEVILLE. — TYP. ET STÉR. A. RETAUX.

www.ingramcontent.com/pod-product-compliance
Lightning Source LLC
Chambersburg PA
CBHW050343170426
43200CB00009BA/1712